プラトン

エウテュプロン／ソクラテスの弁明／クリトン

西洋古典叢書

凡例

一、この翻訳の底本としては、Oxford Classical Texts（OCT）の新たな校訂本（*Platonis Opera*, recognoverunt brevique adnotatione critica instruxerunt, E. A. Duke, W. F. Hicken, W. S. M. Nicoll, D. B. Robinson et J. C. G. Strachan, tomus I, 1995）に収められた、*Euthyphro, Apologia Socratis* および *Crito*（これらの作品は W. S. M. Nicoll 校訂）を使用し、これらと異なる読み方をした箇所は訳註によって示す。使用文献とその略称については「解説」末に記す。

二、本文上欄の算用数字とＡＢＣＤＥの記号は、慣用となっているステファヌス版（一五七八年）の頁数と各頁内のＡＢＣＤＥの段落づけとの（おおよその）対応を示す。

三、ギリシア語をカタカナで表記するにあたっては、

(1) φ, θ, χ と π, τ, κ を区別しない。

(2) 固有名詞は原則として音引きを省いた。

(3) 地名人名、術語等は慣用にしたがって表示した場合がある。

四、本文中の改行は必ずしも底本にしたがわない。——はほぼ底本にしたがったが、訳文の流れにより、訳者がつけ加えたものもある。

五、訳語に原語を示す必要がある場合、（　）にカタカナで記した（たとえば、「ダイモーンのたぐい（ダイモニア）」）。

六、二重かぎ括弧『　』は書名を示す。訳註で著者名をつけないで示したものは、『スーダ』（後十世紀の語彙辞典）以外、すべてプラトンの著作である。

七、本文の内容目次、章分け（シュタルバウムなど慣用のものに準拠）、各章の標題、また、各作品の前書きやト書き（『ソクラテスの弁明』の票決部分）は、すべて訳者によるものである。

目次

本文の内容目次 …… i
エウテュプロン …… 西尾浩二訳 …… 3
ソクラテスの弁明 …… 朴一功訳 …… 55
クリトン …… 朴一功訳 …… 137
解説 …… 179
地図／索引

本文の内容目次

『エウテュプロン』……3
一　裁判前のソクラテス　5
二　神々の創作者　8
三　ソクラテスの懸念　10
四　殺人罪で父親を訴える　11
五　弟子入りを申し出るソクラテス　15
六　敬虔とは不正な人を告訴すること　17
七　敬虔とは神々に愛されるもの　20
八　神々の争い　22
九　不正をめぐる争点　26
十　すべての神々が同じ考えか　29
十一　敬虔とはすべての神々が愛するもの　30
十二　敬虔なものと愛されるもの　31
十三　敬虔なものと正しいもの　35
十四　敬虔とは神々の世話に関わる正しさの部分　41
十五　敬虔とは神々への一種の奉仕術　42
十六　美しい仕事　45
十七　敬虔とは捧げることと祈ることについての一種の知識　47
十八　神々が受け取る利益　48
十九　動き回る言葉　51
二十　別れ　52

『ソクラテスの弁明』……55
一　弁明にあたって　57
二　二種類の告発者たち　59
三　古くからの告発者たちへの弁明　63
四　人間教育について　65
五　デルポイの神託　68
六　ある政治家との対話　70
七　苦闘する者の遍歴——作家をたずねて　73
八　技術者をたずねて　75
九　神への奉仕　76
十　中傷の原因——古くからの告発者たちへの弁明の終了　77
十一　後の告発者たちへの弁明　79

十二　若者の教育への関心（第二訴因について）　81
十三　若者を堕落させているか　85
十四　神々を認めていないか（第一訴因について）　86
十五　メレトスの自己矛盾　89
十六　死の危険よりも正しい行為を　92
十七　ソクラテスと哲学　94
十八　虻《あぶ》としてのソクラテス　99
十九　ダイモーンからの声と政治　102
二十　評議員ソクラテスの行動　103
二十一　正しいことで譲歩したことがなく、だれの教師にもなったことがない　106
二十二　ソクラテスを助けようとする人たち　107
二十三　哀れな芝居をすべきでない　111
二十四　私は神々を認めている　114
二十五　投票結果について　116
二十六　刑の対案（一）——迎賓館における食事　118
二十七　刑の対案（二）——国外追放　120
二十八　刑の最終対案——罰金　123
二十九　死刑の投票をした人たちに　125
三十　有罪の投票をした人たちへの予言　127
三十一　無罪の投票をした人たちに　128
三十二　死について　130
三十三　別れの言葉——善い希望　134

『クリトン』……………………………137
一　つらい知らせ　139
二　ソクラテスの夢　142
三　世間の思わく　144
四　脱獄の提案　146
五　自分を見捨て、子どもを見捨てている　148
六　行動の原則　150
七　多数者の思わくと精通している人の思わく　154
八　最も大切にすべきは、よく生きること　156
九　脱獄は正しいか　158
十　いかなる場合も不正を行なってはならない　160
十一　国家と国法を説得すること　163
十二　祖国は聖なるもの　165
十三　国法の主張——脱獄の企ては三重の不正　168
十四　脱獄は国法との契約と同意を踏みにじること　169
十五　国法の破壊者の人生　172

十六　弁明の証し　175
十七　とるべき行動　176

エウテュプロン／ソクラテスの弁明／クリトン

朴一功
西尾浩二　訳

エウテュプロン

西尾浩二訳

登場人物

エウテュプロン　ソクラテス

紀元前三九九年冬から春のある日、不敬神の罪と若者を堕落させる罪により無名の若者に訴えられたソクラテスは、裁判以前に行なわれる予備審問のために所管の役所へ出頭する。その建物の外で、自分の父親を殺人罪で訴えている人物エウテュプロンと遭遇する。

一　裁判前のソクラテス

2A
エウテュプロン　何か変わったことでもあったのですか、ソクラテス、あなたがリュケイオンのいつもの体育場(1)で過ごすのをやめて、今頃こんなところで、バシレウスの役所(2)あたりで過ごしていらっしゃるとは。

---

(1)リュケイオンは、キュノサルゲス、アカデメイアと並ぶアテナイ（アテネ）の三大体育場の一つ。アテナイの東の郊外（城壁の外）のイリソス河畔に位置する。ソクラテスはしばしばこの体育場で若者たちと対話していた（『エウテュデモス』二七一A、『饗宴』二二三D、『リュシス』二〇三A）。のちにアリストテレスがここに学園リュケイオンを開いたことでも知られる。

(2)バシレウスの役所は中央広場（アゴラ）の北西にある小さな建物（一七・七メートル×七・二メートル、一九七〇年に遺跡発掘）。文字通りの訳は「王（バシレウス）の列柱廊（ストアー）」。ここでバシレウスと呼ばれる役人が執務していた（パウサニアス『ギリシア案内記』第一巻第三章一）。

バシレウスはアテナイの九人の政府高官（アルコーン）の第二位で、王政期に君臨した王から主として祭祀の権限を継承していた。その具体的な職務として、秘儀の監督、祭典での各種行事の運営、父祖伝来の供犠の執行などがあり、また不敬神に対する公訴や殺人に対する私訴はバシレウスのもとに訴えられた（アリストテレス『アテナイ人の国制』第五十七章）。ソクラテスがバシレウスの役所に出頭しているのは、不敬神に対する公訴を起こされたためである。

(2) まさかあなたにも、私と同じようにバシレウスの役人へ何か訴訟[1]でもあるはずはないでしょうから。

ソクラテス　いや実際には、アテナイの人たちはね、エウテュプロン、この件を訴訟と呼ばずに公訴と呼んでいるのだよ。

B エウテュプロン　何をおっしゃいますか。どうやら、だれかがあなたを公訴したようですね。あなたがほかの人を公訴するなどという、そんなことはとても考えられませんから。

ソクラテス　もちろんちがうよ。

エウテュプロン　ではほかの人があなたを公訴したのですね。

ソクラテス　たしかにそうだよ。

エウテュプロン　それはだれですか。

ソクラテス　ぼく自身もよく知らないのだ、エウテュプロン、その男のことは。ぼくの見るところ、だれか若くて世間に知られていない人のようだからね。ただ人々は彼を、メレトス[2]という名前で呼んでいると思う。そしてピットス区[3]の人だよ、もし君がピットス区のメレトスという人で、髪はまっすぐ、髭はさほど濃くない、それでいてやや鉤鼻、といった男に思い当たるならね。

エウテュプロン　思い当たりませんね、ソクラテス。ところで、どんな公訴をあなたに起こしたのですか。

C ソクラテス　どんなって？　れっきとした公訴だよ、ぼくの考えでは。だって若いのにこんな大事な問題を認識しているのは並大抵のことではないからね。つまり彼の主張によれば、どんなふうにして若者たちが堕落させられているのか、また若者を堕落させる人たちがどんな人物なのかを自分は知っているというのだ。

そして彼はおそらく知恵のある人だろうね、それでぼくの無知を見抜いて、彼と同世代の者たちをぼくが堕落させていると考え、まるで母親に訴えるかのようにぼくを国に訴えようとしているのだよ。

D　また彼だけが国のことを正しいやり方で始めているようにぼくには見える。なぜかというと、正しいやり

---

(1)「訴訟」と訳されたギリシア語「ディケー（δίκη）」は、広く訴訟一般を指す語であるが、狭義には個人を害した罪で訴える私的訴訟（私訴）を指す語でもある。この狭義のディケー（私訴）に対して、「グラペー（γραφή）」は国家公共を害した罪で訴える公的訴訟を指す語で「公訴」と訳される。『法律』第六巻七六七Bでは「一つは、だれかある私人がある私人を、自分に不正なことをしたとして告訴し、裁判に持ち込んで決着をつけようと望む場合、もう一つは、公共体が市民のだれかによって不正を加えられたとだれかが考えて、共同体を守ろうと望む場合」と述べられている。
　ソクラテスに対する訴訟は、国家の認める神々を認めないという不敬神の罪によるので公訴に当たり、エウテュプロンによって提起される訴訟は、個人の殺人の罪によるので私訴に当たる。私訴は利害当事者のみが提訴できるが、公訴は市民であればだれでも提訴できた。殺人事件が私訴で裁かれたように、私訴と公訴の区別は今日の民事訴訟と刑事訴訟の区別とは必ずしも対応しない（アリストテレス『アテナイ人の国制』橋場訳補註五二、五九参照）。

(2)メレトスはソクラテスに対する告訴状を書いた人物であり、政治家アニュトス、弁論家リュコンとともに法廷でソクラテスに対する告発の弁論を行なった。作家を代表してソクラテスに対して憤っていたとされるが（『ソクラテスの弁明』（以下、『弁明』）二三E）、人物の詳細については不明。ほぼ同時期に弁論家アンドキデスを不敬神の罪で訴えたメレトスと同一視する見解（バーネット）もあるが、それを否定する見解（ブリックハウスとスミス、マクダウェル）もある。なおメレトスの正式な告訴状（宣誓供述書）は、ディオゲネス・ラエルティオス『ギリシア哲学者列伝』第二巻四〇に記録されている（『弁明』前書き参照）。

(3)ピットス区はアテナイを中心とするアッティカ地方の行政区分の一つで、アテナイの北東に位置する。

方とは、まず最初に若者たちができるだけすぐれた善い人間になるよう気づかうことだからだ、ちょうど、す
ぐれた善い農夫なら当然まず最初に若い草木を気づかってから、その次にほかのことにも気をつかうように
3A ね。だからメレトスにしてもきっと、本人が主張するように、若者の芽をつぶし堕落させているわれわれ[1]を
まず最初に除去するのだろう。それからその次に、彼は明らかに年上の人たちを気づかい、最も大きな善を最
も多く国にもたらす者となるだろう、少なくともそういう出発点から始めた場合の当然の結果としてね。

二　神々の創作者

エウテュプロン　そうなるといいのですが、ソクラテス、ただ現実には正反対の結果になりはしないかと
心配なのです。なぜかといいますと、彼はあなたに不正なことをしようとしているのですから、文字通り
「かまどから始めて[2]」国に悪事を働いているように私には思えるのです。ですから、どうかおっしゃってく
ださい、あなたがいったいどんなことをして、若者たちを堕落させていると彼は主張しているのですか。
B ソクラテス　奇妙なことさ、なんとも君！　そのまま聞いただけではね。つまり、ぼくが神々の創作者だ
と彼は主張しているのだ、そして新奇な神々を創作しつつ、他方で古来の神々を認めていないと見なして、
まさにこうした理由で公訴したと、そう彼は主張している[3]。
エウテュプロン　わかりました、ソクラテス。それはきっとあなたが、自分にはいつもダイモーン的な
もの[4]が生じると主張していらっしゃるからですよ。だから彼は、あなたが神々の事柄について革新を企てて

いると見なしてこの公訴を起こしたのですし、きっと中傷するつもりで法廷に行くのです、こういうことは多くの人たちに向かって中傷しやすいと知っているからです。

（1）「われわれ」と複数形で語られるが、ソクラテス以外にだれか特定の人物（たとえばエウテュプロン）が想定されているわけではない。

（2）「かまどから始める」とは、中心から始めるという意味の比喩的表現。「かまどから始めて人を破滅させるために」（アリストパネス『蜂』八四五行）。古代ギリシアでは各家の中心部および国家の中心施設プリュタネイオン（市庁舎と迎賓館を兼ねる施設）にヘスティア神の聖なるかまどが据えられていた。ここではエウテュプロンはソクラテスを国の中心的人物と見ているのだろう。

（3）メレトスの主張については『弁明』二四B—二八Aも参照。

（4）「ダイモーン的なもの（ト・ダイモニオン）」とは、「ダイモーンの合図（ダイモニオン・セーメイオン）」のことと考えられる（『エウテュデモス』二七二E四）。これは子どものときから始まり、一種の声としてソクラテスに現われるもので、まさに行なおうとしていることを差し止め、それをなせと勧めることはけっしてないという。何かを正しくない仕方で行なおうとしている場合、その声はいつもとても頻繁に現われ、とても些細なことについても反対した（『弁明』三一D、四〇A、『国家』第六巻四九六C、『パイドロス』二四二B—C、『テアイテトス』一五一A、『テアゲス』一二八D参照）。

(3) C 現に私の場合も、民会(1)で彼らに未来のことを予言しながら神々の事柄について何か発言するたびに、気でも狂ったかと彼らはあざ笑うのですから。もっとも、予言したことで真実でないことなど一つも言ったことはないのですが、しかしそれでも、彼らは私たちのようなこんな人間をことごとくねたむのです。いいえ、彼らのことは何も気にする必要はありません、いやむしろ対決すべきです。

三　ソクラテスの懸念

ソクラテス　愛するエウテュプロンよ、しかしね、あざ笑われることは、おそらく何の問題もないだろう。現にアテナイの人たちは、ぼくの見るところ、だれかを有能な人物だと思っても、その人物が自分の知恵を教えうる人だと思わないかぎりは、大して関心をもたないからね。ところが、ほかの人たちをも有能な者に
D しているると彼らが思った人物になら、君が言うようにねたみにかられてであれ、何かほかの理由であれ、彼らは腹を立てるのだよ。

エウテュプロン　でしたらその点については、いったい彼らが私に対してどんな気持ちを抱いているのか、あまり確かめてみようとは思いません。

ソクラテス　だって君はたぶん、控えめにしていて自分の知恵を教える気などないと思われているだろうからね。しかしぼくの方は恐れているのだよ、ぼくが人間好きなものだから、自分のもっているものなら何でもおしげもなくすべての人に話してしまう、それも無報酬どころか、ぼくの話を聞く気になってくれる人

がいたら喜んでお金を払ってまで話をする、(2)そんなふうに彼らに思われているのではないか、とね。だからもし、たった今言ったけれど、君のことをあざ笑うと君が主張するように、彼らがぼくのことをあざ笑おうとするなら、ふざけたり笑ったりしながら法廷で時を過ごすのもまんざら不愉快ではないだろう。しかしもし彼らが真剣になりでもしたら、もうこの件がどういう結末を迎えるかは、君たち予言者以外にはわからないだろう。

E

エウテュプロン　いいえ、おそらく何の問題にもならないでしょう、ソクラテス、むしろあなたはご自身の訴訟を思いどおりに争われるでしょうし、私も自分の訴訟をそうできると思っています。

四　殺人罪で父親を訴える

ソクラテス　ところでエウテュプロン、君の訴訟ってどんなものなの？　訴えられているのか、それとも君が訴えているのか。

エウテュプロン　私が訴えているのです。

(1) 民会（エックレーシアー）は成年男性の全市民から構成される国家の最高意思決定機関。成年男性市民であれば貧富の区別なくだれでも平等に出席権・発言権・投票権を与えられた。八三頁註（3）参照。

(2) これとほぼ同じ趣旨のことが『弁明』三三A―Bでも述べられている。

4A ソクラテス　だれを？
エウテュプロン　訴えていると、また私の気が狂ったかと思われてしまうような人を。
ソクラテス　何だって？　だれか飛んでいる人を追いかけているのかね[1]？
エウテュプロン　飛ぶなんてとんでもないです、その人は実際にはもうかなりの年寄りなのですから。
ソクラテス　それはだれ？
エウテュプロン　私の父です。
ソクラテス　君のお父さんだって？　世にもすぐれた人よ。
エウテュプロン　まったくその通りなのです。
ソクラテス　だけど犯した罪は何で、どんな事件の訴訟なの？
エウテュプロン　殺人です、ソクラテス。
ソクラテス　まさか！　きっと、エウテュプロン、いったいどうするのが正しいのかは、多くの人たちに
B はわかるはずのないことなのだろう。だってぼくが思うに、そういうことを正しく行なえるのは、ありふれ
た人ではなくて、もうはるか先まで知恵の進んだ人のはずだからね。
エウテュプロン　ゼウスに誓って、本当にはるか先までですよ、ソクラテス。
ソクラテス　ところで、君のお父さんに殺されたのは家族のだれかなのだね？　いや、明らかにそうだろう？　だって他人のためだったら、君が殺人罪でお父さんを告訴するはずがないだろうから。
エウテュプロン　滑稽なことですよ、ソクラテス、殺されたのが他人か家族かで何か違いがあると考えて

c おられて、むしろこうお考えにならないとはね、つまり、殺害者が殺したのは正当か正当でないかというただこの点だけに留意すべきであって、正当なら放っておくべきだし、正当でなければ告訴すべきであって、たとえ殺害者があなたとかまどを共にして同じ食卓を囲んでいたとしてもそうすべきなのです。なぜかというと、もしもあなたがその罪を知りながらそういう人といっしょにいて、しかも法廷に告訴してあなたご自身とその当人の身を浄めなかったとしたら、穢れ《けが》は等しくなるからです。

といってもじつは殺されたのは私の雇い人だったのですがね、それで私たちがナクソス(2)で農業を営んでいたときに、彼はそこの私たちのところで日雇い人として働いていたのです。ところが、彼が酔っ払って私たちの家内奴隷の一人に怒った際、その奴隷の喉を掻き切って殺してしまったのです。そこで父が彼の両手両

（1）「飛ぶ鳥を追いかける」ということわざ（むだな骨折りの意）を踏まえた表現。「訴える」という意味で用いられたギリシア語（διώκειν）の文字通りの意味は「追いかける」であり、ソクラテスは冗談でこの文字通りの意味に解したのである（アダム）。「真理を探求することは飛ぶ鳥を追いかけるようなもの」（アリストテレス『形而上学』Γ巻一〇〇九b三九）。

（2）ナクソスはアテナイから約二〇〇キロメートル南東にある、エーゲ海キュクラデス諸島最大の島。前五世紀にはアテナイの植民地となっていたが、前四〇四年にアテナイはナクソス島の支配権を失った。エウテュプロンの父親もこのとき土地を失ったであろうから、ソクラテスとエウテュプロンの対話が行なわれている前三九九年に、この殺人事件が実際に起こったということはありえない。エウテュプロンの語る事件はプラトンの創作であるかもしれないが、およそ五年前の殺人事件が複雑な法的事情により遅れて告訴されるにいたったとも考えられる（バーネット）。

足をいっしょに縛り、ある溝へ投げ込んでおいて、どうすべきかを解釈官[1]に問い合わせるためにこちらへ人
を送りました。ですがその間、縛られた当人のことは、人殺しだしたとえ死んでも何の問題もないと考え
D て、ほとんど無視して気にもかけませんでした。するとその人は本当にそういう目に遭ったのです。という
のは、飢えと寒さと縛られていたせいで、使いの者が解釈官のところから戻って来る前に死んでしまったか
らです。

　まさにそういうわけで、父も家のほかの者たちもこう言って嘆いているのですよ、つまり、私は人殺しの
ために父親を殺人罪で告訴しているが、あの人たちの主張によれば父親は殺してもいないし、またたとえ殺
したとしても、死んだのは人殺しなのだから、そんな者のことは気にすべきではない――なぜなら息子が父
E 親を殺人罪で告訴することは不敬虔だから――とこんなふうに言うのです、ソクラテス、神の法が敬虔と不
敬虔についてどうなっているのかをよく知りもせずに。

ソクラテス　しかし君自身は、ゼウスに誓って聞くが、エウテュプロン、神々の法や敬虔と不敬虔につい
て、どうなっているのかをそれほど正確に知っていると思うのかね？　君の言い分どおりに事がなされたと
して、お父さんに訴訟を起こせば、今度は君が不敬虔なことを行なっていることにならないかと恐れもしな
いほどにね。

エウテュプロン　だって、そうでなかったら私には何のとりえもなくなってしまうでしょうからね、ソク
5A ラテス、またこのエウテュプロンが多くの人間たちと少しも違わないことにもなってしまうでしょう、もし
そういったことをすべて正確に知らなかったとしたら。

五　弟子入りを申し出るソクラテス

ソクラテス　驚いたね、エウテュプロン、それなら、ぼくにとっていちばんよいのは君の弟子になることではないか、そしてメレトスと争う公訴以前に、まさにそうした論点で彼にこう言って異議申し立て(2)をするのだ、ぼくとしてはこれまでも神々の事柄を知ることをとても大切にしてきたし、今もまた、神々の事柄についてぼくが軽率に判断し革新を企てる過ちをおかしていると彼が主張するので、それで君の弟子になったのだ、とね。

B

——「そしてもしも、メレトスよ」と、ぼくはこんなふうに主張したいと思う、「エウテュプロンがこういうことにかけては知恵のある人だと君が同意してくれるなら、ぼくも正しく神々を認めているものと考えて、訴訟を起こすのをやめてもらいたい。しかしもし同意しないなら、ぼくより先にまず、あのぼくの先生に対して訴訟を提起したらよい、あの先生こそ、ぼくや自分自身の父親といった年上の人たちを、ぼくには教え

(1) ここでの解釈官は神事に関する法を解釈するアテナイの官職。殺人による穢れを浄める儀式等に関して助言を行なうのも職務の一つであった(『法律』第六巻七五九C、第九巻八六五Dなど参照)。なお、この文で「こちら」とはアテナイを指す。

(2) 異議申し立ては、裁判前の予備審問の期間に被告または原告が相手側に対して提案や要求を行なう手続き。

(5) ることによって、父親には警告し懲らしめることによって、堕落させているという理由でね」――
そしてもしメレトスがぼくの言うことに納得せずに、訴訟をやめもしないし、ぼくのかわりに君を公訴するようなこともないとすれば、彼に異議申し立てしておいた内容をそっくりそのまま法廷で言うのが、ぼくにとってはいちばんよいのではないかね。

エウテュプロン　ゼウスに誓ってそうですとも、ソクラテス、もしひょっとして彼が私を公訴しようとし
C ても、思うに、どこに彼の弱点があるかを私は見つけ出せるでしょうし、また私のことよりもはるかに先に、彼をめぐって法廷で論議が沸き起こることでしょう。

ソクラテス　じつはぼくも、愛する友よ、そのことを認識しているからこそ君の弟子になりたいのだ。ぼくは知っているよ、きっとほかの人もそうだろうがとくにこのメレトスというのは、君のことは見えもしないふりをしておいて、ぼくのことはずいぶんと鋭く簡単に見抜いて不敬神[1]の罪で公訴したのだということをね。

だから今、ゼウスに誓って、君が先ほど明確に知っていると断言してくれたことを、どうか言ってもらいたいのだ、殺人についてもほかのことについても、敬神とは、そして不敬神とは、どのようなものであると
D 君は主張するのか。いや、いかなる行為の内にあっても敬虔そのものはそれ自身と同じではないだろうか、そして不敬虔もまた、一方でいかなる敬虔とも反対でありながら、他方でそれ自身はそれ自身と同じ性質のものであって、不敬虔であろうとするいかなるものも、その不敬虔さという点では何か単一の相[2]（イデア）をもっているのではないだろうか。

エウテュプロン　たしかにまったくその通りです、ソクラテス。

六　敬虔とは不正な人を告訴すること

ソクラテス　それなら言ってくれたまえ、敬虔とは何であり、また不敬虔とは何であると君は主張するのか。

エウテュプロン　では言いますが、敬虔とはまさに私が今行なっていることであって、殺人に関してであれ、聖物窃盗に関してであれ、何かほかのそういったことであれ、過ちをおかし不正なことをする者に対し
E
ては、たまたまそれが父親であろうと、母親であろうと、ほかのどんな人であろうと告訴するということであり、他方、告訴しないことが不敬虔なのです。

現に、ソクラテス、法は次のようになっていることを示す、どれだけ大きな証拠を私があなたにお話しす

（1）「敬神」「不敬神」と訳されるギリシア語「エウセベイア（εὐσέβεια）」「アセベイア（ἀσέβεια）」およびその同系語は、「敬虔」「不敬虔」と訳されるギリシア語「ホシオン（ὅσιον）」「アノシオン（ἀνόσιον）」およびその同系語とほぼ同じ意味で本篇では用いられるが、罪状のような法的文脈においては前者が正式な用語である。

（2）「相」と訳されたギリシア語「イデア（ἰδέα）」は、六Ｄ一一で「エイドス（εἶδος）」（同じく相と訳された）とも言い換えられており、本質的特性といった意味で用いられている。これらの箇所でいわゆるプラトンの「イデア論」を想定する必要は必ずしもない。

るか、よくご覧になってください――それはほかの人たちにもすでに話したものですが、そういった事柄はこうなっていてこそ正しいだろうということを示すものなのです――つまり法は不敬神なことをする者を、たまたまそれがだれであろうと許さないということです。というのも人間たち自身が、ゼウスは神々のうち
6A で最もすぐれた、最も正しい神だと実際に信じていて、しかもこのゼウスが自分の父親を、不正にも次々と息子たちを飲み込んでいったというので縛ったことや、さらにその父親もまた自分の父親を別のそういった理由で去勢したことも認めているのです[1]。それなのに私に対しては、不正なことをする父親を告訴しているといって憤慨しているのであって、このように神々についてと私について、彼ら自身が自分たち自身とは反対のことを言っているのです[2]。

ソクラテス　はたして、エウテュプロン、それがぼくの公訴されている理由なのかね？　つまり、そういった話をだれかが神々について語るたびに、どういうわけか、ぼくがなかなか受け入れようとしないことがね。まさにそのせいで、どうやら、ぼくが過ちをおかしていると主張する人もいるようだね。ところが今
B もしも、そういったことについてよく知っている君までがこうした話に関して同じ考えとなれば、その場合はどうやら、われわれの側も賛成せざるをえないようだ。だって、この問題についてはまったく知らないと自分たち自身でも認めているわれわれが、これ以上何を主張するというのか。さあ、どうか友愛の神[3]に誓って言ってほしい、君はこうした話が実際その通りに起こったと本当に思っているのかね[4]？

エウテュプロン　しかもまだ、それよりもっと驚くようなこともありますよ、ソクラテス、多くの人たちは知らないでしょうけれど。

ソクラテス　いったい君は、神々の間で互いに対する戦争も本当にあるし、また恐るべき敵意や争いも、その他そういうたぐいの多くのことも本当にあると思っているのかね？　詩人たちが語っているような話や、
(1) 最高神ゼウスの父親がクロノス、そしてクロノスの父親がウラノス。ウラノスは妻ガイアとの間にもうけた三人のヘカトンケイル（百手の巨人）と三人のキュクロプス（一つ目の巨人）を憎み地底へ投げ込んだため、これに怒ったガイアが同じくウラノスとの間の子であるティタン族（六柱の男神と六柱の女神）にウラノスへの復讐を説き、そのなかで母ガイアから大鎌を与えられた子のクロノスが父ウラノスの生殖器を刈り取って海に投げ捨て、父の支配権を奪った（ヘシオドス『神統記』一五四行以下）。
しかしそのクロノスもまた、妻レアとの間にもうけた子どもたちに支配権を奪われることを恐れて、彼らを次々に飲み込んだため、これに怒ったレアが一計を案じてゼウスを密かに産み育て、成長したゼウスはクロノスから吐き出された兄弟神たちと協力して、父クロノスとティタン族を征服し地底に幽閉した（ヘシオドス『神統記』四五三行以下）。
(2)「自分たち自身とは反対のことを言っている」とは、自己矛盾することを言っているということ。
(3)「友愛の神」とはゼウスのこと。
(4)『国家』第二巻三七七E以下でソクラテスはこうした神話を批判している。

(6) C それからすぐれた画家たちの手でわれわれの神殿が色とりどりに飾られていて、とくに大パンアテナイア祭(1)のときには、そういった色とりどりの刺繍を一面にほどこした衣裳がアクロポリスの丘へ運び上げられているが、それらに描かれた多くの話も本当にあるのだとね。こうしたことは真実だとわれわれは主張しようか、エウテュプロン？

エウテュプロン　それだけではありません、ソクラテス、先ほども言いましたように、もしお望みでしたら、ほかにも神々の事柄にまつわるたくさんのことを私からあなたに詳しくお話しさせていただきますが、それをあなたが聞いたら間違いなくびっくりなさるでしょう。

七　敬虔とは神々に愛されるもの

ソクラテス　驚きはしないだろうけれどね。しかしそのことはどうか、今度また暇なときに聞かせてもら
D うとしよう。だが今は、ついさっき君にたずねたことを、もっと明確に言うよう試みてほしい。なぜなら、友よ、敬虔とはいったい何であるのかとぼくはたずねたのに、先ほどは十分に教えてくれないで、お父さんを殺人罪で告訴するという、君が今行なっているそのことがまさに敬虔だとぼくに言ったのだからね。(2)

エウテュプロン　しかも真実を私は述べていたのですよ、ソクラテス。

ソクラテス　たぶんね。しかし実際、エウテュプロン、君はほかにも多くの敬虔なものがあると主張しているのだよ。

エウテュプロン　しかも事実たくさんありますからね。

ソクラテス　それなら思い出してほしいのだが、君に頼んだのは、多くの敬虔なもののうちから何か一つか二つをぼくに教えるということではなくて、あらゆる敬虔なものがそれによって敬虔であるようなあの相（エイドス）そのものを教えることだったのではないか。なぜなら、たしか君は、単一の相（イデア）
E によって不敬虔なものは不敬虔であり、また敬虔なものは敬虔であると主張していたはずだからね。(3) それとも覚えていないだろうか。

エウテュプロン　私としてはそう主張していました。

---

(1)「大パンアテナイア祭」（全アテナイの大祭の意味）とは、守護神アテナに捧げるアテナイの年中行事パンアテナイア祭（現在の八月開催）のうちで、四年に一度の大規模なものを指す。このとき供犠の儀式や各種の音楽・運動競技とともに祭礼行列が執り行なわれ、少女たちによって織られた新しい衣裳（ペプロス）がアクロポリスの神殿に祀られるアテナ女神像のもとに運ばれ奉納された。パルテノン神殿のフリーズの彫刻に描かれたのがこの祭礼行列と推測されている。衣裳の図柄・題材については、『国家』第二巻三七八C「神々と巨人たちとの戦い（ギガントマキアー）を彼ら［将来国家の守護者となる者たち］に語ったり、色とりどりの刺繍に描いたりしてはけっしてならない」、エウリピデス『ヘカベ』四六六―四七四行「あるいはパラスの国アテナイで、美しき戦車もつアテナの馬を、サフラン色［黄色や薄紫色］の御衣裳に、技巧をこらし花柄あしらう織物に、色とりどりの刺繍で描いてつなごうか、あるいはクロノスの子ゼウスが稲妻の火で取り囲み眠りつかせたティタン族を、刺繍で描いてつなごうか」などを参照。

(2) 五Dを参照。

(3) 五Dでソクラテスの問いにエウテュプロンが「たしかにまったくその通りです」と同意したことを指している。

ソクラテス　それなら、その相そのものがいったい何であるのかを、ぼくに教えてほしいのだ、そうすればそれに注目し、それを基準として用いることによって、何であれ君やほかのだれかが行なう行為のうちで、そのようなものであるのはどれも敬虔だと主張できるだろうし、他方、そのようなものでないのはどれも敬虔でないと主張できるだろうからね。

エウテュプロン　いや、もしそれがお望みでしたら、ソクラテス、そんなふうにもあなたに説明いたしますが。

ソクラテス　そう、それを望んでいるのだよ。

エウテュプロン　それなら、神々に愛されるものが敬虔であり、神々に愛されないものが不敬虔であるの
7A です。

ソクラテス　とても適切に、エウテュプロン、そしてぼくが君にずっと求めていた通りの答え方で、今度は答えてくれた。ただし真実かどうか、それはまだぼくにはわからないけれども、しかし君なら明らかに、自分の言っていることが真実だということもついでに教えてくれるだろう。

エウテュプロン　たしかに、お教えしますよ。

八　神々の争い

ソクラテス　さあそれでは、われわれが何を言っているのかを考察してみようではないか。神々に愛され

るものと神々に愛される人が敬虔であり、他方、神々に憎まれるものと神々に憎まれる人が不敬虔である、そして敬虔は不敬虔と同じものではなくて、むしろまったく正反対のものである。そういうことではないかね？

エウテュプロン　はい、そういうことです。

ソクラテス　しかもうまく言われているようにも見えるかね？

エウテュプロン　そう思います、ソクラテス。

B

ソクラテス　ところで神々が内部抗争をしたり、エウテュプロン、また互いに意見がくい違ったり、彼らの間で互いに対する敵意があったりするということ、そんなことも言われていたのではないか。(1)

エウテュプロン　はい、言われていました。

ソクラテス　しかし敵意や怒りというのは、世にもすぐれた君よ、何に関する意見のくい違いが生み出すのだろうか。そこでこんなふうに考えてみるとしよう。もしもぼくと君が数に関して、二つのどちらがより多いのか、意見がくい違っているとしたら、はたしてそれらに関する意見のくい違いがわれわれを互いに敵どうしにしたり怒らせたりするだろうか、それともこういったことに関してなら、計算に訴えてすぐに

C

仲直りするだろうか。

エウテュプロン　たしかに、そうするでしょう。

---

(1) 六A―Cを参照。

(7) ソクラテス　では、より大きいより小さいということに関しても、もしわれわれの意見がくい違えば、計測に訴えてすぐにそのくい違いを終わらせるのではないだろうか。

エウテュプロン　その通りです。

ソクラテス　また計量に訴えれば、ぼくが思うに、より重いより軽いということに関して決着がつくだろうね。

エウテュプロン　もちろんですとも。

ソクラテス　しかしそれでは、何に関して意見がくい違って何の判定に到達できないとき、われわれは互いに敵どうしになったり怒ったりするのだろうか。おそらく君には手近な答えがないかもしれないが、ぼく
D が言うから考えてみてほしい、それは正しいことと不正なこと、美しいことと醜いこと、善いことと悪いことなのかどうかをね。はたしてこれらこそが、意見がくい違ってそれらの十分な判定に達することができずに、ぼくや君やその他あらゆる人間たちがいつでもきまって互いに敵どうしになるものなのではないだろうか。

エウテュプロン　ええ、問題のくい違いとはそういうものです、ソクラテス、そしてそれらに関するものです。

ソクラテス　では神々はどうだろう、エウテュプロン。もし本当に何か意見がくい違うとすれば、まさにこれらのゆえにくい違うのではないか。

エウテュプロン　まったく必然的にそうなります。

E ソクラテス　そうすると神々のうちであっても、高貴なエウテュプロンよ、君の説によれば、別々の神々は別々のものを正しいと考え、また美しいとか醜いとか、善いとか悪いとか、そう考えているのだね。なぜかというと、もしそれらに関して意見がくい違っていなかったとしたら、互いに内部抗争などしていなかったはずだろうから。違うかね？

エウテュプロン　おっしゃる通りです。

ソクラテス　ところでそれぞれの神々は、美しいとか善いとか正しいと考えているまさにそうしたものを、また愛しもするのであって、他方これらと反対のものを憎むのではないか。

エウテュプロン　たしかにそうです。

ソクラテス　ところが同じものであっても、君の主張によれば、ある神々は正しいと考え、また別の神々
8A は不正と考えており、それらに関して異論まで唱えて、互いに内部抗争をしたり戦争をしたりするのだ。はたしてそうではないのかね？

エウテュプロン　そうです。

ソクラテス　そうすると同じものが、どうやら、神々によって憎まれもするし愛されもするのであって、同じものが神に憎まれるものでも神に愛されるものでもあるのだろうね。

エウテュプロン　そのようです。

ソクラテス　そうすると同じものが敬虔なものでも不敬虔なものでもあるのだろうね、エウテュプロン、この説によれば。

(8) エウテュプロン　おそらくそうでしょう。

九　不正をめぐる争点

ソクラテス　そうすると、ぼくのたずねたことには答えてくれなかったことになるね、どうしたことか君！　だって同じものでありながら敬虔でも不敬虔でもあるような、そんなものをたずねていたわけではないのだから。しかし、何であれ神に愛されるものは神に憎まれるものでもあるようだね、どうやら。した
B がって、エウテュプロン、君がお父さんを懲らしめようとして今やっていることだって、もしもそういうことを行なって、ゼウスには愛されるがクロノスやウラノスには敵対するようなことをすることになっても、そしてヘパイストスには愛されるがヘラには敵対するようなことをすることになっても[1]、何も驚くようなことではないし、またもし君の行為に関して、神々のうちでどなたかそれ以外のある神がほかの神と意見がくい違うなら、その神々についても同じことがいえる。

エウテュプロン　しかし私の考えでは、ソクラテス、少なくともこの件に関しては、不正にだれかを殺した者が罰を受けなくてよいなどと言って、ある神がほかの神と意見がくい違うようなことは神々のあいだではけっしてありませんよ。

C ソクラテス　ではどうだろうか。人間のあいだでなら、エウテュプロン、不正に殺したりその他何であれ不正に何かをなしたりする者が罰を受けなくてよいと言って、だれかが異論を唱えているのを、今までに聞

いたことがあるだろうか。

エウテュプロン　ええ、そういう人たちはほかの場所でもですが、とくに法廷ではそういう異論を唱えるのをけっしてやめないものです。じつに多くの不正をしておきながら、罰を逃れようとしてあらゆることを行なったり言ったりしますから。

ソクラテス　いったい、エウテュプロン、その人たちは不正をしていると認めもするだろうか、そして認めた上でそれでもなお、自分たちが罰を受けなくてよいと主張するのだろうか。

エウテュプロン　いいえ、そんなことはけっしてありません。

ソクラテス　そうすると、彼らは少なくともあらゆることを行なったり言ったりするわけではないのだね。なぜなら思うに、たとえ不正をしていても罰を受けなくてよいなどという、そんなことを彼らがあえて言お

D　うとすることはなく、異論を唱えようとすることもないからね、むしろ思うに、彼らは不正をしていること

(1) ゼウス、クロノス、ウラノスについては一九頁註(1)を参照。ヘパイストスは火と鍛冶の神であり、ゼウスとヘラの息子。ヘパイストスは生まれつき足が悪く醜かったために、母ヘラによってオリュンポス山から投げ落とされたが、海の女神たちに助けられ、のちに目に見えない縛めの紐がついた黄金の玉座をヘラに贈って彼女を縛りつけ復讐したという(ホメロス『イリアス』第十八歌三九六行以下、パウサニアス『ギリシア案内記』第一巻第二十章三)。

(8)を否定するのだ。ちがうかね？

エウテュプロン　おっしゃる通りです。

ソクラテス　そうすると少なくとも、不正をしている者が罰を受けなくてよいというさっきの論点では異論を唱えたりせず、むしろ不正をしている者はだれなのか、また何を、いつ行なってのことなのか、という点でおそらく異論を唱えるのだろうね。

エウテュプロン　おっしゃる通りです。

ソクラテス　それでは、まさにそれと同じことが神々にもあてはまらないだろうか、もし本当に君の話の通り(1)、正しいことや不正なことに関して神々が内部抗争をするとすればの話だがね、そして互いに相手側が不正をしていると主張し、また他方はしていないと否定するのではないか。なぜなら、少なくともさっきの
E
ようなことはきっと、どうしたって君！　神々のあいだであれ人間たちのあいだであれ、だれもあえて言おうとはしないだろうからね、不正をしている者でも罰を受けなくてよいなどということはね。

エウテュプロン　そうです、その点はおっしゃる通りです、ソクラテス、少なくともおおよそのところは。

ソクラテス　むしろ思うに、エウテュプロン、人間たちにしても、また、もし本当に神々が異論を唱えるとすれば神々にしても、異論を唱える者というのは、あくまでもなされたそれぞれの行為について異論を唱えるのであって、ある行為に関して意見がくい違う場合、一方の側はその行為が正しくなされたと主張し、他方の側は不正になされたと主張するのだ。はたしてそうではないだろうか。

エウテュプロン　たしかにそうです。

十　すべての神々が同じ考えか

9A ソクラテス　さあそれでは、愛するエウテュプロンよ、ぼくがもっと賢くなれるように、ぼくにも教えてほしい、いったいどんな証拠が君にあるのかをね、つまり、ある人が日雇い労働の最中に人殺しをして、殺された者の主人によって縛られ、その縛った主人が身柄をどうすべきか解釈官たちから聞きだす前に、縛られていたせいでその人が先に死んでしまった場合、すべての神々がその人を不正に殺されたと考えており、したがってまた、そういう人のためには息子が父親を殺人罪で告発し告訴するのが正しいという、どんな証拠が君にあるのか。さあ、こういったことに関して、何よりすべての神々がその行為を正しいと考えているという、何か明確な証拠をぼくに示すよう試みてほしい。そしてもしぼくに十分に示してくれたら、知恵があるといって君のことを褒めるのをいつまでもやめないだろう。

B エウテュプロン　しかしたぶん、それはささいな仕事ではありませんよ、ソクラテス、もっとも、とても明確にならあなたにお示しできるでしょうけれど。

ソクラテス　わかったよ。それはぼくが裁判官たちよりものわかりが悪いと君に思われているからだね。だって明らかに君はあの人たちにになら、そういったことが不正であってすべての神々が憎むものだと示して

(1) 六A―C、七Bを参照。

(9) みせるだろうからね。

エウテュプロン　ええ、とても明確に示せます、ソクラテス、もし本当に彼らが私の話に耳を傾けてくれさえすればね。

十一　敬虔とはすべての神々が愛するもの

C ソクラテス　いや、耳を傾けてくれるよ、もし本当に君の話はもっともだと思ってもらえればね。ところ
で君が話している間に、ぼくはこういうことを思いついて、同時に自分を相手に考察しているところなのだ。
「もしもエウテュプロンがぼくに、すべての神々はそういう死を不正だと考えているということをどれほど教えてくれたとしても、ぼくはエウテュプロンから、敬虔や不敬虔がいったい何であるのかについて、何をいっそう学んだことになるのだろうか。なぜなら、どうやらこの行為は神に憎まれるもののようだから。しかし実際、これによっては敬虔とそうでないものは規定されないことが、先ほど明らかになったのだ。というのも、神に憎まれるものは神に愛されるものでもあるということが明らかになったのだから」と。
だから、このことからは君を放免してあげるよ、エウテュプロン。もし君が望むなら、すべての神々がそ
D れを不正と考え、そしてみながそれを憎んでいるとしよう。しかしはたして、今議論のなかで修正している
この点、つまり、何であれすべての神々が憎むものは不敬虔なものであり、他方、何であれ彼らが愛するものは敬虔なものであって、また他方、ある神々は愛するが別の神々は憎むようなものは何であれ、敬虔なも

のと不敬虔なもののどちらでもないか、あるいはどちらでもある――はたしてこんなふうに今度は敬虔と不敬虔について規定されることを君は望むだろうか。

エウテュプロン　だって何の差し支えがあるでしょう、ソクラテス。

ソクラテス　ぼくには何もないよ、エウテュプロン、しかし君は君で考えてみてほしいのだ、このように仮定すれば君が約束したことをいちばん簡単にぼくに教えられるのかどうかをね。

E エウテュプロン　いや、私としては、敬虔なものは何であれすべての神々が愛するものであり、またその反対に、何であれすべての神々が憎むものは不敬虔なものであると主張するでしょうね。

ソクラテス　では今度はその点を考察してみようか、エウテュプロン、それが適切に語られているかどうかをね。それとも考察はせずに、もしだれかが「あることはこうだ」と主張したらそれだけでもう「そうだ」と賛成してしまって、われわれ自身やほかの人たちの言うことをそのまま受け入れることにしようか。それともやはり、発言者が何を言っているのかを考察すべきだろうか。

エウテュプロン　考察すべきです。ただ私としては、今のことは適切に語られていると思いますけれども。

十二　敬虔なものと愛されるもの

10A ソクラテス　まあ、君、すぐにもっとよくわかるだろう。というのも、こういう問題を思い浮かべてほしいのだ。いったい、敬虔なものは敬虔なものであるから神々に愛されるのか、それとも神々に愛されるから

(10) 敬虔なものであるのか。[1]

エウテュプロン　何をおっしゃっているのかわかりません、ソクラテス。

ソクラテス　いやそれなら、ぼくの方でもっと明確に説明してみよう。われわれは「運ばれるもの」と「運ぶもの」、「導かれるもの」と「導くもの」、「見られるもの」と「見るもの」があると言う、そしてこういったものはどれもみな互いに別々のものだということや、どういう点で別々なのかは、君にわかるね？

エウテュプロン　自分ではわかっているつもりです。

ソクラテス　それでは、何か「愛されるもの」もあって、それとは「愛するもの」は別のものではないだろうか。

エウテュプロン　もちろんです。

B ソクラテス　それならどうか言ってくれたまえ、どっちだろうか、「運ばれるもの」は、運ばれるから「運ばれるもの」であるのか、それとも何かほかの理由によるのだろうか。

エウテュプロン　いいえ、運ばれるからです。

ソクラテス　それなら「導かれるもの」も導かれるからだし、「見られるもの」も見られるからだね。

エウテュプロン　たしかにそうです。

ソクラテス　そうすると、「見られるもの」だから、それゆえ見られるのではなくて、むしろ反対に、見られるから、それゆえ「見られるもの」なのだ。また「導かれるもの」だから、それゆえ導かれるのではなくて、むしろ導かれるから、それゆえ「導かれるもの」なのだ。さらにまた「運ばれるもの」だから運ばれ

C るのではなくて、むしろ運ばれるから「運ばれるもの」なのだ。はたして、エウテュプロン、ぼくの言いたいことが明白になっただろうか。

ぼくが言いたいのはこういうことだよ。つまり、あるものが生じたり何か作用を受けたりする場合、「生じるもの」だから生じるのではなくて、むしろ生じるから「生じるもの」であるということ、また「作用を受けるもの」だから作用を受けるのではなくて、むしろ作用を受けるから「作用を受けるもの」であるということなのだ。それとも、その通りだと君は同意しないだろうか。

エウテュプロン　私としては同意します。

ソクラテス　ところで「愛されるもの」もまた、何か生じるものであるか、もしくはあるものから何か作用を受けるものではないか。

エウテュプロン　たしかにそうです。

ソクラテス　そうすると、これも先ほどのさまざまな例とまったく同じことになるね。つまり、「愛されるもの」であるから愛するものによって愛されるのではなくて、むしろ愛されるから「愛されるもの」なのだね？

エウテュプロン　必然的にそうなります。

D ソクラテス　それなら「敬虔なもの」についてわれわれは何と言っているだろうか、エウテュプロン。そ

（1）この問いをめぐる以下の議論については解説一八九―一九四頁を参照。

(10) れはすべての神々によってまさに愛されるのだね、君の説によれば？
エウテュプロン　そうです。
ソクラテス　いったいそれは「敬虔なもの」だから、それゆえにそうなのか、それとも何かほかの理由によるのだろうか。
エウテュプロン　いいえ、「敬虔なもの」だからです。
ソクラテス　そうすると、それは「敬虔なもの」だから愛されるのであって、愛されるから、それゆえ「敬虔なもの」であるというのではないのだね？
エウテュプロン　そのようです。
ソクラテス　ところが、それは神々によって愛されるからこそ「愛されるもの」であり、また「神に愛されるもの」でもあるのだ。
エウテュプロン　もちろんです。
ソクラテス　そうすると、「神に愛されるもの」が「敬虔なもの」であるわけではなく、エウテュプロン、また「敬虔なもの」が「神に愛されるもの」であるわけでもない、君が言っているのとは違ってね、むしろ「神に愛されるもの」と「敬虔なもの」とは別のものだということになるよ。
E エウテュプロン　いったいどうしてですか、ソクラテス。
ソクラテス　なぜかというと「敬虔なもの」は、「敬虔なもの」であるから、それゆえ愛されるのであって、愛されるから「敬虔なもの」であるのではない、ということにわれわれが同意しているからだよ。そうではないかね？
エウテュプロン　そうです。

十三　敬虔なものと正しいもの

ソクラテス　他方、「神に愛されるもの」は、神々によって愛されるから、まさにこの愛されるということによって「神に愛されるもの」なのであって、「神に愛されるもの」だから、それゆえ愛されるというのではない、ということにも同意している。
エウテュプロン　おっしゃる通りです。
11A
ソクラテス　しかし仮に、愛するエウテュプロンよ、「神に愛されるもの」と「敬虔なもの」が同じものであったとすれば、その場合もし「敬虔なもの」は「敬虔なもの」であるから愛されるのであれば、「神に愛されるもの」は「神に愛されるもの」であるから愛される、ということにもなっただろうし、他方もし[1]

(1) これは一〇Dで同意されたこと。この命題に「敬虔なもの＝神に愛されるもの」という仮定を代入すれば、一〇Cで同意されたこと（「愛されるもの」は愛されるから「愛されるもの」である）と矛盾する帰結が生じる。

(11) 「神に愛されるもの」は神々によって愛されるから「神に愛されるもの」であるとすれば、[1]「敬虔なもの」は
愛されるから「敬虔なもの」である、ということにもなっただろう。ところが実際は見ての通り、この二つ
のものは互いにまったく別のものであるから反対のあり方をしているのだ。なぜなら一方の「神に愛される
もの」は、愛されるから、「愛される性質のもの」であるのに対し、もう一方の「敬虔なもの」は、「愛され
る性質のもの」であるから、それゆえ愛されるのだからね。

　そしておそらく、エウテュプロン、君は敬虔なものとはいったい何であるかとたずねられたのに、それの
本質（ウーシアー）をぼくに明らかにしたいとは望んでいなくて、むしろそれに関するある一つの属性（パト
ス）、つまりその敬虔なものが受けとっているもの、[2]「すべての神々によって愛される」という属性を挙げて
B くれているのだろう。しかしそれが何であるからそうなのかは、まだ言ってくれていない。そこでもし君さ
えよければ、ぼくに包み隠さずに、もう一度はじめから言ってほしいのだ、敬虔なものはいったい何である
からこそ神々によって愛されたり、またどんな属性であれ受けとったりするのか――こう言ったのは、属性
に関してはわれわれの意見はくい違わないだろうからね――さあ熱意をもって、敬虔なものと不敬虔なもの
が何であるのかを言ってほしい。

　エウテュプロン　ですがソクラテス、私としては自分の考えていることをどうやってあなたにお伝えしたら
いいか、わからないのです。だって私たちの提案するものはどれも、いつも私たちの周りをどういうわけか
動き回ってしまい、どこにそれを据えてみても、じっと留まろうとしてくれないのですから。

C 　ソクラテス　まるでわれわれの先祖ダイダロス[3]の作品のようだね、エウテュプロン、君によって語られた

ものはね。そしてもしそれをぼくが語って提示していたとしたら、きっと君はこう言ってぼくをからかっただろう、あの人と同族のせいでなんとぼくの場合にも、言葉でこしらえた作品が逃げ去ってしまい、人がどこにそれを置こうとじっと留まろうとしない、とね。しかし実際には、さまざまな提案は君のものだからね。だから何か別の冗談が必要なのだよ。なにしろそれは君のところにじっと留まろうとしないのだから、君が自分でも思っているように。

エウテュプロン　いえ私が思っているのは、何かほとんど同じ冗談が、ソクラテス、これまで語られたものには必要だということです。なぜかというと、これらの言葉にこうして動き回って同じ場所にじっと留ま
D らないよう仕組んでいるのは私ではなくて、ダイダロスであるあなたの方だと思うからですよ、実際少なく

(1) これは一〇Cで同意されたこと。この命題に「敬虔なもの＝神に愛されるもの」という仮定を代入すれば、一〇Dで同意されたこと（「敬虔なもの」は「敬虔なもの」だから愛される）と矛盾する帰結が生じる。

(2)「属性」と訳された「パトス（πάθος）」は、「こうむる、受けとる、作用を受ける（一〇Cでの訳語）」を意味する動詞「パスケイン（πάσχειν）」の名詞形。また「本質」と訳された「ウーシアー（οὐσία）」は、「ある」という動詞の現在分詞女性形（οὖσα）を名詞化したもの。解説一九三―一九四頁を参照。

(3) ダイダロスはアテナイの伝説的名匠。クレタ島に迷宮（ラビュリントス）をつくった伝説で有名。動き回る木像をつくったとされる。『アルキビアデスI』一二一Aでソクラテスは「われわれの家系はダイダロスにさかのぼり、このダイダロスはゼウスの子ヘパイストスへとつながる」と述べている。またソクラテスの父ソプロニスコスは石工であった（ディオゲネス・ラエルティオス『ギリシア哲学者列伝』第二巻一八）。なお『メノン』九七D―Eでは「正しい思わく」が、縛りつけられないかぎり魂の内に長い間留まらないと言われ、ダイダロスの彫像の比喩で説明されている。

とも私に関するかぎり、それらはじっとそのまま留まっていたでしょう。

ソクラテス　そうするとおそらくは、友よ、あのかたよりもぼくの方がこの技術では有能になっているようだね、あのかたは自分の作品だけをじっと留まらないようにしていたのに、ぼくの方は自分の作品に加えて、どうやら他人の作品までそんなふうにしたわけだから、それだけ有能らしいのだ。そしてじつにぼくの
E 技術のこの点こそ、最も手の込んだところだよ、つまり意図せずぼくに知恵があることがね。だって、ぼくとしては、ダイダロスの知恵に加えてタンタロスの財産[1]まで生じてくるといったことより、むしろこれらの言葉がじっと留まって動かずにすわっていてくれる方を望んだだろうからね。

いや、こんな話はもう十分だろう。それより君はなまけているようにぼくには思えるから、敬虔なものについてぼくに教えてくれるよう、ぼく自身が君といっしょに熱意をもってやってみよう。だから、すぐにあきらめないようにしてもらいたい。さあ見てくれたまえ、敬虔なものはすべてかならず正しいものだと君は思わないかどうかをね。

エウテュプロン　そう思います。

ソクラテス　それならはたして、正しいものはすべて敬虔なものであるともいえるだろうか。それとも、
12A 敬虔なものはすべて正しいものだが、正しいものはそのすべてが敬虔なものであるとはかぎらず、むしろそれのあるものは敬虔なものだが、別のものは何か敬虔なものと異なるものだろうか。

エウテュプロン　おっしゃることについて行けません、ソクラテス。

ソクラテス　でもねえ、君はぼくより知恵があるのと劣らぬくらい、ぼくより若いのだよ。いや、ぼくが

言っているように、君は知恵が豊富なせいでなまけているのだ。さあ、恵まれた君、気を引き締めてくれたまえ。実際、ぼくの言っていることを理解するのは難しいことでもないからね。つまりぼくが言っているのは、ある詩人が作った詩と反対のことなのだ。その人が作ったのは——

B

だがそれを行ないしゼウスとは　これらすべてを生ぜしめし者さえ
争うことを欲せず。恐れあるところつつしみもあるゆえ。(2)

(1)タンタロスはゼウスと妖精プルトの子で、プリュギアあるいはリュディア（現トルコ西部）のシピュロスの伝説的な王。「タンタロスの財産」とは、莫大な財産という意味のことわざ。タンタロスは王として莫大な財産をもち、神々に愛されていたが、あるとき神々に対して罪を犯したため死後に冥界へ落とされ、あごまで水につかりながら水を飲めず、頭上に果実がありながら果実を食べられないという永劫の飢えと渇きの罰を受けたとも、今にも落ちかかりそうな頭上の岩に絶えずおののく恐怖の罰を受けたとも言われる（ホメロス『オデュッセイア』第十一歌五八三行以下、ピンダロス『オリュンピア祝勝歌』第一歌五七行以下、プラトン『クラテュロス』三九五D—E）。

(2)この詩句（ギリシア語で二行の六脚韻、ヘクサメトロス）は、写本欄外註とストバイオス『精華集』（第三巻第三十一章一二）によれば、キュプロス島の前八世紀頃の叙事詩人スタシノスの失われた作品『キュプリア』の一節。詩の文脈は不明だが、ゼウスが何らかの罪ゆえに別の神を罰したのであろう（ロウ）とも推測されている。詩の前半は写本上複数の読み方があるが、ここでは底本に従う。底本に従わない場合でも、以下の議論の焦点は「恐れあるところつつしみもある」という詩の後半にあるので、対話の理解には影響しない。もし底本に従わず、一二A九の「行ない（*ἕρξαντα*）」（V写本、バーネット、底本）を*θ' ἕρξαντα*（B^2、W写本、アダム）、また一二B一の「争うことを欲する（*ἐθέλει νεικεῖν*）」（バーネット、底本）を*ἐθέλεις εἰπεῖν*（*β*写本、アダム）と読めば、「だがそれを行ない、またこれらすべてを生ぜしめしゼウスの名を／汝、語ることを欲せず。恐れあるところつつしみもあるゆえ」といった意味になる。

(12) ところがぼくは、この詩人とは意見が違う。どこが違うか君に言ってみようか？

エウテュプロン　ええ、ぜひとも。

ソクラテス　「恐れあるところつつしみもある」が本当だとは、ぼくには思えないのだ。なぜかというと、多くの人たちは病気や貧乏やその他たくさんのそういったものを恐れているけれど、一方で恐れていながら、他方ではそうした恐れているものに少しもつつしみを感じてなどいないようにぼくには思えるからね。君もそう思わないかね？

エウテュプロン　ええ、たしかに。

ソクラテス　しかし、つつしみがあるところに恐れもある、というのは本当だと思う。実際、何かものご
C とに対してつつしみを感じ羞恥心を覚えながら、同時に劣悪の評判を怖がり恐れていない人がだれかいるだろうか。

エウテュプロン　いいえ、たしかに恐れています。

ソクラテス　そうすると「恐れあるところつつしみもあるゆえ」と言うのは正しくなくて、むしろ、つつしみがあるところには恐れもあるが、しかし恐れがあるところならどこにでもつつしみがあるわけではない、と言うのが正しいのだ。なぜなら、恐れはつつしみよりも範囲が広いと思うからね。それはつつしみが恐れの部分[1]だからであって、ちょうど、奇数は数の部分だから、数があるところに奇数もあるわけではないが、奇数があるところには数もあるのと同じことなのだ。今度はついて来ているはずだね？

エウテュプロン　ええ、たしかに。

D

ソクラテス　それなら、そういうことを先ほども言おうとしてたずねていたのだよ。[2] はたして、正しいものがあるところには敬虔なものもあるのだろうか。それとも、敬虔なものがあるところには正しいものもあるが、正しいものがあるところならどこにでも敬虔なものがあるわけではない、なぜなら敬虔なものは正しいものの部分だから、ということなのだろうか。われわれはそのように主張しようか、それとも君は別の考えだろうか。

エウテュプロン　いいえ、そのように主張します。あなたが正しくおっしゃっているように私には見えますから。

十四　敬虔とは神々の世話に関わる正しさの部分

ソクラテス　それでは、その次のことを見てもらいたい。というのは、もし敬虔なものが正しいものの部分だとしたら、その場合われわれは、どうやら、敬虔なものが正しいもののどのような部分なのかを見つけ出さなくてはならないだろうからね。そこで、もしも君がぼくに、何かたった今言ったようなこと、たとえば偶数は数のどのような部分であって、その数が実際にどんな数であるのかをたずねていたとしたら、不等

(1) 恐れとつつしみの関係については『法律』第一巻六四六E二種類の恐れのうちで後者がつつしみと呼ばれている。以下でも、悪いことが起こるとの恐れと悪評への恐れという

(2) 一一E—一二A参照。

辺ではなくて等辺であるような数[1]だとぼくは言っただろう。それとも、君はそう思わないかね？

エウテュプロン　そう思います。

E ソクラテス　それでは君も、正しいもののどのような部分が敬虔なものであるのかを、そんなふうにして
ぼくに教えるよう試みてほしいのだ、そうすればメレトスにも、敬神にして敬虔なものや、そうでないもの
を、われわれはすでに十分に君から学び終えたのだから、もうわれわれに不正なことをしたり、不敬神の罪
で公訴したりしないでくれ、と言えるからね。

エウテュプロン　それでしたら、私にはこう思われます、ソクラテス、正しいもののうちで神々の世話に
関わる部分が敬神にして敬虔なものであり、他方、人間たちの世話に関わる部分が正しいものの残りの部分
なのです[2]。

十五　敬虔とは神々への一種の奉仕術

ソクラテス　しかも適切に、エウテュプロン、君は言ってくれたようにぼくには見えるよ。ただ、それで
13A もまだ、何か少しだけぼくには足りない。それは、君がどんなものを世話と呼んでいるのか、ぼくがまだ理
解していないからなのだ。というのもまさか、ほかのものに関する世話とまったく同じような、そんなもの
を神々に関しても君が言っているはずはないだろうから。われわれはこう言っているはずだからね――た
とえば、われわれの主張では、馬についてはすべての人が世話の仕方を知っているのではなく、馬の専門家

が知っているのだと。そうではないかね？

エウテュプロン　たしかにそうです。

ソクラテス　馬の技術は馬の世話のはずだからね。

エウテュプロン　はい。

ソクラテス　また犬についても、すべての人が世話の仕方を知っているのではなく、犬を扱う狩猟家が知っているのだね。

エウテュプロン　そうです。

ソクラテス　犬による狩猟術は犬の世話のはずだからね。

B
エウテュプロン　はい。

ソクラテス　だが牧牛術であれば牛の世話だ。

（1）偶数が等辺の数（奇数が不等辺の数）と言われるのは、等しい二数に分割できる偶数の特徴（エウクレイデス『原論』第七巻定義六「偶数とは二つに分割される数である」、たとえば四は二と二に分割できるということ）を、二等辺三角形のような図形に置き換えて理解してのこと。

（2）これと類似の見解を『ゴルギアス』五〇七Bではソクラテス自身が語っている（「しかるべきことを人間たちに関して行なえば、正しいことを行なうことになり、神々に関して行なえば、敬虔なことを行なうことになるだろう」）。

(13) エウテュプロン　たしかにそうです。

ソクラテス　しかしそれなら、敬虔と敬神は神々の世話なのかね、エウテュプロン？　そう君は言うのかね？

エウテュプロン　私としてはそう言います。

ソクラテス　ところで、世話ならどれも同じことをなしとげるのではないだろうか。たとえばこういうことだよ。つまり、それは世話されるものの何らかの善や利益をめざしているのだ、ちょうど馬が馬の技術によって世話されると利益を得てより善くなるのを、君も実際に見ているようにね。それとも君はそう思わないかね？

エウテュプロン　そう思います。

ソクラテス　それから犬であれば犬による狩猟術によって、また牛は牧牛術によって、より善くなるはず
C であって、ほかのものもすべて同じだろう。それとも、世話は世話されるものの損害をめざしているなどと君は思うのかね？

エウテュプロン　ゼウスに誓って、私としてはそうは思いません。

ソクラテス　そうではなく利益をめざしているのだね？

エウテュプロン　もちろんです。

ソクラテス　それならはたして敬虔も、神々の世話である以上、神々の利益となって神々をより善くするのだろうか。そして君はこんなことに同意するのだろうか、つまり、何か敬虔なことをするたびに、君は

神々のうちのどなたかをより善くしているのだということに。
エウテュプロン　ゼウスに誓って、私としては同意しません。
ソクラテス　実際ぼくも、エウテュプロン、君がそんなことを言っているとは思わないからね——とんでもない——いや、そう思わないからこそ、君がいったいどんなものを神々の世話と言っているのかとたずねてもいたのだ、君がそういう世話のことを言っているのではないと考えてね。
D
エウテュプロン　おっしゃる通りです、ソクラテス。私はそういう世話のことを言っているのではないですから。
ソクラテス　よろしい。しかしそれなら、敬虔とは神々のどんな世話なのだろうか。
エウテュプロン　ちょうど、ソクラテス、召使いたちが主人にするような世話です。
ソクラテス　わかったよ。どうやら、それは神々への一種の奉仕術であるようだね。
エウテュプロン　たしかにその通りです。

十六　美しい仕事

ソクラテス　それでは、医者への奉仕術はまさにどんな仕事の達成のための奉仕術であるのか、君は言うことができるだろうか。健康の達成のためだと君は思わないかね？
エウテュプロン　私としてはそう思います。

E ソクラテス　では造船家への奉仕術はどうだろうか。それはどんな仕事の達成のための奉仕術だろうか。

エウテュプロン　明らかに、ソクラテス、船の完成のためです。

ソクラテス　そして建築家への奉仕術であれば、家の完成のためのはずだね？

エウテュプロン　はい。

ソクラテス　それなら言ってくれたまえ、世にもすぐれた君よ。神々への奉仕術は、どんな仕事の達成のための奉仕術なのだろうか。だって明らかに君は知っているのだからね、現に神々の事柄であれば人間たちのなかではだれよりも君がいちばんよく知っていると主張している以上はね。(1)

エウテュプロン　しかも真実を私は述べているのですよ、ソクラテス。

ソクラテス　それならゼウスに誓って言ってくれたまえ、神々がわれわれを奉仕者として使い達成するあのたいへん美しい仕事とはいったい何であるのか。

エウテュプロン　多くの美しいことです、ソクラテス。

14A ソクラテス　実際、将軍たちもそうだよ、ねえ君。しかしそれでも、その美しい仕事の要点を君はたやすく言えるだろう、戦いで勝利を達成することだと。そうではないかね？

エウテュプロン　もちろんです。

ソクラテス　また思うに、農夫たちも多くの美しいことを達成する。しかしそれでも、彼らの達成する仕事の要点は土地からの作物だ。

エウテュプロン　ええ、たしかに。

ソクラテス　しかしそれなら、神々が達成する多くの美しいことについてはどうだろうか。その達成する仕事の要点は何であるのか。

B エウテュプロン　少し前(2)にもあなたに言いましたが、ソクラテス、それらすべてがどうなっているのかを正確に学ぶのは、かなりの大仕事なのです。ですが簡単にあなたにこう申し上げておきます、つまり、もしも祈ったり捧げたりするときに神々に喜ばれることを言ったり行なったりするすべをだれかが知っていれば、その喜ばれる言行が敬虔なものであり、またそういったものが個人の家や国家共同体を保全するのであって、他方、喜ばれるものとは反対のものが不敬神であり、それらこそがすべてを転覆したり滅ぼしたりするのです。

十七　敬虔とは捧げることと祈ることについての一種の知識

ソクラテス　きっとはるかにもっと手短に、エウテュプロン、もし君にその気があったなら、ぼくがたずねていたものの要点をぼくに言えただろうに。しかし実際は、ぼくに教える熱意が君にはないのだね――
C それは明らかだよ。現に今も、君は肝心なところにいたのに、逸《そ》れてしまったのだから。もしそれを答えてくれていたら、ぼくはもう十分に君から敬虔を学び終えていただろうに。しかし現実には、どこへ連れて行

(1) 五A参照
(2) 九B参照。

(14) かれようと、質問する者は質問される者に[1]ついて行かざるをえないからね。それなら今度は、敬虔なものや敬虔とは何であると君は言うのかね？　「捧げることと祈ることについての一種の知識」ではないだろうか。

エウテュプロン　私としてはそう言います。

ソクラテス　ところで「捧げる」とは神々に贈り物をすることであり、「祈る」とは神々に求めることではないだろうか。

エウテュプロン　まったくその通りです、ソクラテス。

D ソクラテス　そうすると「敬虔とは神々への要求と贈与についての知識である」ということになるだろう、この議論からはね。

エウテュプロン　とても適切に、ソクラテス、私の言ったことを理解してくださいました。

ソクラテス　それはぼくが、ねえ君、君の知恵が欲しい人であってそれに注意を向けているので、君の言ったどんなことも地に落ちること[2]がないからだよ。さあ、どうか言ってくれたまえ、神々へのこの奉仕とは何であるのか。彼らに求めることと彼らに与えることだと、君は主張するのかね？

エウテュプロン　私としてはそう主張します。

十八　神々が受け取る利益

ソクラテス　それならはたして、少なくとも正しい求め方は、われわれが彼らから必要としているようなさまざまなものを、彼らに求めることではないだろうか。

エウテュプロン　ええ、ほかに何があるでしょう。

E ソクラテス　そして他方、正しい与え方は、彼らがわれわれから実際に必要としているようなさまざまなものを、今度は彼らにお返しに贈ることだね？　なぜなら、まったく必要としていないようなものをだれかに与えて贈り物をすることは、少なくとも技術に適っているはずはないだろうからね。

エウテュプロン　おっしゃる通りです、ソクラテス。

ソクラテス　そうすると、エウテュプロン、敬虔とは神々と人間たちの間で互いに行なわれる一種の取引きの技術であることになるだろう。

エウテュプロン　取引きですね、そう呼ぶ方があなたにとって愉快でしたら。

ソクラテス　いや、ぼくにはちっとも愉快ではないよ、もしそれが本当に真実でなければね。しかしどうか説明してほしい、われわれから受け取るさまざまな贈り物によって得られる神々の利益とは、実際何であ

(1) 底本の「質問する者は（ἐρωτῶντα）」と「質問される者に（ἐρωτωμένῳ）」（一四C四）は、β写本では「恋する者は（ἐρῶντα）」「恋される者に（ἐρωμένῳ）」となっている（バーネットが採用）。しかしこの場面では、問い手と答え手の関係に焦点がある。

(2)「地に落ちる」は、言葉や話などが無駄になるという意味の比喩的表現。この表現は元来、的に届かない矢、あるいは的を越えた矢を指したものと推測される（バーネット）。「そして翼もつ甘き矢を、ピュトに放て。地に落ちる言葉をお前はけっしてつかみはしまい」（ピンダロス『オリュンピア祝勝歌』第九歌一一―一二行）。

15A るのか。なぜなら神々が与えるものの方は、だれの目にも明らかだからね。われわれ人間には、神々が与えてくださらないような善いものなど一つもないのだから。しかし他方、神々がわれわれから受け取るものに関しては、彼らはどんな利益を得るのだろうか。それとも、取引き上われわれの側が彼らよりもあまりにたくさん貰いすぎていて、あらゆる善いものを彼らからわれわれの側が受け取り、彼らの側はわれわれから一つも受け取っていないということだろうか。

エウテュプロン　ですが、ソクラテス、あなたは神々がわれわれから受け取るさまざまなものによって利益を得ているとお考えなのですか。

ソクラテス　しかしそれなら、いったいそれらは何なのだろうか、エウテュプロン、われわれから神々へのさまざまな贈り物というのは。

エウテュプロン　名誉や栄冠、それにちょうど私が先ほど[1]申し上げていました、喜ばれる言行よりほかに何かあるとお考えですか。

B ソクラテス　そうすると敬虔なものは喜ばれるものではあるが、エウテュプロン、しかし利益になるものではなく、神々に愛されるものでもないのだね？

エウテュプロン　私としては、何にもまして愛されるものだと考えています。

ソクラテス　そうするとそれが、どうやらまたしても、「敬虔なもの」であるようだね、つまり「神々に愛されるもの」が。

エウテュプロン　何にもましてそうです。

十九　動き回る言葉

ソクラテス　では君はそんなことを言っているのに、君の言葉が明らかにじっとしないで歩いていることに驚くのだろうか、そしてぼくこそがそれらの言葉を歩かせるダイダロス(2)だといって責めるのだろうか、君自身がダイダロスよりはるかに技術を心得ていてぐるぐる動き回らせているというのに。それとも君は、われわれの言葉が動き回ってもう一度同じところへ戻って来たことに気づいていないのかね。なぜなら、君は覚えているはずだが、以前には(3)「敬虔なもの」と「神に愛されるもの」は同じではなくて、互いに別のものであるようにわれわれには見えたのだから。それとも君は覚えていないかね？ C

エウテュプロン　ええ、覚えていますよ。

ソクラテス　それなら今、「神々に愛されるもの」こそが「敬虔なもの」だなどと自分が主張していることに、君は思い当たらないかね？　しかしそれはほかでもない、「神に愛されるもの」ということになるね？　それとも、そうではないのかね？

エウテュプロン　たしかにそうです。

(1) 一四B参照。
(2) ダイダロスについては三七頁註(3)参照。
(3) 一〇D、一一A参照。

(15) ソクラテス　してみると、先ほどわれわれが適切に同意していなかったか、あるいは、もしあのときは適切であったとすれば、今正しく規定していないか、そのどちらかだろう。

エウテュプロン　そのようです。

二十　別れ

ソクラテス　それならはじめから、われわれはもう一度、敬虔とは何であるのかを考察すべきだ。ぼくは
D それを学ぶまでは、自分からひるんでやめてしまうつもりなどないからね。さあ、ぼくを軽蔑せずに、あらゆる方法で、できるかぎり注意を傾けて、今度こそ真実を言ってほしい。なぜなら、人間たちのなかでだれかほかに知っている人がもしいるとすれば、君こそ知っているのであって、ちょうどプロテウス[1]のように、言ってくれるまでは君を離すわけにはいかないのだからね。だって、君が敬虔と不敬虔を明確に知っているのでなかったとしたら、そもそも日雇い人のために年老いたお父さんを殺人罪で訴えようなどとは、けっしてしなかっただろうからね、むしろそんなことをするのは正しくないかもしれないという危険を冒さないよう、神々を恐れただろうし、また人々には恥じたことだろう。しかし実際には、君が敬虔とそうでないもの
E を明確に知っていると思っていることを、ぼくはよく承知しているのだ。だから、世にもすぐれたエウテュプロンよ、それを何だと考えているのか、隠さずに言ってほしい。

エウテュプロン　それでしたらまた今度お答えします、ソクラテス。というのも、今はあるところに急い

でいまして、私はもうお別れしなくてはならない時刻ですので。

ソクラテス　何ということを君はするのだ、友よ！　これまでぼくが抱いていた大きな希望から、ぼくを突き落として去って行くとは。敬虔なこととそうでないことを君から学んで、メレトス相手の公訴を免れるつもりでいたのに！　彼にこういうことを示した上でね——エウテュプロンのおかげでぼくは神々の事柄にかけてはもう知恵のある者になったのであり、そうした事柄についてもはや無知のせいで軽率に判断することはなく革新を企てることもなく、とりわけ残りの人生をよりよく生きるだろう、ということを。

16A

(1) プロテウスは海神ポセイドンに仕える海の老人で、予言の力と、身体をあらゆるものに変える力をもつ。「ちょうどプロテウスのように、言ってくれるまでは君を離すわけにはいかない」とは、ホメロス『オデュッセイア』第四歌三五〇行以下でスパルタ王メネラオスが語るエピソードにちなむ表現。トロイア戦争後にエジプトのある島に立ち往生したメネラオスは、帰国のすべを教えてもらうために予言者プロテウスを待ち伏せして捕まえ、たとえ相手が獅子、竜、豹、大猪、水、木へと次々に変身して逃れようとしても、教えるまでは離さなかったという（とくに四一五行、四五六―四五八行）。プラトンがプロテウスの名に触れているのはほかに『エウテュデモス』二八八B、『イオン』五四一E、『国家』第二巻三八一D。

ソクラテスの弁明

朴 一 功 訳

登場人物

ソクラテス　　（メレトス）

紀元前三九九年春、舞台はアテナイ（アテネ）。ソクラテスは無名の青年メレトスによって不敬神の罪と若者を堕落させる罪で告発され、裁判が開かれた。中央広場（アゴラ）の「メートローオン」（「神々の母」の神殿、公文書館）に保存されていたと伝えられる、正式な告訴状（宣誓供述書）は次の通り。

「ピットス区民メレトスの子メレトスは、アロペケ区民ソプロニスコスの子ソクラテスを次のごとく公訴し、宣誓供述した。ソクラテスは国家の認める神々を認めず、別の新奇なダイモーン（神霊）のたぐいを導入する罪を犯している。また若者たちを堕落させる罪も犯している。求刑は死刑」（ディオゲネス・ラエルティオス『ギリシア哲学者列伝』第二巻四〇）。

五〇〇名の裁判員を前にして、原告メレトス、およびその後ろ盾である民主派の政治家アニュトスや弁論家リュコンによる一連の告発弁論がなされた後、被告のソクラテスが登壇し、弁明を開始する。

一　弁明にあたって

17A アテナイ人諸君、(1)私を告発した人たちの話によって、あなたがたがどのような印象を受けられたか、私にはわかりません。ともかく私自身でさえ、彼らの話を聞いていてあやうく自分を忘れるところでした。それほど説得力をもって、彼らは語っていたのです。

とはいえ彼らは、真実についてはいわば何も話さなかったのです。また、語られた多くの偽りのなかでも、

(1)「アテナイ人諸君」という呼びかけは、法廷弁論で使われるものではあるが、ここでは意図的なものと考えられる。裁判最終部でソクラテスは、自分に無罪の投票をしてくれた人たちにのみ、「裁判官諸君」という表現を使っているからである（四〇A参照）。しかし「アテナイ人諸君」という表現によって、ソクラテスは裁判員の「アテナイ市民」としての誇りに訴えかける意図をもっていたのかもしれない（ギャロップ、また二九D－E、三四E－三五B参照）。あるいは、ソクラテスが自分に対する告発の要因となったうわさや中傷がアテナイに広まっていたことを念頭に置いていたとすれば、裁判員のみならず、裁判のゆくえを見守る多数のアテナイ市民（傍聴人）に訴えかける意図から、広く「アテナイ人諸君」という表現を使ったとも考えられるだろう。

(17) とりわけ彼らのことで私が驚いたことが一つあります。それはほかでもありません、彼らがあなたがたに、
B 私がまるで弁論に秀でた、手ごわい相手でもあるかのように、私にだまされないよう用心すべきだ、と語っ
ていたことです。つまり、どう見ても私は弁論に秀でた者には見えないでしょうから、この事実において、
たちまち彼らは私にすっかり論駁されることになるわけですが、それを恥ずかしいとも何とも思わないこと、
これこそ彼らのいちばん恥知らずなところだと、私には思われたのです。ただし、彼らが真実を語る人のこ
とを弁論に秀でた者と呼ぶのなら、話は別です。実際、これが彼らの言っていることなら、私としても、彼
らとは同じ部類ではないにせよ、自分が一人の弁論家であることに同意するでしょう。
　ところで、私が言っているように、彼らは真実をほとんど何も語らなかったのです。あなたがたはしかし、
私から真実のすべてを聞かれるでしょう——もっとも、ゼウスに誓って、アテナイ人諸君、私の話はこの人
C たちの弁論のように、美辞麗句で飾られた話でもなければ、整然と秩序だったものでもなく、みなさんがお
聞きになるのは、あり合わせの言葉で、あれこれと思いつくままに語られるものになるでしょう——私は自
分の語ることが正しいと信じているからです——そして、みなさんのだれもこれ以外の話し方を期待しては
いけません。また実際、諸君、あなたがたの前に出て若者のようにいろいろと話をこしらえたりするのは、
この年齢の者にとっては、たしかにふさわしくないでしょうからね。
　しかしさらに、アテナイ人諸君、ぜひともみなさんにお願いし、許していただきたいことがあります。そ
れはふだん私が中央広場（アゴラ）の両替商のところや——そこではこれまでみなさんの多数が私の話を聞
いてこられたわけですが——、また他のところでも話し慣れているのと同じ言葉を使って、これから私が弁

D 明するのを聞かれても、どうか、そのことのために驚いたり、騒いだりしないでほしいということなのです。
というのも、こういう事情があるからです。私はもう七〇歳になっていますが、法廷に立つことになったのは、今これがはじめてなのです。ですから、私はここでの話し方にはまったく不慣れなのです。そのようなわけで、もし私が本当によその人間で不慣れであったなら、私が育てられてきた土地の言葉や、またその話し方で私が語ったとしても、きっとみなさんは私を許してくださることでしょう。ちょうどそれと同じこと、とりわけ今もまたみなさんに、正当な、と私には思われるのですが、こうしたお願いをしているのです。
18A つまり、私の話し方のことは——たぶん、へたな場合もあれば、ましな場合もあるでしょうから——かまわずに放っておいてください、そして私の語ることが正しいかどうか、それだけをよく考え、それだけに注意を向けてください。なぜなら、そうすることこそ裁判官の徳であり、真実を語ることこそ弁論家の徳なのですから。

二　二種類の告発者たち

それではまずはじめに、アテナイ人諸君、当然、私が弁明すべきは、私について最初になされた虚偽の告発とそれにかかわった最初の告発者たちに対してであって、その次に、それより後になされた告発、および
B その告発者たちに対してです。
というのも、あなたがたに向かって私を訴えてきた告発者たちはこれまで多数いたのであり、彼らはすで

(18) に昔から多年にわたってそうしており、しかも何ひとつ真実を語っていないからです。この者たちを私はアニュトス一派[1]よりも、いっそう恐れているのです。もっとも、アニュトス一派も手ごわい。しかし彼らの方が、もっと手ごわいのです、諸君、彼らはあなたがたの多くを子どものころからまるめ込んでは、私についてやはり少しも真実でないことをしきりに言い聞かせ、告発していたからです[2]。つまり彼らは、こんなことを言っているのです、「ソクラテスとかいう知恵のある人物がいるが、これは天上の事柄の思索者であり、
C また地下の事柄すべてを探り出し、弱論を強弁する者である」と[3]。

アテナイ人諸君、このようなうわさをまき散らした彼らこそ、私の手ごわい告発者たちなのです。それというのも、こんなことを聞かされた人たちは、そういったことを探求する者は神々さえ認めないのだと考えるからです[4]。それから、こうした告発者たちは数多くいて、すでに長い時間にわたって告発してきたのですが、さらにまた、彼らがあなたがたに向かって語りかけていた時期というのが最も信じやすかった年頃であって、あなたがたのある者は子どもであり、ある者は若者であったのですから、彼らが告発しているというのに弁明する者がだれもいないという、文字通りまったくの欠席裁判がなされていたのです。

D しかし何より道理に合わないことは、彼らがいったいだれなのか、その名前すら、たまたまある一人の者

(1)アニュトスは恐怖政治をくりひろげた三十人独裁政権(前四〇四―四〇三年)の打倒に尽力したアテナイの有力な民主派政治家(クセノポン『ギリシア史』第二巻第三章四二以下)。古註によれば、アニュトスはメレトスに報酬を与えて、ソクラテスを不敬神の罪で訴えさせたと伝えられている(『ソクラテスの弁明』への古註)。父のアンテミオンは裕福な革

なめし業者であり、アニュトス自身も家業を継いでいたが、自分の息子にもそれを教えようとしているのをソクラテスに咎められたという（クセノポン『ソクラテスの弁明』二九）。また『メノン』でアニュトスは、ソクラテスとの対話において、徳の教師を標榜するソフィストのことを「交わる者たちに害毒を与え、堕落させる連中」（九一C）と表現し、ソフィストへの敵意をあらわにするとともに、著名な政治家たちが子どもの徳の教育に失敗している点を指摘したソクラテスに対し、「気をつけたほうがいい」と警告している（九四E）。なお、アニュトスは将軍として、前四〇九年スパルタに攻撃されていたピュロス（ペロポネソス半島西海岸の都市でアテナイ領）支援のために出撃するが、悪天候のため引き返し、ピュロスはスパルタに占領されてしまう。アニュトスはピュロスを失った罪を問われ告発されたが、裁判員を買収して無罪となった最初の人物と伝えられている（アリストテレス『アテナイ人の国制』第二十七章五、ディオドロス『世界史』第十三巻第六十四章六）。

（2）裁判員は三〇歳以上であったから（アリストテレス『アテナイ人の国制』第六十三章三）、前三九九年のソクラテス裁判の裁判員が子どもの頃というのは、前四三〇年以前まで遡ることになる。ソクラテスに関するうわさは三〇年以上の「多年にわたって」形成されてきたのであろう。

（3）「天上の事柄」（天体・気象）や「地下の事柄」は自然学の研究対象。大地の内部については、プラトンも『パイドン』で論じている（一一一C以下）。また、「思索者（プロンティステース）」という言葉は、ソクラテスのあだ名として使われていたもの（クセノポン『饗宴』第六章六）。「弱論を強弁する者」とは弁論や論争で相手を打ち負かそうとするソフィストのイメージと重なる（『プロタゴラス』や『エウテュデモス』参照）。

（4）天上地下のことを探求する者は、自然現象を自然学的に説明し、もはや神々によるものとは考えず、神々の存在を否定するようになる、ということ（六三頁註（1）参照）。

が喜劇作家であるという場合を除けば[1]、知ることも言うこともできないということなのです。そして、嫉妬にかられ、中傷の底意をもってみなさんを説き伏せていた者たちは――なかには自分でもすっかりそう信じ込んで他の人たちを説得している者もいるのですが――、こうした者たちはみな、とらえどころのない、最も困る人たちなのです。なぜなら、彼らのだれかをここに引っぱりだすこともできなければ、論駁することもできず、文字通り、まるで影と戦うようにして、答える者がだれもいないなかで弁明しながら論駁しなくてはならないからです。

ですから、みなさんもまた、私が言っているように、私の告発者たちというのは二種類になっていて、一方は、近ごろ告発した者たち、他方は、私の言っている古くからの告発者たちのことだと認めていただきた
E いのです。そして私がまずはじめに弁明しなければならないのは、この古くからの告発者たちに対してである、とお考えになってください。実際、みなさんも、この者たちが告発しているのを、今ここにいる後の告発者たちの告発を聞く以前に、しかもそれよりもずっと多く聞かれたわけですから。

いいでしょう。さあ、弁明しなければなりません、アテナイ人諸君、そしてあなたがたが長い時間にわ
19A たって抱くようになった私への中傷を、このように短時間のうちにあなたがたから取り除くことを試みなければなりません[2]。ところで、もしこのことがみなさんにとっても、私にとってもよりよいことだとすれば、私はそうなることを願い、また私の弁明がいくらかでも成功することを願うでしょう。けれども、それはむずかしいと思うのです。またそれがどのような作業になるか、私はけっして知らないわけではないのです。それでも、その点は神の御心におまかせして、ただ法律にしたがい、弁明しなくてはなりません。

三　古くからの告発者たちへの弁明

では、私への中傷が生じるもとになったその告発とは何であるのか、この点をはじめから取り上げてみる

(1) ここで言われている「喜劇作家」とはアリストパネス（前四四五―三八〇年頃）のことであろう（一九C参照）。アリストパネスは前四二三年に喜劇『雲』を上演したが、ソクラテスの「天上の思索」と「弱論の強弁」を戯画化している（六五頁註（2）参照）。そこに登場するソクラテスは、「ゼウスなんかいない」（三六七行）と公言しながら、雨や雷を雲によるものと説明し（三六九行以下）、また彼の学校では、弱論が不正を主張しながらも議論で勝つという方法を学べるとも言われている（一一二行以下）。「アリストパネスはソクラテスのことを弱論を強弁する者として喜劇化している」とディオゲネス・ラエルティオスも伝えている（『ギリシア哲学者列伝』第二巻二〇）。なお、『雲』の上演前年の四二四年は、ソクラテスがボイオティア地方のデリオンに出征し、しんがりとして沈着の勇を示したときであるが（『饗宴』二二一A）、さらにそれに先立つ前四三二年、彼がエーゲ海北西部のポテイダイアに出征した際、思索に耽って一昼夜立ち尽くしていた逸話が伝えられている（同書二二〇C）。「思索者ソクラテス」のイメージはこの頃から始まっていたのかもしれない。

(2) 法廷弁論の持ち時間は、水時計の流水によって計られた（『テアイテトス』一七二E）。公訴の場合、裁判に一日があてられ（日中時間のうち六時間三六分、あるいは九時間半とも推定される）、原告被告の弁論にはそれぞれその時間の十一分の四が割り当てられ、他のことに十一分の三が割り当てられたと見られる（アリストテレス『アテナイ人の国制』第六十七章、および橋場訳補註七七、七九参照）。ソクラテス裁判の裁判時間が六時間三六分であったとすれば、ソクラテスの弁明時間は、三九六÷一一×四＝一四四（分）であり、二時間半ほどの短い時間であっただろう。裁判が九時間半なら弁明時間は約三時間半となるが、それでも充分ではない。

(19)B ことにしましょう。メレトスも、まさにその告発を信じて私に対する公訴[1]を起こしたのですから。いいで
しょう、中傷者たちは、いったい何と言って中傷していたのか。ここでちょうど実際の告発者たちのように
して、彼らの宣誓供述書を読み上げなければなりません。いわく、「ソクラテスは罪を犯し、よけいなこと
をしている、すなわち、天上地下のことを探求し、弱論を強弁し、かつ同じこれらのことを他人にも教えて
C いる」と。

　まあ、何かこのようなものでしょう。事実、こうしたことはみなさん自身もアリストパネスの喜劇のなか
でご覧になっていたものです[2]。つまり、ソクラテスとかいう人物が宙づりになって運ばれながら、空中を歩
くのだと称したり、ほかにも多くのわけのわからないことをしゃべったりするのですが、それらについては、
私は大小何ごとも知らないのです。そしてもしだれかがこの種の事柄について知恵があるとすれば、その方
面の知識[3]のことを軽蔑するつもりで私は話しているのではありません——何らかの仕方で、メレトスにそれ
ほどの罪で訴えられたくはありませんからね[4]——が、ともかく、事実こうした事柄は、アテナイ人諸君、私
D のまったく与り知らないものなのです。

　ここで、みなさんの多くにみずから証人になっていただきましょう、つまり、みなさんのなかでも、私が
これまで対話しているのを聞かれたことのある方々は、互いに教えあい、話しあってくださるよう要求いた
します——またみなさんのうちには、そのような方々が多数おられるのです——、ですから、さあ、互いに
話しあってください、これまでみなさんのなかのだれかが、私がこうした事柄について、小さなことであれ
大きなことであれ、対話しているのを聞いたことがあるかどうかを。そうすればそこから、多くの人々が私

についで言っている他の事柄もまた、同じように根拠のないものだとおわかりになるでしょう。

四　人間教育について

しかしとにかく、これらのどれも真実ではなく、またもしみなさんがだれかから、私が人間を教育するこ

(1) ソクラテスが告発された不敬神の罪は国家宗教に対する犯罪として、訴訟(ディケー)のなかでも、国家共同の利害にかかわる公訴(グラペー)の対象となり、当事者の私的利害を対象とする私訴とは区別された。このような公訴は殺人罪などを対象とする今日の刑事訴訟とは必ずしも重ならず、また国家によってではなく、個人によってなされるものであった。公訴と私訴の区別については、アリストテレス『アテナイ人の国制』橋場訳補註五二、および本書七頁註(1)参照。

(2) アリストパネスの『雲』のこと。その内容は次の通り。息子ペイディッピデスの馬道楽のために借金の利息に苦しむ父親のストレプシアデスが、借金取りを言い負かすために弁論術を学ぼうとして、ソクラテスの学校である「思索所(プロンティステーリオン)」に入門したところ、釣り籠に乗りながら「空中を歩き、太陽について思索している」(二二三—二二五行)と称するソクラテスに出会う。こうして雲を中心とする天空の事象を教えられ、さらに正論・邪論を教えられるが、ストレプシアデスは理解できず、かわりに息子のペイディッピデスを入門させるが、ペイディッピデスが学んできたのは、父親を殴っておきながら、それを正当化しようとする理屈だったので、怒った父親は最後にソクラテスの学校を焼き討ちするというもの。

(3) すなわち、自然学の知識。

(4) この発言における「それほどの罪」とは、(1)それほど多くの罪(多数の罪)、あるいは、(2)それほど大きな罪(重大な罪)、という二通りに解される。おそらく(2)であろうが、いずれであれ、自然学の知識を軽蔑する罪まで問われたくない、というのが発言の趣旨であろう。

E とを手がけており、そのことで金銭をもらい受けているなどといったことを聞かれたことがあるなら、それ
も真実ではないのです。もっとも、このことにしても、もしだれかが人間を教育することができるのであれ
ば、立派なことだと私には思われるのです、たとえば、レオンティノイのゴルギアスやケオスのプロディコ
ス、あるいはエリスのヒッピアスのように[1]。事実、これらの人たちはそれぞれ、諸君、どこの国へでも出か
けていって、そこの若者たちを説得し、その若者たちにとっては自分自身の国の人々とならだれとでも好き
20A な人とただで交際できるというのに、そうした人との交際を捨てさせたうえで、彼らと交際するように仕向
け、しかも金銭を支払わせ、おまけに感謝の情まで起こさせるという、そんなことができるのです。

現にまた、もう一人、パロス[2]の人でこちらに来ている知者がいます。私はその人がこの地に滞在している
のを知ったのです。というのも、たまたま私は、ソフィストたちに他のすべての人々が支払ったよりも多く
の金銭を支払った人、ほかでもない、ヒッポニコスの息子カリアス[3]と出会ったからです。そこで、私は彼に
B たずねたのです――彼には息子さんが二人いるからです――「ねえ、カリアス」と私は言いました、「もし君
の息子さんたちが子馬や子牛だったら、それらにふさわしい徳に関して、その子たちを立派で善きものにし
てくれるような、そうした監督者をその子たちのために採用し、報酬を払って雇うことができるだろうね。
また、その監督者はだれか馬の専門家であるとか、農業の専門家であっただろうね。しかし現実には、君の
息子さんたちは人間なのだから、その子たちの監督者として君はだれを採用するつもりかね？　そのような
徳、つまり、人間としての、そして市民としての徳、これを知っている専門家はだれなのだろうか？　な
ぜって、君は息子たちをもっているのだから、もうよく考えているとぼくは思うからね。だれかそのような

人がいるだろうか、それともいないだろうか？」と私が言うと、「もちろん、いるさ」と彼は答えたのです。「それはだれだ？　またどこの人？　そしていくらで教えてくれるのだ？」と私が聞くと、「エウエノス[4]だ

（1）レオンティノイ（シケリア島東部の町）のゴルギアス（前四八〇—三七五年）は代表的なソフィストであり、『無について』や『ヘレネ頌』などの著作断片が現存する。ケオス（アテナイ南東の島）のプロディコス（前五世紀後半）は、言葉の意味を厳格に区別することで有名なソフィストであり（『プロタゴラス』三五八A）、ソクラテスも彼の講義を聞いたことがあると言われている（『クラテュロス』三八四B）。徳の道を敢然と選ぶヘラクレスを描いた『ヘラクレスについて（ヘラクレスの選択）』は彼の作（クセノポン『ソクラテス言行録』第二巻第一章二一—三四）。エリス（ペロポネソス半島北西の町）のヒッピアス（前五世紀後半）も高名なソフィストであり、他のソフィストよりも多額の収入を稼ぎ、天文学、幾何学、算術、文法など、その博識ぶりと記憶力を誇っていた（『ヒッピアス（大）』二八二E、二八五B—E）。また、彼は指輪や衣服も自分で作り、高価なものを身にまとっていたと言われる（『ヒッピアス（小）』三六八C）。

（2）パロスはエーゲ海南部中央に位置する島。

（3）カリアスの父ヒッポニコスは富と名家のゆえに大きな名声と権勢を誇り、娘のヒッパレテはアルキビアデスの妻となった人（プルタルコス『アルキビアデス伝』第八章一—二）。ここで言われている息子のカリアスも「富豪（ホ・プルーシオス）」とあだ名されるほどアテナイきっての金持ちであり、母アスパシアは後にペリクレスの妻となっている（プルタルコス『ペリクレス伝』第二十四章五）。カリアス家は代々金持ちであり、祖父のカリアスはペルシア戦争時マラトンの戦いの際に、命乞いするペルシア人に案内された穴蔵の莫大な金貨を奪ったことから、その子孫たちは喜劇作家たちに「穴蔵富豪（ラッコプルートス）」と呼ばれるようになったという（プルタルコス『アリステイデス伝』第五章六）。また、ソクラテスとプロタゴラスとの対話はカリアス邸が舞台（『プロタゴラス』三一四E参照）。

（4）エウエノスは『パイドン』では作家として、また哲学者として言及されており（六〇D、六一C）、『パイドロス』では弁論家として言及されている人物（二六七A）。

(20) C よ、ソクラテス」と彼は答えました、「パロスの人で、料金は五ムナ[1]だよ」。これを聞いて、私はエウエノスのことをとても幸せな人だと思ったのです、彼が本当にその技術をもっており、そのような手ごろな値段で教えているのだとすれば。ともかく私自身も、もしそういったことを知っていたとすれば、さぞかし得意になって自慢していたことでしょう。しかし、実際には、私は知らないのです、アテナイ人諸君。

五　デルポイの神託

するとみなさんのなかには、だれか口をはさんでくる人がいるかもしれません、「しかしね、ソクラテスよ、君の仕事は何なのだ？　どこから、君に対するそうした中傷が生まれてきたのだ？　というのも、とにかく君が他の人たちのやらないよけいなことを何も仕事にしていないのなら、つまりもし君が多くの人たちと何かちがったことをしていなかったとすれば、その場合、これほどのうわさや風説はきっと生じてこなかったはずだからね。だからどうか、われわれに言ってくれたまえ、君のしていることは何なのだ？　われ
D われが君について軽はずみな判断をしないようにね」と。

このように言う人は、正当なことを言っていると私には思われるのです。ですから、私にこの名前[2]と中傷をつくり出したものがいったい何であるのかを、私もはっきりと示すように努めましょう。

それでは聞いてください。そしてたぶん、みなさんのなかには、私が冗談を言っているのだと思う人たちがいるかもしれません。けれども、いいですか、私はあなたがたに真実のすべてをお話しするつもりです。

実は、アテナイ人諸君、私がこの名前を得てきたのは、ほかでもありません、ある種の知恵によってなのです。いったい、それはどのような知恵なのでしょうか。たぶんそれは、人間並みの知恵でしょう。というのも実際、その点で、私は知恵があるらしいのです。それに対して、今しがた私が言っていた人たちは、おそらく、何か人間並み以上の大きな知恵の点で知者であるらしいのです、それとも何と言えばいいか、私にはわかりません。なにしろ、私としてはそのような知恵は知らないのですから、いや、知っているはずだと主張するような人はみな嘘をついているのであって、私を中傷するためにそんなことを言っているのです。

E そして、アテナイ人諸君、たとえ私が何か大きなことを言っているようにあなたがたに思われたとしても、どうかそのことで騒がないでください。というのも私は、これから述べようとする言葉を私のものとして語ろうとしているのではなくて、その言葉がみなさんにとって信頼に値する語り手に由来するものであることを示すでしょうから。つまり、私の知恵については——それが何らかの知恵であるとしての話ですが——、

(1) 報酬を取り立てた最初のソフィストと言われるプロタゴラスの要求額は一〇〇ムナであったと伝えられるから(ディオゲネス・ラエルティオス『ギリシア哲学者列伝』第九巻五二)、五ムナは「手ごろな値段」であったのだろう。なお、一ムナが今日どれほどの額に相当するかは、貨幣価値が変動するため容易に算定できない。当時、裁判員の日当が三オボロス(二分の一ムナ)であったから(アリストテレス『アテナイ人の国制』第六十二章二)、ここから五ムナはその一〇倍ということになるが、およその額を想像するほかない。なお、ソクラテスが最後に申し出る罰金の額は三〇ムナであった(三八B参照)。

(2)「この名前」とは、「知恵のある人物(ソポス・アネール)」(一八B七)あるいは「知者(ソポス)」(二三A三)という呼称。

またそれがどのようなものであるかについては、その証人として、私はあなたがたにデルポイの神[1]を提出することにいたします。

21A
たぶん、カイレポン[2]をみなさんはご存じでしょう。彼は若い時から私の仲間だったのですが、あなたがたの大多数とも仲間だったのであり、あの亡命をあなたがたと共にし、またあなたがたと一緒に帰国したのです。そしてカイレポンがどういう性質の者だったか、彼は何に取りかかってもどれほど激しく熱中するたちだったか、この点についてもあなたがたはご存じのはずです。とりわけ、ある時、デルポイにまで出かけていって、彼はあえて次のことで神託を受けることにしたのです[3]——そしてどうか、みなさん、私が言っているように、騒がないでください——、つまり彼はまさにたずねたのです、この私よりも知恵のある者がだれかいるかどうか、と。するとそこの巫女ピュティアは、より知恵のある者はだれもいないと答えたのです。そしてこうしたことについては、ここに来ている彼の兄弟[4]がみなさんに証言するでしょう。彼はもう亡くなってしまったのですから。

六　ある政治家との対話

B
さあそれでは、何のために私がこうしたことを言うのか、よく考えてみてください。それは、私に対する中傷がどこから生じてきたのか、これをみなさんにわかってもらいたいからです。というのも、こうしたことを聞いて、私は次のように心のなかで考えたのです。「いったい神は何を言おうとしているのだろうか、そしていったい何の謎をかけているのだろうか。なぜなら、私は実際、大小何ごとについても自分が知恵のある者ではない、と自覚しているからです。それなら神は私を最も知恵のある者と告げることによって、いったい何を言おうとしているのだろうか。というのも、神がまさか嘘をつくはずはないからである。それは神にあるまじきことなのだから」と。

そして長い間、いったい神は何を言おうとしているのだろうかと、私は困惑し、思い迷っていました。それからもうやっとのことで、その意味を何か次のような仕方で探求することに、私は向かったのです。

私は知恵があると思われている人たちのなかの、ある一人のところに行ったのです。ほかでもありません、

---

(1)デルポイはギリシア中部ポキス地方の村里の名（アテナイから北西一二〇キロメートルほど）。デルポイにある神殿は光明の神アポロンの神殿であり、そこの神託は最も権威があった。あのオイディプス王が救国のために神託伺いするのもデルポイのアポロン神殿である（ソポクレス『オイディプス王』七〇行以下）。

(2)カイレポンはアリストパネスの喜劇でソクラテスの仲間として扱われており、『雲』では「半死人」（五〇三行）と言われ、『鳥』では「コウモリ」（一二九六、一五六四行）と呼ばれている。以下の記述から、民主派の一員として、前四〇四年の三十人政権時に国外亡命したことが知られる。

(3)この「神託事件」がいつの出来事なのか定かでない。アリストパネスの『雲』には言及がないため、この出来事は劇の上演（前四二三年）以後とも考えられるが、ペロポネソス戦争勃発時（前四三一年）より前の可能性も考えられる。いずれにせよ、ソクラテスが四十代の頃（裁判員が子どもの頃）には、すでに「知者」の評判が立っていたと見られ、カイレポンが神託伺いの行動を起こしたのだろう。

(4)カイレクラテスのことであろう。カイレポンとカイレクラテスは兄弟であり、ともにソクラテスの「知人」と言われている（クセノポン『ソクラテスの言行録』第二巻第三章一）。

(21) C どこかあるとすればそこにおいてこそ託宣を論駁し、神託に対して、「ほら、この人の方が私よりも知恵が
ある、それなのにあなたは私の方が知恵があると言われた」と表明できるだろうと思ったからです。
そこでくわしく調べたのです、その人を――と言うだけで、名前をあげる必要は何もないでしょう。[1] 政治
家の一人でしたが、その人を相手に調べていくうちに私は何か次のような経験をしたのです、アテナイ人諸
君――、つまり彼と対話しているうちに、この男は他の多くの人たちに知恵があると思われており、またと
りわけ自分でもそう思っているのですが、実はそうではない、と私には思えたのです。そしてそれから、私
は彼に、君は知恵があると思っているけれども、実はそうではないのだと、はっきり示すよう努めたのです。
D するとその結果、私は彼にも、その場にいた人たちの多くにも憎まれることになったのです。
しかしともかく、その場を立ち去りながら自分自身を相手に、私はこう考えるにいたったのです、この人
間よりも私の方が知恵がある、と。なぜなら、おそらく、われわれのどちらも善美の事柄[2]は何も知らないら
しいけれども、この男は知らないのに、何か知っていると思っているが、私の方は知らないので、その通り
にまた、知らないと思っているから。[3] とすれば彼よりも私の方が、まさにこのちょっとした点で、つまり、
E 自分の知らないことはまた知らないと思っている点で、知恵があるらしい、と。
そこから、別の、彼よりも知恵があると思われている人のところへ行ったのですが、私には先の場合と同
じ思いがしたのです。そしてそこでも、その人だけでなく他の多くの人たちに憎まれることになったのです。

七　苦闘する者の遍歴――作家をたずねて

こうしてその後、これまで私は次から次へと訪ね歩いたのです。自分が憎まれていることには気づいていましたし、そのことが苦にもなり、不安もおぼえたのですが、しかしそれでも、神のことは最も大切にしなければならないと思われたのです。そこで、あの神託が何を意味するのかを見きわめようとして、何ごとかを知っていると思われるすべての人たちのところへ行かねばなりませんでした。

22A そして犬に誓って(4)、アテナイ人諸君――というのは、あなたがたには本当のことを話さなくてはならないのですから――、たしかに私は何か次のようなことを経験したのです。つまり、最も名声の高い人たちとい

（1）この発言によって、裁判員たちはアニュトスのことを思い浮かべたかもしれない。

（2）「善美の事柄（カロン・カガトン）」とは、後に「最も重要な事柄（タ・メギスタ）」（二二D七）と言いかえられている。

（3）これがソクラテスの「無知の自覚」（いわゆる「無知の知」）の典拠となる発言。

（4）誓いの言葉に犬などの名を用いるのは「ラダマンテュスの誓い」（ラダマンテュスはクレタ王ミノスの弟であり、その正義ゆえに死後冥界の裁判官になったと伝えられる）と呼ばれ（『スーダ』）、神々の名を軽々しく用いないための婉曲語法と見られる（ほかに『パイドン』九八E、『国家』第三巻三九九E、第九巻五九二A）。また、「エジプト人の神である犬に誓って」というソクラテスの表現が『ゴルギアス』四八二B五に見える。このことからすると、エジプトでの犬の神聖性が「犬に誓って」という表現に影響しているのかもしれない。アリストパネスの『鳥』では、犬ではなく「鵞鳥」の名があげられているが（五二一行）、「犬に誓って」はソクラテスの強い誓いを表わすものであろう。

(22) うのは、神にしたがって調べてゆくと、思慮があるという点に関しては、ほとんどまったく欠けており、そ
れに対して、劣っていてつまらないと思われている他の人たちの方が、かえって品位がある、と私には思え
たのです。ここでみなさんに、私の遍歴を示さねばなりません。それはまるである種の難業に苦闘する者の
遍歴[1]のようなものなのですが、結局、私にとっては神託がまさに論駁できないものとなるのです。
B 　すなわち、政治家たちの後には作家たちのところへ、つまり悲劇の作家やディテュランボス[2]の作家、また
その他の作家たちのところへ行ったのですが、私はそこで私自身が彼らよりも無知であるところを現場で取
り押さえるつもりでいたのです。こうして彼らの作品のうち、彼らによって最も入念に仕上げられていると
私に思われたものを取り上げては、彼らに何を言おうとしたのかを問いただしてみたのですが、それは同時
に、私が彼らから何かを学ぶためでもあったのです。
　ところで、諸君、私はあなたがたに真実を語るのにためらいを感じる。しかしそれでも、話さなくてはな
りません。それは、その場にいたいわばほとんどすべての人たちの方が、作家たち自身が作ったものについ
て、作家本人よりもうまく語っていただろうということなのです。こうして私はまた、作家たちについても
C わずかの時間のうちに次のことを認めたのです、つまり、彼らは自分たちの作っているものを知恵によって
作っているのではなくて、何らかの素質によって、ちょうど予言者や神託を告げる人たちのように、神がか
りになって霊感を受けながら作っているのだと。なぜなら、こういった人たちもいろいろと多くの美しいこ
とを語るけれども、自分たちの語っていることを何も知らないのですから。私の見るところ、作家たちもま
た、明らかに何かこのような状態に陥っていたのです。そして同時に私は、彼らがその創作活動のゆえに自

分たちの知らない他の事柄についても、世の人々のなかで最も知恵があると思いこんでいることに気づいたのです。そこで私は、自分が政治家たちよりもまだましだと思っていたのとちょうど同じ点で、作家たちよりもましであると思いながら、そこから立ち去ったのです。

八　技術者をたずねて

こうして最後に私は、手に技術をもつ人たちのところへ行ったのです。というのも、私は自分がいわば何
D も知らないことを自覚していましたが、その人たちの方はいろいろと多くの美しい立派なことを知っていて、それを私は発見するだろうとわかっていたからです。そしてこの点で私は期待を裏切られませんでした。彼らは私の知らないことを知っており、その意味で私よりも知恵があったのです。

しかし、アテナイ人諸君、私にはこのすぐれた職人たちもまた、まさに作家たちと同じ誤りをおかしているように思えたのです――彼らは技術をうまく行使できるというので、それぞれの者がそれ以外の最も重要

(1)「ある種の難行に苦闘する者の遍歴」とは、デルポイの神託を受けて十二の難行をなし遂げる、ギリシア神話中最大の英雄ヘラクレスの遍歴（伝アポロドロス『ギリシア神話』第二巻第五章一―一二）が念頭に置かれているのであろう。

(2)ディテュランボスとは、酒（葡萄酒）の神ディオニュソスへの讃歌。

E な事柄[1]についても、当然、自分が最も知恵があるのだと見なしていたのです——そして彼らのこうした調子はずれの思い違いが、彼らのあの知恵[2]を曇らせているように思われたのです。

その結果、私は神託にかわって、自分自身に問い直してみたのです。私は今ある自分の状態を、つまり、彼らの知恵の点で何か知恵があるわけでもなく、彼らの無知の点で無知であるわけでもない、という状態を受け入れたものだろうか、それとも、彼らがもっている知恵と無知の両方をもつことを受け入れたものだろうか、と。そこで私は、自分自身と神託に対して、まさにこのままの状態でいる方が私のためになるだろうと答えたのです。

九　神への奉仕

さて、こうした詮索をしたことから、アテナイ人諸君、私に対する多くの憎しみが生じてきたのです、し
23A かもそれらはやっかいきわまりなく、この上もなく重苦しい性質のものでした。その結果、そうした憎しみから多くの非難が生じ、名前の方はそれだと、つまり「知者」だと言われるようになったのです。というのも、私が他の人を何かのことで論駁してゆくと、そのつどその場にいる人たちは、その事柄についてはこの私自身に知恵があるのだと考えるからなのです。

しかしおそらく、アテナイ人諸君、真実には神こそが知者であって、またあの神託のなかで神はこう言おうとしているのかもしれません、人間の知恵というのはほとんど、いや、まったく価値のないものなのだと。

そしてそのことで、神はこのソクラテスのことを言おうとしているように見えるのですが、実は、私の名前はつけ足しで用いているらしく、私を例にして、まるで神はこう語っているかのようです、「人間たちよ、B おまえたちのうちでは、ちょうどソクラテスのように、だれであれ自分は知恵に関しては、実際には何の値打ちもないのだと認めた者、そのような者こそ最も知恵があるのだ」と。

このようなわけで、私は今もなお歩きまわって、この都市の者であれ、他国の者であれ、だれか知恵のある者だと思えば、神にしたがって探し出しては調べているのです。そして知恵があると私には思えない場合はいつでも、私は神の手助けをして、その人が知者でないことを示すようにしているのです。そしてこの仕事が忙しいために、国家のことも家のことも、何か言うに値するほどのことをするような暇は、これまで私 C にはなくて、ひどい貧乏をしているわけですが、それもひとえに神への奉仕のためだったのです。

十　中傷の原因——古くからの告発者たちへの弁明の終了

またこれらのことに加えて、最も暇のある若者たち、つまり最も裕福な階層の子どもたちが自発的に私についてきて、人々が吟味されるのを聞いてよろこび、自分たちでもしばしば私を真似ては、さらに他の人た

（1）先の二一D四では、「善美の事柄」と言われていた。

（2）「あの知恵」とは、技術的な知恵。文意は、彼らの技術的な知恵（＝あの知恵）を無意味にしている（＝曇らせている）ように思われた、ということ。

ちを吟味しようと試みるのです。そうすると彼らは、私の思うに、何ごとかを知っているところ思ってはいるが、
実際にはほとんど、あるいは何も知らないといった人たちが、やたら多くいることを発見するのです。
　そこでその結果、彼らによって吟味された者たちは自分自身に腹を立てず、私に対して腹を立て、ソクラ
D テスというのはまったくけしからんやつだ、若者たちを堕落させている、などと言うのです。そしてだれか
がその人たちに、いったいソクラテスは何をし、何を教えているのか、とたずねても、彼らは何も答えるこ
とができず、そんなことは知らないわけですが、自分たちが返答に窮していると思われないために、知恵を
求める[1]あらゆる人たちに向けられる手近なありきたりのことを、たとえば、「天上の事柄や地下の事柄」と
か、「神々を認めない」とか、「弱論を強弁する」などといったことを口にするのです。つまり、私の思うに、
その人たちは真実を言いたくないのでしょう。そんなことをすれば、彼らは知っているふりをしているだけ
で、実は何も知らないのだということが明白になってしまうからです。そこで彼らは名誉心が強く、勢いも
E 激しく、多数でしたから、隊列を組みながら[2]まことしやかに私のことを語り、ずっと以前からこれまで激し
く中傷しながら、その中傷でみなさんの耳をいっぱいにしてきたのです。
　こうしたことから、メレトスも私に攻撃をしかけたわけですが、アニュトスやリュコンも同じであって、
メレトスは作家を代表して憤っており、他方、アニュトスは職人と政治家を代表し、リュコンは弁論家を代
24A 表して憤っているのです。したがって、はじめに私が言ったことですが、これほど大きくなってしまったこ
うした中傷を、これほど短い時間のうちにあなたがたから取り除くことができるとしたなら、それこそ私は
驚くでしょう。

以上のことは、アテナイ人諸君、みなさんにとって真実なのです。そして私はみなさんに、大小何ごとも包み隠さず、差し控えもせずに話しているのです。とはいえ、まさにそんなことをするから憎まれるのだということを、私は知らないわけではないのですが、憎まれるというそのことこそ、私が真実を語っていることの証拠でもあって、私への中傷とはこれまで述べたものにほかならず、その原因もお話ししたようなもの
B にほかならない、ということなのです。そして今でも、別の機会にでも、あなたがたがこうした点を調査されるなら、事情はこの通りだということがおわかりになるでしょう。

十一　後の告発者たちへの弁明

さて、私の最初の告発者たちが告発していた事柄については、これでみなさんに対して十分な弁明がなされたものとしましょう。他方、メレトスという、自称すぐれた愛国者、および後の告発者たちに対して、こ

（1）ここでの「知恵を求める（哲学する、ピロソペイン）」という表現は、「一般的な知識を求める」「見聞を広める」（ヘロドトス『歴史』第一巻三〇におけるソロンの用例参照）という意味ではなく、「体系的な知識を求める」「専門的な学問をする」（トゥキュディデス『歴史』第二巻四〇におけるペリクレスの演説参照）という意味で言われたものであろう。ソクラテス自身の「ピロソペイン」については九五頁註（5）参照。

（2）有力写本にしたがい、「隊列を組みながら（ξυντεταγμένως）」（二三E二）を読む。この読みの難点は他に用例がないことであるが、底本のσυντεταμένως（「精力的に」の意）は、前後の「激しく」と意味が重複するという難点がある（田中）。

(24) のあと続けて私は弁明を試みたいと思います。

それでは実際、あらためて、彼らを別の告発者たちであるかのように見なして、彼らの宣誓供述書をもう
一度取り上げてみましょう。それはつまり、何か次のような内容なのです。いわく、ソクラテスは若者たち
C を堕落させ、国家の認める神々を認めず、別の新奇なダイモーンのたぐい（ダイモニア）を認める罪を犯し
ている、と[1]。

さて、訴えの内容はこのようなものです。では、この訴えのそれぞれの項目をひとつひとつ吟味してゆくことにしましょう。

＊＊＊

すなわち彼は、私が若者たちを堕落させる罪をおかしている、とまさに主張しています。しかるに私は、アテナイ人諸君、メレトスこそ罪をおかしている、と主張する。なぜなら、彼は大まじめにふざけたことをしており、いまだかつて自分がまったく関心を寄せたことのない[2]事柄について、真剣になって心配しているようなふりをしながら、人を軽々しく裁判にかけているからです。そしてこれがこの通りだということを、私はみなさんにも示すよう努めます。

十二　若者の教育への関心（第二訴因について）

ではどうか、メレトス君、こちらに来て答えてくれたまえ。君が最も大事だと思っているのは、年少の者たちができるかぎりすぐれた善き人になるように、ということではないかね。

D

「私としてはそうだ」。

さあそれなら今度は、ここにいる人たちに言ってくれたまえ、だれが彼らをより善き人にするのだろうか。というのも、君はそのことに関心があるわけだし、明らかに知っているはずだからね。なぜなら、若者を堕落させている者を見つけ出したと君は主張しており、ぼくをこの人たちの前に引っぱりだして、告発しているくらいだしね。しかしそれなら、より善き人にする者というのはだれなのだろうか、さあ、言ってくれたまえ、そしてここにいる人たちに告げてくれたまえ。

(1) 正式の告発状では、「ソクラテスは、⑴国家の認める神々を認めず、別の新奇なダイモーン（神霊）のたぐい（ダイモニア）を導入する罪を犯している。また、⑵若者たちを堕落させる罪も犯している。求刑は死刑」（ディオゲネス・ラエルティオス『ギリシア哲学者列伝』第二巻四〇）となっているが、ソクラテスは第二訴因の、若者を堕落させる罪の方を先に述べ、以下ではそれに対する弁明から始めている。第一訴因の不敬神の罪よりも、若者を堕落させる罪の方に告発の真のねらいがあると考えたからであろう。

(2) 「関心（メレイン）を寄せたことのない」という表現は、メレトス（関心のある人、の意）という名前を意識した言葉。二四D九の「関心がなかった」、二五C三の「無関心ぶり（アメレイア）」にも同様の意図が認められるだろう。

——ほら見たまえ、メレトスよ、君は黙っていて、答えられないではないか。とはいえ、これは君には恥ずかしいことだと思われないのかね、そしてこれはまさにぼくの言っているとおり、君はこうしたことにまったく関心がなかったのだということの十分な証拠とは思われないのかね。さあ、言ってくれたまえ、すぐれた君よ、だれが彼らをよりすぐれた人にするのだろうか。

「法律だ」。

E いや、それはぼくのたずねていることではないのだ、世にもすぐれた君よ、そうではなくて、どの人間かをたずねているのだ、つまり最初に法律それ自体を知っている人というのはだれなのか、ということをね。

「それは、ソクラテス、ここにいる裁判員たちだ」。

どういう意味かね、メレトス君。この人たちが若者を教育し、より善き人にすることができるというわけかね。

「大いにそのとおり」。

全員ができるのだろうか、それともそのなかのある人たちはできるが、他の人たちはできないのだろうか。

「全員ができるのだ」。

これはこれは、ヘラに誓って[1]、けっこうな話だね、利益をもたらしてくれる人たちがありあまるほどいる
とはね。しかしそれなら、どうだろう？　ここにいる傍聴人たちは若者をより善き人にするのだろうか、そ
25A れともそうではないのだろうか。

「その人たちもそうするのだ」。

では、評議員[2]たちはどうかね？

「評議員たちもだ」。

しかしそれなら、メレトスよ、民会[3]の人たち、つまり民会議員[4]たちが年少の者たちを堕落させることはないだろうね？　いや、あの人たちも全員、より善き人にするのだろうね？

「あの人たちもそうするのだ」。

とすれば、どうやら、ぼく以外のすべてのアテナイ人が若者を立派ですぐれた、善美の人間[5]にしているの

（1）ヘラはゼウスの妻。「ヘラに誓って」は「ゼウスに誓って」と同様、誓いで普通に用いられる表現。

（2）評議員（ブーレウテース、「政務審議員」とも訳される）とは、一〇ある部族のそれぞれから五〇人ずつ選ばれて、五〇〇人で構成される評議会（ブーレー、行政の最高機関）の委員。抽選で三〇歳以上の市民から選ばれ、任期は一年（アリストテレス『アテナイ人の国制』第四十三章二）。ソクラテスもこの評議員を務めたことがある（三二B一参照）。

（3）民会（国民議会、エックレーシアー）は市民権登録（一八歳）と二年の軍事訓練を経た成年男子市民（二〇歳以上）全員が参加する権利をもつ集会であり、国家の最高意思決定機関。劇場で開かれるほどの大規模な集会であったと伝えられ（アリストテレス『アテナイ人の国制』第四十二章四参照）、定足数は六千人と推定されている（同書橋場訳補註四六参照）。

（4）「民会議員（エックレーシアステース）」は代議制におけるいわゆる「議員」ではない。直接民主制のもとでの用語であり、民会には成年市民ならだれもが参加できるので、「議員」というより「民会参加者」というほどの意味。

（5）「善美の人間（カロス・カガトス）」とは、徳のある「完璧な人間」を意味する慣用的表現。

(25) であって、ぼくだけが堕落させているということになる。そう君は言っているのかね？

「まさにそのとおり、それが私の切に言おうとしていることだ」。

なんと、たいへん不幸な運命を君はぼくに認定してくれたものだ。どうかまた、答えてくれたまえ。はた
B して、馬についてもこの通りだと君には思われるのかね。つまり、馬たちをより善いものにする者というのはすべての人間であって、だめにする者はだれか一人なのだろうか。それとも、事情はこれとは正反対で、馬をより善いものにできるのは、だれか一人、あるいはごく少数の者たち、つまり馬の専門家たちだけであって、多くの者たちは馬と一緒にいて、馬を扱ったりすれば、これをだめにするのではないだろうか。そうではないかね、メレトス君、馬についても他のどんな動物についても。どう見てもきっとそうなのだ、君やアニュトスが反対しようと賛成しようとね。実際、若者たちについては、もし彼らをただ一人だけが堕落させ、他の人たちは利益を与えているというのであれば、それはもう、何か多大の幸福があることになるだろう。

C いや、事実、メレトスよ、君はいまだかつて若者たちのことなど考えたことがなかったということを十分に示してくれているのだ。そしてぼくをここに引っぱりだした問題については、君はまったく関心がなかったわけであって、みずからの無関心ぶりをはっきりとさらけ出しているのだ。

十三　若者を堕落させているか

しかしさらに、メレトス君、ゼウスにかけてわれわれに言ってくれたまえ、すぐれた国民のなかで暮らすのと、劣悪な国民のなかで暮らすのと、どちらがよいだろうか。さあ、君、答えてくれたまえ。実際ぼくは、何もむずかしいことをたずねているわけではないからね。劣悪な人たちはいつでも自分のいちばん近くにいる人たちに何か悪いことをしてしまうが、善い人たちの方は善いことをするのではないかね。

「まったくそのとおりだ」。

それなら、一緒にいる人たちから利益を受けるよりも、むしろ害を受けることを望むような者がだれかい
D るだろうか。答えてくれたまえ、すぐれた君よ。法も答えるように命じているのだから。害を受けることを望むような者がだれかいるだろうか。

「もちろん、だれもいない」。

さあそれでは、君がぼくをここに引っぱり出しているのは、ぼくが若者たちを故意に堕落させ、より劣悪にしているからなのか、それともぼくがそうしているのは、故意にではないということなのか。

「故意にだと、私は主張する」。

とすれば、いったいどうなるのかね、メレトス君。君はまだその年でぼくはこんな年なのに、ぼくよりもずいぶん知恵があって、そのために君は、悪い人たちは自分にいちばん近い人たちに何か悪いことをしてし
E まうが、善い人たちは善いことをするものだということをもう認識している。それなのに、ぼくはと言えば、

そんなことすら、つまり、一緒にいる人たちのだれかを邪悪な者にしてしまうなら、その者からぼくは何か
悪いことを受け取る危険があるというのに、そんなことすらわからないほど、それほどの無知に至っており、
その結果、このような、これほどの悪いことをぼくは、君の主張によれば、故意に行なっているということ
なのだろうか。
　こういったことについては、ぼくは君を信じない、メレトスよ、世の人々のだれも信じないとぼくは思う。
26A いや、ぼくは若者を堕落させていないか、あるいは、もし堕落させているとすれば、それは故意にではない
ということであって、したがって君はどちらの場合にせよ嘘をついていることになる。しかしもし堕落させ
ているのが故意ではないとすれば、そうした過ちについては、こんなところに引っぱり出すのではなく、個
人的につかまえて教え諭すのが法なのだ。なぜなら明らかに、ぼくは学べば、自分が故意にやっていないこ
とならやめるだろうからね。ところが、君はぼくと会って教えることを避け、またその気もなかったので
あって、こんなところにぼくを引っぱり出しているけれども、ここへは、懲らしめを必要とする者たちを
引っぱり出すのが法なのであって、学びを必要とする者ではないのだ。

十四　神々を認めていないか（第一訴因について）

　いずれにしても、アテナイ人諸君、私の言っていたことはもはや明らかであって、メレトスはこうした事
B 柄については、大小問わず、いまだかつて関心がなかったのです。しかし、それでもぜひわれわれに言って

くれたまえ、メレトス君、どのようにして私が年少の者たちを堕落させていると君は主張するのかを。それとも、それはまさに明らかであって、君の書いた公訴状によれば、国家の認める神々を認めずに、別の新奇なダイモーンのたぐいを認めるという、この点を教えることによってなのかね。こうしたことをぼくが教えることによって堕落させている、と君は言っているのではないかね。

「たしかに、それが私の切に言おうとしていることだ」。

それなら、メレトスよ、今、話題になっているまさにその神々にかけて、もっと明確に、ぼくにも、ここ
C にいる人たちにも言ってくれたまえ。というのは、ぼくはどちらなのか、わかりかねるからだ、君は、ぼくがある種の神々の存在を認めることを教えている、と主張しているのか——そうだとすると、ぼく自身もまた神々の存在を認めており、ぼくはまったくの無神論者ではなくて、その点では不正を犯していないということになる——、とはいえその場合、国家の認める神々ではなく、別の神々ということであって、そのことが、つまり、別の神々を認めていることが、君がぼくを訴えている点なのだろうか、それとも、君はぼく自身がまったく神々を認めず、そのことを他の人たちにも教えていると主張しているのだろうか。

「そう、それが私の言っていることだ、あなたはまったく神々を認めていないのだ」。

D これは驚いた、メレトス君、何のために君はそんなことを言っているのかね。そうだとすればぼくは、他の人々とちがって、太陽も月も、神々だと認めていないということなのかね。

「ゼウスに誓って、裁判員諸君、認めていないのです、現に、この男は太陽が石であり、月が土だと主張しているのです」。

君はアナクサゴラス[1]を告発しているつもりかね、親愛なるメレトス君。そしてそんなにも君はここにいる人たちをばかにしていて、この人たちが文字を解さない人たちで、クラゾメナイのアナクサゴラスの書物がそうした議論で満ちていることを知らないとでも思っているのかね。そのうえまた、若者たちはそうしたことをぼくから学んでいるのだろうか、その本は、時にはせいぜい高くても一ドラクマ[2]も出せば、踊り場の出
E 店で買えるものであって、もしその内容を自分の説であるようなふりをすれば、ソクラテスを物笑いにできるようなものなのだ、なにしろとても奇妙な説だからね。しかし、ゼウスにかけて、君にはそのように思えるのだろうか。ぼくはいかなる神の存在も認めていないのだろうか。

「言うまでもない、ゼウスに誓って、いっさい認めていないのだ」。

君は信用できないね、メレトスよ、そのうえもちろん、ぼくの思うに、君は君自身にとっても信用できないのだ。事実、アテナイ人諸君、この男は私の見るところ、とても傲慢でありとても放埒な者です、そして
27A 文字通り、この公訴状をある種の傲慢さと放埒、そして若さによって書いたのです。というのも、この男はまるで謎を仕組んで、こんなふうにためしているように見えるからです、すなわち、「はたして知者たるソクラテスは、この私がふざけていて、自己矛盾したことを言っているのがわかるだろうか、それともこの私は彼を、そして聞いている他の人たちを欺きとおせるだろうか」と。事実この男は、公訴状のなかで自己矛盾したことを言っているように私には見えるのであり、あたかもこう語っているかのようです、「ソクラテスは、神々を認めず、神々を認めている、という罪を犯している」と。とはいえこれは、遊びふざけている者の言葉なのです。

十五　メレトスの自己矛盾

それでは、諸君、どうして私には、この男がこうしたことを言っているように見えるか、一緒によく考えてみてください。君はしかし、メレトスよ、われわれに答えてくれたまえ。また、みなさんの方は、まさに
B
私がはじめにあなたがたにお願いしたことを忘れずに、私がいつものやり方で話を進めていっても、どうか騒がないでください。

世の人々のなかには、メレトスよ、人間に関する事柄の存在は認めるが、人間の存在の方は認めない、といった人がだれかいるだろうか。

(1)アナクサゴラスは、イオニア地方クラゾメナイ出身の哲学者（前五〇〇―四二八年頃）。アテナイで活動し、政治家ペリクレスは彼の弟子。「知性が万物を秩序づけた」（「断片」一二〇）という見解で有名であるが、天の全体は石から構成されていると考え、また太陽が「灼熱した石の塊」であると言ったため、彼は不敬神の罪で告発された。ペリクレスの助力によって救われたものの、侮辱に耐えられず最後は自殺したとも、ランプサコス（ヘレスポントス海峡沿岸の町）に退いて死んだとも伝えられている（ディオゲネス・ラエルティオス『ギリシア哲学者列伝』第二巻一二―一五）。

(2)一ドラクマは百分の一ムナ（ムナについては、六九頁註（1）参照）。なお、「踊り場（オルケーストラー）」（二六E一）とは、ディオニュソス劇場（アクロポリス南麓）のものではなく、中央広場（アゴラ）にあったもの。市場として利用されていたと推定される。

(27) みなさん、この男に答えさせてください、そしてああだこうだと、この男が騒ぎ立てるのをやめさせてください。
そもそもだれかいるだろうか、馬は認めないけれども、馬に関する事柄の方は認めるという人が？　あるいは、笛吹きの存在は認めないけれども、笛吹きに関する事柄の方は認めるという人が？
そんな人はいないのだ、世にもすぐれた君よ。もし君が答えたくないのなら、ぼくが君のためにも、ここ
C にいる他の人たちのためにも、そう言っておくことにする。しかし、少なくともこれに続くことは答えてく
れたまえ。ダイモーンに関する事柄（ダイモニア・プラーグマタ）は認めるけれども、ダイモーンの方は認めない、という人がだれかいるだろうか？

「いない」。

なんともありがたい、やっと答えてくれたのだね、ここにいる人たちに強いられて、やむをえなかったにしてもね。ところで君は、ぼくがダイモーンのたぐい（ダイモニア）を認めており、教えてもいると主張しているのではないか、実際、そうしたものが新奇なものにせよ、古くからあるものにせよ、ともかく君の話によれば、ぼくは少なくともダイモーンのたぐいを認めているのであって、その点を君はまた公訴供述書においても誓って証言したのだ。しかしもしぼくがダイモーンのたぐいを認めているとすれば、きっとダイモーンたちについてもぼくが認めているというのは大いに必然なのだ。そうではないだろうか。もちろんそうなのだ。こう言ったのは、君が答えてくれない以上、君が同意しているものとぼくは見なすからだ。しか
D るに、ダイモーンたちというのは、神々であるか、あるいは神々の子どもたちとわれわれは考えているので

はないか。君はそう主張するだろうか、それともしないだろうか。

「むろん、そう主張する」。

では、君の主張するように、ぼくがダイモーンたちをまさに信じているのだとすれば、その場合、もしそのダイモーンたちがある種の神々であるなら、これこそ君が謎をかけ、ふざけているとぼくが主張している点であろう、つまり君は、ぼくが神々を信じていないと主張しておきながら、他方で逆に、神々を信じていると主張していることになるわけだ、ぼくがダイモーンたちをまさに信じているからにはね。

他方また、もしダイモーンたちが神々の何らかの傍系の子どもたちであって、妖精から生まれてきたとか、
あるいは何かほかの実際に言い伝えられているようなものから生まれてきたのだとするならば、その場合、
神々の子どもたちの存在は信じるけれども、神々の方は信じないといった人が、世の人々のなかにだれかい
E るだろうか。というのも、それはまるで、馬の子どもたちの存在や、あるいは馬とロバとの間の子どもたち、
つまりラバたちの存在は信じるけれども、馬とロバの存在の方は信じない、というのと同じほど奇妙だろう
からね。

しかし、メレトスよ、君がこんな公訴状を書いたのは、こうしたことについてわれわれをためそうとして
なのか、あるいは、ぼくを訴える本当の罪が何であるかわからず困ってしまったからなのか、このどちらか
であって、どうしてもそれ以外の理由ではありえないのだ。また君が、世の人々のなかでだれか少しでも分
28A 別のある者に、同じ人間がダイモーンのたぐいも神的なものも信じ、他方でまた、その同じ人間がダイモー
ンたちも、神々も、半神たちも信じていない、といったことを説得しようとしても、そんな手だては一つも

ないのだ。(28)

十六　死の危険よりも正しい行為を

しかしもういいでしょう、アテナイ人諸君、実際、私がメレトスの公訴状に基づくような罪を犯していないということについては、多くの弁明を要しないのであって、以上のことでもう十分だと私には思われます。けれども、前にもお話ししていたことですが、私に対しては多くの憎しみが多くの人たちの間で生じており、このことは、いいですか、本当なのです。そして、これこそ私を有罪にするものであって、もし私を有罪にするものがあるとすれば、それはメレトスでもなければ、アニュトスでもなく、多くの人たちの中傷と嫉妬なのです。事実、これらのものがこれまで多くのほかの善き人たちを有罪にしてきたものであり、私の思うに、これからも有罪にしてゆくことになるでしょう。そして、それが私のところで終わりになるのではないかといった恐れは、まったくないでしょう。

B しかしそうすると、たぶん次のように言う人がいるかもしれない、「それなら、ソクラテス、君は恥ずかしくはないのかね、そんな日常の生活を送って、そのために今や君が死の危険にさらされているなんて」。

これに対し、私はその人にこう反論して、正当な言葉を返すことになるでしょう。

「君の言っていることは適切ではないね、君よ、もし君が何か少しでも役に立つところのある人物が、行

為する場合にはいつでも、その行為が正しいか不正であるか、またそれが善き人のなすべきことであるか悪
しき人のなすべきことであるか、もっぱらこの点だけをよく考えるのではなくて、むしろ生きるか死ぬかの
危険を計算に入れなければならない、と思っているのだとすればね。
C　というのも、ともかく君の発言によれば、トロイアで死んでしまったあの半神の英雄たちはみなつまらな
い連中になるだろうからね、あのテティスの息子[1]もそうなるのだ。ほかでもない、彼は恥ずべきことに耐え
るくらいなら、そんな危険などは何でもないと見下すほどだったのであり、ヘクトル[2]を討ち取ろうと燃えて
いた彼に対して、女神であった母親が、ぼくの思うに、何か次のように言ったとき、つまり、『わが子よ、
もしおまえが親友パトロクロスのために彼の殺害の報復をして、ヘクトルを討ち取ろうものなら、おまえ自
身が死ぬことになるのだよ――というのも、すぐにでも』と彼女は続け、『ヘクトルのあとには、破滅が待
ち受けているのですから[3]』――と言うとき、彼はしかし、この言葉を聞いても、死や危険は大したことでは
ないと考え、むしろ、悪しき者として生きることの方を、そして友人たちの仇を討たずにいることの方をは
D　るかに恐れたのであって、『すぐにでも』と彼は答えている、『死んでもかまいません、不正をはたらく者に
罰を加えたのなら。それよりも私は、このままこの世に留まって、へさきの曲がった船のかたわらで、大地

(1)テティス(海の女神)の息子とは、英雄アキレウスのこと。トロイア戦争におけるギリシア軍きっての勇将。

(2)ヘクトルはトロイア王プリアモスの長男。アキレウスと戦うトロイア軍きっての勇将。

(3)ホメロス『イリアス』第十八歌九五―九六行参照。

の荷物となりながら、笑い者になっていたくはありません』[1]とね。
まさか君は、彼が死や危険のことを気にかけていたなどとは思わないだろうね」。

なぜなら事情は、アテナイ人諸君、真実には次の通りだからです。どこであれ人は自分が最善だと考えて自分自身を配置したところには、あるいは指揮官によって配置されたところには、私の思うに、そこに留まって危険を冒さねばならないのであって、死であれ他のどんなことであれ、いっさい何も計算に入れてはならず、それよりは先に、まず恥ずべきことを知らなければならないのです。

十七　ソクラテスと哲学

E ですから、私はとんでもないことをしてしまったことになるでしょう、アテナイ人諸君、あなたがたが私
を指揮するように選んでくれた指揮官たちが、ポテイダイア[2]でも、アンピポリス[3]でも、またデリオン[4]におい
ても私を配置してくれたとき、その時に、彼らが配置してくれたところに、私はまさに他の者と同様、踏み
とどまって死の危険をおかしておきながら、それなのに他方、神が命じて――と私は思い、そう解したので
すが――、知恵を愛し求めながら[5]、そして自分自身をも他の人たちをも吟味しながら、生きていかなければ
ならないというのに、その場合にもし私が死を恐れたり、何であれ他の事柄を恐れたりして、持ち場を放棄
29A するとしたならば。まさにそれはとんでもないことでしょう、そしてその時こそまちがいなく正当に、人は

私を法廷に引っぱり出すことができるでしょう。なぜなら、私は神託にしたがわず、死を恐れ、知恵がないのに知恵があると思っており、神々の存在を認めていないことになるからです。

というのも、死を恐れるということは、諸君、知恵がないのに知恵があると思っていることにほかならないからです。つまり、それは知らないことを知っていると思うことなのです。なぜなら、死を知っている人

(1) ホメロス『イリアス』第十八歌九八―一〇四行参照。「へさきの曲がった（κορωνίσιν）」は、『イリアス』の原文では「役立たずの（ἐτώσιον）」となっており、その語は「船」ではなく「荷物」を形容する（つまり、「大地の役立たずの荷物」）。プラトンの記憶違いかもしれない（バーネット）。

(2) ポテイダイアはエーゲ海北西部の都市。前四三二年、アテナイに攻撃され降伏した。この戦闘でのソクラテスの忍耐強さや、一昼夜立ち尽くして思索していたこと、あるいは負傷したアルキビアデスを救ったことなどについては、『饗宴』二一九E以下参照。

(3) アンピポリスはポテイダイアの北方の都市。ソクラテスの従軍は、前四二二年、スパルタからこの都市を奪還するためにアテナイが遠征軍を送ったときのこと（トゥキュディデス『歴史』第五巻二）と推定されるが、確かなことはわからない。

(4) デリオンはボイオティア地方東部の町。前四二四年、アテナイはボイオティアに侵攻しデリオンを占領しようとしたが、失敗に終わり、退却を余儀なくされた（トゥキュディデス『歴史』第四巻九三、九四）。ソクラテスはしんがりとして沈着の勇を示したと伝えられる（『饗宴』二二一A、『ラケス』一八一B）。

(5) 「知恵を愛し求めながら（ピロソペインしながら、哲学しながら）」（二八E五）という表現は、はじめてソクラテスが自分自身の哲学活動に言及するもの。その活動は、一般的な知識（教養）の追求や体系的な知識（学問）の追求とは異なる。善き生の探求を意味するソクラテスの「ピロソペイン（知恵を求める、哲学する）」という表現が現われるのは、ほかに二九C九、二九D五のみ。それらの箇所では、訳語に「哲学」を補った。

(29) はだれもいないからです、ひょっとしてそれは人間にとってあらゆる善きもののうちで最大のものかもしれないのに、人々はそれが悪いもののうちで最大のものであることをまるでよく知っているかのように、恐れ
B ているのです。そしてこれこそ、あの非難されるべき無知、知らないことを知っていると思うあの無知でないなどと、どうして言えるでしょうか。

しかし私は、諸君、この点でこの場合もまた、おそらく多くの人々とはちがうのです。つまり、もし実際私が何らかの点でだれかより知恵があると主張するとすれば、ハデス[1]の国のことについてはよくは知らないから、その通りにまた知らないと私は思っている、ということの点においてでしょう。それに対して、不正をなすということ、神であれ人間であれ、よりすぐれた者にしたがわないということが、悪であり、醜であることを、私は知っているのです。ですから、悪だと自分が知っているこれらの悪しきことよりも先に、ひょっとして善いものでさえあるかもしれないものの方を恐れたり、避けたりすることはけっしてないでしょう。

したがって、もし今あなたがたがアニュトスを信用しないで、私を放免するとすればどうでしょう。彼は
C こう主張していたのです、まずそもそも私をここに引っぱり出す必要などなく[2]、あるいは、引っぱり出したからには、私を死刑にしないでおくことはできないのだと。そしてその際あなたがたに対して、もし私が無罪放免になるようなことがあれば、あなたがたの息子たちはもうソクラテスの教えることを日常のつとめにするようになって、すべての者がすっかり堕落してしまうだろうと言っていたのです——これに対してあなたがたが私に次のように言うとすれば、

「ソクラテスよ、われわれは今アニュトスの言葉にはしたがわずに君を放免することにするが、それにはしかし、次のような条件がある。ほかでもない、もはやそのような探求のうちに時を過ごすことも、知恵を求める哲学もしないということだ。そしてもし君が依然としてそれをしているところを捕らえられたなら、君は死ぬことになるだろう」と――

D そこであなたがたが私を、まさに私が述べたように、こうした条件で放免してくれるとしても、私はあなたがたに言うでしょう、

「アテナイ人諸君、私は君たちにこよなく愛着をおぼえ、愛情を抱いている。しかし私は君たちにしたがうよりもむしろ神にしたがうであろう、そして息の続くかぎり、また私にそれができるかぎり、私はけっして知恵を愛し求める哲学をやめず、君たちに勧告し、君たちのだれに、いつ出会っても指摘するのをやめないだろう、いつもと変わらない言葉を語りながら。『世にもすぐれた人よ、君はアテナイ人であり、知恵においても強さにおいても、最も偉大で最も評判の高い国家の一員でありながら、金銭ができるかぎり多く自
E 分の手に入ることばかりに気をつかっていて、恥ずかしくはないのか、評判や名誉のことは気にしても、思慮や真実、そして魂ができるかぎりすぐれたものになるように、といったことには気をつかいもせず、気に

（1）ハデスは冥界の王であり、天を支配するゼウスと兄弟。「ハデスの国（館）」とは「あの世」を意味する慣用的表現。

（2）アニュトスはおそらくソクラテスの国外退去を望み、裁判以前にそれを促していたのに、ソクラテスはしたがわなかったのであろう（三七C、および『クリトン』四五E参照）。

かけもしないというのは』。
　そこでもしあなたがたのだれかがこれに異議を唱えて、いや、自分は気をつかっている、と主張するなら
30A ば、私はその人をすぐには立ち去らせず、私も立ち去らずに、その人に問いかけ、調べ、吟味するでしょう。
そしてもしその人が徳を所有していると主張しているけれども、実は所有していないのだと私に思われたな
ら、私は、最も価値あるものを最も粗末にし、よりつまらないものをより大切にしていると言って非難する
でしょう。こうしたことを私は、老若問わずだれに出会ってもすることになるでしょう。他国の人にもこの
都市の人にもするでしょう。しかし、この都市の人たちにはよけいにそうするでしょう、あなたがたはそれ
だけ私に種族的に近いのですからね。
　こうしたことは、実際、いいですか、神が命じているのです、そして私が思うに、これまでこの国におい
て、この私の神への奉仕以上に大きな善があなたがたに生じたためしはないのです。というのも、私が歩き
まわって行なっていることはと言えば、ほかでもなく、あなたがたのなかの年少の者たちにも、年長の者た
B ちにも、魂ができるだけすぐれたものになるよう気づかい、それよりも先に、またそのこと以上に激しく熱
心に、身体や金銭のことを気づかってはならないと説得していることだけであって、その際、私はこう言っ
ているのです、『金銭から徳が生じるのではなく、金銭その他のものがすべて人間にとって善きものになる
のは、公私いずれにおいても、徳によるのだ[1]』と。
　ところで、もしこうしたことを言って、私が若者たちを堕落させているのだとすれば、私の言っているこ
とは有害なのかもしれません。しかしもしだれかが、これ以外のことを私が言っているのだと主張しても、

その人はあらぬことを語っているだけなのです。以上のことを踏まえたうえで」と私は申し上げたい、「アテナイ人諸君、アニュトスにしたがうなりしたがわないなり、そして私を放免するなりしないなり、どちら
C
にでもしてください。というのも、たとえ私は何度死ぬことになろうとも、これ以外のことはしないでしょうから」。

十八　虻《あぶ》としてのソクラテス

どうか、騒がないでください、アテナイ人諸君、私があなたがたにお願いしたことをどうか守って、私が

（1）徳に関するソクラテスの見解を示す重要な文章。原文は、「金銭から徳が生じるのではなく、金銭その他の善きものすべてが人間にとって生じるのは、公私いずれにおいても、徳によるのだ」とも訳せる。この別訳（むしろ標準訳）は文法的には自然であるが、徳から金銭が生じるという見方は「ひどい貧乏」（二三B）をしているソクラテスの立場と相容れないように見えるばかりか（バーネット）、他の対話篇でのソクラテスの議論（金銭などを無条件に善きものとしない議論）とも相容れない（『エウテュデモス』二八〇E以下、『メノン』八七E以下）。ギャロップは別訳を採用し、「まず神の国と神の義とを求めよ、さらばすべてこれらのものは汝らに加えらるべし」（『マタイ伝』第六章三三）という言葉との比較を推奨しているが、必ずしも適切ではないであろう。なお、この点については解説二二五―二二六頁参照。

(30) 何を言おうと騒ぐことなく聞くようにしてください。なぜなら、私の思うに、聞いているとみなさんのため
になることもあるからです。実際、私はみなさんにぜひお話ししたいことがほかにもあるのですが、それを
聞けば、たぶんみなさんはどなり出すでしょう。しかし、けっしてそのようなことはしないでください。
それというのも、いいですか、もしあなたがたが私を殺してしまうとすれば、私はお話ししているような
たぐいの者なのですから、あなたがたはこの私よりもむしろ、あなたがた自身により大きな害をもたらすこ
とになるからです。実際、メレトスもアニュトスも、私にいかなる害も加えることができないでしょう。事
D 実また、そのようなことは不可能なのです。というのも、よりすぐれた者がより劣った者から害を受けるな
どということはあるまじきことだと私は思うからです。もっとも、より劣った者はたぶん、殺したり、追放
したり、市民権を奪ったりすることはできるかもしれません。しかし、これらは、ここにいるこの男であれ、
だれか他の人であれ、おそらく大きな害悪だと思うでしょうけれども、私はそうは思わない。むしろこの男
が今しているようなことをする方が、つまり、人を不正に殺そうとする方が、はるかに大きな害悪だと思う。
ですから今、アテナイ人諸君、私は私自身のために弁明しているのだと、こう思うような人がいるかもしれ
ませんが、けっしてそうではありません、むしろこれはみなさんのためなのです。あなたがたが私に有罪投
票して、あなたがたに授けられたこの神からの贈り物について何か過ちをおかすことのないようにするため
E なのです。なぜなら、もしあなたがたが私を死刑にしてしまうならば、ほかにこのようなものをそうたやす
くは見つけられないでしょうからね。少しおかしな言い方になるけれども、文字通り、私は神によってこの
国に付着させられている者であって、この国はまるで大きくて素性のいい馬のようなものなのですが、その

31A 大きさのためにやや鈍くて、ある種の虻《あぶ》によって目覚めさせられる必要があるのです。まさにこの虻のよう
なものとして神は私をこの国に付着させたのだと、そのように私には思われるのです――私は終日、どこで
でもあなたがたと膝を交えながら、あなたがた一人一人を目覚めさせ、説得し、非難するのを少しもやめよ
うとしない、何かそうした者なのです。
　だから、このような者がほかにもう一人、あなたがたの前に現われるのは容易ではないでしょう、諸君。
むしろあなたがたが私の言うことを信じてくださるなら、私を惜しむべきでしょう。しかしおそらくあなた
がたは、あたかも居眠りしているところを目覚めさせられる人たちのように、たぶん腹を立て、私を叩き、
アニュトスの言うことを信じて、簡単に殺してしまうでしょうが、それからは残りの人生を最後まで眠り続
けることになるでしょう、もし神がみなさんのことを心配してだれか別の者をみなさんのもとに送り届ける
のでなければ。
　しかし、私が実際、神によってこの国に与えられたたぐいの者であることについては、次のようなところ
B から了解していただけるかもしれません。つまり、私がすでにこれほどの年月にわたって、自分自身のこと
は一切かえりみず、家のこともそのままかまわずにいながら、いつもあなたがたのことをしてきたというこ
とは、それも、あたかも父親や年上の兄のようにして、個人的に一人一人に接触して、徳を心がけるように
説得してきたということは、どうやら人間並みのことには見えないのです。
　そしてもしこうしたことから私が何か利益を得ていたとか、あるいは報酬を受け取ってこうしたことを勧
めていたとかすれば、その場合には何らかの説明がつくでしょう。しかし実際は、みなさん自身もまさにご

(31) C 覧になっているように、告発者たちは、他のすべてのことについてはこれほど恥知らずな仕方で告発してお
きながら、これだけは、つまり、いくら彼らが恥知らずにふるまっても、私がいつかだれかに報酬を支払わ
せたとか、要求したとかの証拠を提供することはできなかったのです。なぜなら、私が真実を語っているこ
とについては、思うに、私こそが十分な証拠を提供しているからです。それは、この貧乏です。

十九　ダイモーンからの声と政治

ところで、おそらく奇妙なことだと思われるかもしれません、私が歩きまわって個人的にこうしたことを
助言し、よけいなおせっかいをしていながら、公にはあえて民会の多数の前に現われて、あなたがたのなす
べきことを国家に助言しようとしないというのは。しかし、これの原因は、私が何度もあちこちで話してい
るのをあなたがたがお聞きになっているものであって、私には何か神的なもの、何かダイモーンからのもの
D が生じるのです。実際それは、メレトスが公訴状のなかでも茶化しながら書いたものなのです。またそれは
私には、子どものころから始まって、ある種の声となって現われ、生じるときにはいつでも、何であれ私が
まさになそうとすることを差し止めるのであって、それをなすように勧めることはいかなる時にもけっして
ないのです。このものこそ、私が政治の事柄をなすことに反対しているものであって、それが反対するのも
まったく適切だと、私には思えるのです。

なぜなら、いいですか、アテナイ人諸君、もし私が以前から政治の事柄をなすことに手を染めていたなら、

E とっくの昔に私は身を滅ぼし、あなたがたにも私自身にも、何らの利益ももたらさなかったでしょう。そし
てどうか、私が真実を語るのに憤慨しないでください。実際、あなたがたに対してであれ、他のどんな多数
者に対してであれ、本気になって反対して、国家のうちに多くの不正や違法が生じるのをどこまでも阻止し
32A ようとすれば、世の人々のなかで生きのびられるような人はだれもいないのです。むしろ、正しいことのた
めに本当に戦おうとする者は、たとえわずかの時間でも生きのびようとするなら、私人として行動すべきで
あって、公人として行動すべきではないのです。

二十　評議員ソクラテスの行動

また私からみなさんに、こうしたことの大きな証拠を提出することにしましょう、それは言葉ではなく、
あなたがたが尊重されるもの、すなわち、行動です。
それでは私の身に起こったことを聞いてください。そうすればあなたがたに、私がいかなる人に対しても
死を恐れて正しいことに反して譲歩するなどといったことはけっしてないということを知っていただけるで
しょう、また譲歩しなければ、たちまち私が身を滅ぼすであろうことも。ところで、私がこれからお話しし
ようとすることは俗っぽい、法廷によくある話なのですが、真実なのです。
つまり、アテナイ人諸君、私はこの国において、他のいかなる公職にもこれまで一度もついたことがな
B かったのですが、評議員は務めたことがあるのです。そしてたまたまわれわれの部族であるアンティオキス

(32) が執行部になったとき[1]、あなたがたはあの海戦での漂流者たちを救出しなかった十人の将軍たちを一括して裁判にかけることを審議決定したわけですが、あとになって、あなたがたのだれもが思ったように、あれは違法だったのです[2]。その時、執行部の委員のなかで、私だけがあなたがたに反対し、法に反することは何もさせまいとして、反対票を投じたのです。そして演説する者たちが今にも私を告発し、連行しようとしているなかで、またあなたがたもそうしろと命じてどなりたてているなかで、私は拘束や死を恐れて、正しくないことを審議決定しているあなたがたと一緒になるよりは、むしろ法と正しいことの側に立って、あらゆる危険を冒さなければならないと思ったのです。

C　そして以上のことは、この国がまだ民主制のもとにあったときのことです。しかし寡頭制になってからは、今度はあの三十人政権が私自身と他の四人を円形堂[3]に呼び出したうえで、サラミスの人レオン[4]を死刑にするために、彼をサラミスから連行してくるようにと命令したのです。まさにこのようなことを彼らは他の多くの人たちにも数多く命令していたのですが、それは彼らができるだけ多くの人たちに責任を負わせたかったからなのです。

D　しかしその時、私は言葉によってではなく、行動によってもう一度示したのです、つまり、私にとって死は、こう言ってあまり乱暴でなければ、まるっきり気にならないけれども、不正なことや不敬虔なことはけっして行なわないという、この点にはあらゆる関心を払っているのだということを。実際、あの政権はあれほど強力だったのですが、私を脅迫して、何か不正なことを行なわせることはできなかったのであって、円形堂からわれわれが外に出たとき、他の四人の者たちはサラミスに行って、レオンを連行してきたのです

が、私の方は立ち去って、家に帰ってしまったのです。そしてこうしたことのゆえに、もしあの政権がすぐ
E に崩壊していなかったとすれば、おそらく私は殺されていたでしょう。[5] この出来事についても、みなさんに

（1）評議会は一〇の部族から五〇人ずつ選んで五〇〇人で構成され、各部族はそれぞれ三五、六日ずつ輪番で執行部の当番評議員を務める（アリストテレス『アテナイ人の国制』第四十三章二）。アンティオキスはソクラテスの出身区（アロペケ区）が属する部族名。

（2）「あの海戦」とは、ペロポネソス戦争末期の前四〇六年、アルギヌーサイ群島沖（レスボス島東部）の海戦のこと（クセノポン『ギリシア史』第一巻第六章二六以下）。アテナイはスパルタの艦船を攻撃し勝利したが、その時の沈没船の乗組員たちが暴風雨で救助されず、見捨てられたために、一〇人の将軍たちが責任を問われた。二名は関与せず、結局海戦を指揮した責任者は八人であって、それぞれ別個に裁判されるべきところ、違法な一括裁判で全員有罪とされ、二名はすでに亡命していたため六名が処刑されることになったが（同書第七章一、三四、またアリストテレス『アテナイ人の国制』第三十四章一参照）、ソクラテスだけがその裁判のやり方に反対していた（同書第七章一四）。

（3）円形堂（トロス）は、中央広場（アゴラ）西側に位置する円形の建物。評議会執行部が会食したり、当番評議員が常駐したりする場所であり、アテナイ民主制における国家行政の本部であるが（アリストテレス『アテナイ人の国制』第四十三章三、第四十四章一）、三十人政権はここを占拠していたのであろう。

（4）サラミスはアテナイ西方サロニコス湾の島。レオンは前四一二―一年に将軍職にあったと見られ（クセノポン『ギリシア史』第一巻第五章一六、第六章一六）、民衆から支持を集めており、寡頭制には否定的であった（トゥキュディデス『歴史』第八巻七三－四）。彼は、「名実ともに有能であり、いかなる不正もなさなかったのに刑死した」と言われている（クセノポン『ギリシア史』第二巻第三章三九）。

（5）三十人政権は前四〇三年五月に八ヵ月余りで崩壊した。この政権によって処刑された人の数は一五〇〇人以上にのぼったという（アリストテレス『アテナイ人の国制』第三十五章四）。

証言する人たちは多くいるはずです。

二十一　正しいことで譲歩したことがなく、だれの教師にもなったことがない

それでは、もし私が公的な仕事をしていて、しかも善き人にふさわしい仕方でこれをしながら、正しいこ
とに与していたとすれば、また当然そうすべきように、そのことを最も大切にしていたとすれば、はたして
あなたがたは、私がこれほどの年月を生きのびることができたなどとお考えでしょうか。とうていできるも
のではありません、アテナイ人諸君。実際また、世の人々の、他のだれもできないでしょう。しかしこの私
33A は、全生涯を通じて、公的に何かをする場合があったとしても、このような者であることが判明するでしょ
うし、私的にも同じこのとおりの者だとわかるでしょう。というのも、いまだかつて私は、だれに対しても
何ごとについても、正しいことに反して譲歩したことはなく、とりわけまた、私を中傷する人たちがまさに
私の弟子だと主張しているような人たち[1]のだれに対しても、けっして譲歩したことはないからです。
また私は、いまだかつてだれの教師にもなったことがありません。しかしもし私が話して、私自身の仕事
をしているところを聞きたい人がいれば、年少の者であろうと、年長の者であろうと、だれに対してもけっ
B して話すのを惜しんだことはなく、お金をもらえば対話するけれども、もらわなければ対話しないといった
こともなく、裕福な者にも貧乏な者にも同じように自分を差し出して質問を受けており、またもしだれかが
望むなら答え手になってもらい、何であれ私の言おうとすることを聞いてもらっているのです。そしてそう

西洋古典叢書

月報 129

2017＊第3回配本

メガロポリスの劇場跡

【北側に隣接して方形のテルシリオン（会議場）、

その彼方にアルカディアの野が広がっている】

目次

メガロポリスの劇場跡……………………1

ソクラテスを廻る切れ切れの思い　須藤　訓任……2

連載・西洋古典雑録集(3)……………………6

2017刊行書目

2017年8月
京都大学学術出版会

ソクラテスを廻る切れ切れの思い

須藤訓任

たとえば、論理学の教科書で三段論法の例文が出されると、それは多くの場合、「すべての人間は死ぬ。ソクラテスは人間である。故にソクラテスは死ぬ」といったたぐいである。なぜか、ここで出される固有名詞は「ソクラテス」。別にそれ以外、デカルトでもカントでもよさそうなのに、圧倒的にソクラテスが多いように思う。同じ古代ギリシアのプラトンやアリストテレスも敵しない。いまの場合、ソクラテスは人間の代表として登場しているのだが、論理学が哲学の一部門ということで、哲学者の名が特に使用されるのだとしても、どうしてそれがソクラテスに落ち着くのかは、さほど自明のことではない。にもかかわらず、これが他の哲学者の名前だったら、何か釈然としない気持ちにさせられてしまいそうである。少なくとも、ストンと腹に落ちない。筆者の一番の研究対象、ニーチェなどでは絶対ダメな気がする。なぜであろうか。

＊

ニーチェにしたところで、最近の日本の人口に膾炙しているという点では、ソクラテスに後塵を拝するというわけでない。数年前の超訳ブームをはじめ、直近では著名なボクシング選手が愛読しているらしいことも目を引いた。そうはいっても、論理学の教科書で「ニーチェ」はいかにも具合が悪い。というのも、いかに認知度は高いにしても、ニーチェは一般通念として、非合理的で主観的な情念に訴えかける思想家のようにみなされているからである。そういえば、もう四〇年前、作家の故野坂昭如氏がウィスキーか何かのコマーシャルソングを作って、それをみずからテレビ画面で披露していた。その歌詞は、西洋哲学者の名前を羅列したものであって、そこにも立派に(?)「ニーチェ」の名が出てくる(そのあと「サルトル」が続く)。ところが、その「大物ソング」(とは今回ネットで知った)も冒頭はやはりというか、「ソ、ソ、ソクラテスかプラトンか……」と始まるのである。それにしても、第一行か次行かの差は大きい。ことほどさように、ソクラテスの一般社会での存在感は哲学者として群を抜いている。なぜであろうか。

*

論理学の教科書でその名が頻用されるのは、ソクラテスこそ、ある意味で論理学の祖ともいえるからであろう。ほぼ同時代に、世界の精神史に決定的な足跡を残した「聖人」の名を挙げるなら、孔子、釈迦、さらに数百年時代は下るが、イエス・キリストといった人々が浮かんでくる。孔子が「仁」を言挙げしたとするなら、釈迦は「縁起」、イエスは「愛」となり、それがソクラテスとなると、おそらく「論理(ロゴス)」と言われよう。そう、ソクラテスこそ、論理の権化であり化身であった。ニーチェはひたすらそれにこだわった。論理とは万人に普遍妥当する。それゆえ、個々人の特殊事情など忖度なしのはずである。ところが、ソクラテスはその対話相手の個人的考えや事情に、ということは、自分と相手とのその時々の対話の具体的成り行きに、とことん注意を向けようとする。すなわち、個別性・特殊性の尊重である。論理の普遍性と個別性の尊重との両立可能性に学生の頃筆者は頭を悩ました。いまなら、ソクラテスの真意とは教育の現場で言う「個別指導」に近いのかなとも思う。論理は普遍であっても、それを理解する個々人はそれぞれにとって適切な手順を踏んで、その普遍性に到達するのでなければ、本当の意味の普遍性了解とは到底言われまい。とはいえ、こうした形式的にまっとうな解答だけでは、ソクラテスの意図するところ、というか、おのずと実現してしまっているところに、とても理解が近づけたように思われない。なぜであろうか。

*

よく知られているように、ソクラテス自身は何一つ書き残さなかった。その点、他の「聖人」に等しい。彼らは生きた話し言葉によって、ひたすらそれによってのみ、人々の記憶に消しえない刻印を残した。だから、プラトンにしても、書き言葉でソクラテスの思想と事蹟を描くことに、自分なりの整理を必要としたに違いない。若き教授ニーチェはそれゆえ、書き言葉の問題性をその最後のテーマとした『パイドロス』がプラトンの処女作であったに違いないと推測した。この問題性に自分なりに決着をつけて初めてプラトンは、ソクラテスを主人公とする対話篇の著述の大海に乗り出すことができたはずだ、と。第一作としての『パイドロス』という、現在の研究水準ではもはや認められない、この着想にはしかし、話し言葉と書き言葉の緊張関係の示唆という、今なお看過できない問題提起が認められるであろうし、デリダはそれを二十世紀後半において大々的に展開したのだ、と評価することもできよう。

もっとも、このような難しいテーマに切り込むのがこの「月報」の趣意ではない。しかし、文章を書き遺さなかったソクラテスは、だから人々との思想的交渉にあたって、もっぱら直接的な、お互い顔の見える関係を重んじたのだ、とは言えよう。この直接性の重視は、プラトンの初期対話篇において頻繁に見られるように、アポリアへの陥入で終わる。それは、ソクラテスの対話相手に対し、ひいては読者に対し「無知」の自覚を促すものだとされる。これは、自力での思考への指導、つまり指導を不要にするための指導として、上述の言を繋ぐなら、究極の「個別指導」である。何ごとであれ、自分がそれについて（いまだ）知らないと思わなければ、それを知ろうという気になりようもないという意味で、「無知の知」とは自らの探求の出発点であるばかりか、無知の対象とは何より、人間として大切なものの意味で「善美の事柄」（『ソクラテスの弁明』）だというのだから、大切なことを知らないというだけでなく、もしかしたら、知らないということを知っておくこと、まさに「無知の知」こそが人間として一番大切だと示唆しもしているのかもしれない。地位や名望や富を得れば得るほどに、人間の嵌りこみやすい陥穽に対する警鐘である。それは、ソクラテスが地位・名望・富への渇望といった当時も今も一般的な社会的価値観を誰より相対化できていたからこそ、なしえたことに違いない。ソクラテスに価値観の相対化ができたとすれば、それは——なぜであろうか。

＊

クセノポンの伝聞によれば、ソクラテスが無実の罪を着せられながら従容として死についたのは、七十の齢を迎えた自分が今後生き延びても老醜を晒すだけではないのかと恐れたからであるという。一方、ニーチェ——何度目の登場になることだろうか、お許しいただきたい——は、医術の神アスクレピオスへの供物を依頼する臨終の言葉を捉えて、それは生を病とする人生観にほかならないとして、ソクラテスはペシミストでありデカダンにほかならなかったと断ずる。まるで正反対の解釈であるが、クセノポンにしろニーチェにしろ、これはどちらがソクラテスの真相を言い当てているかの問題ではないだろう。ニーチェはニヒリズムの淵源を索めるなかで、ソクラテスにたどり着いたのであり、クセノポンの方は、自らの思い込みの強いソクラテスであるからこそ、そのような老いさらばえた姿を忌避するヒーローへの憧憬が伝聞にも投影されたと理解すべきであろう。その意味で、論者がソクラテスの正体を暴くというよりは、ソクラテスの方が論者の鑑なのだ。正反対の解釈も無理なく呑み込んでしまうような底知れぬ透明な深みが、「なぜ」との問いを次から次へと誘発せずに措かない謎としての深みが、ソクラテスの「本体」なのか。本稿にしてもこの誘発に導かれるだけであった……。

＊

ソクラテスが謎であるとは同時代人にもすでに共有されていた。このことは『饗宴』の最後アルキビアデスのオマージュにも垣間見えるが、しかし、それは決して、ソクラテスの超俗性や脱社会性を意味するわけではない。その点、樽のディオゲネスなどとは違う。ソクラテスという存在がギリシア社会、いやアテナイ社会に根差していたことは、『クリトン』にも一目瞭然である。しかしだからといって、彼は当時の社会に没入し価値観などを無批判に共有していたわけでもない。この絶妙な、社会との距離感がソクラテスの哲学者としてのあり方を規定している。ソクラテスが――おそらく古来――「なぜ」哲学者の代表なのか、それにはこの距離感が関わって大なるものがあろう。社会にしっかり根差しながら、社会の現状からは独立した精神を保つこと、それは神から課された使命でもあると、自身はみなしていた（ソクラテスの宗教性については箕浦恵了「ソクラテス的対話の宗教性」同氏著『清沢満之と宗教哲学』（法藏館）所収、参照）が、その結果、彼は人々との対話にうつつを抜かす生活を送り、貧乏を余儀なくされた（その最大の被害者は、申すまでもなく、妻クサンティッペ）。しかしだからこそ、右顧左眄することのない精神の気高さを維持できたのだ。昨今の日本の大学に関して、人文系学問の危機がその制度的存続も含めて叫ばれるが、こと哲学について言うなら、社会的足場固めのできたこの独立不羈の精神という点で哲学者「ソクラテスの名を幾度も呼び」戻すことだけは忘れてなるまい。

（西洋近現代哲学・大阪大学大学院文学研究科教授）

連載

西洋古典雑録集（3）

エウタナシアー

姥捨山は年老いた親を口減らしのために山奥に捨て去るという棄老伝説の舞台とされ、深沢七郎の小説『楢山節考』や浮世絵師月岡芳年の手になる「姥捨月」（『月百姿』）などでお馴染みのものであるが、老人が若い者に厄介をかけるのを嫌い、みずから死を選ぶという類似の話は古代ギリシアにもあった。エーゲ海のキュクラデス諸島の北西にケオスという島があるが、ここの島民についてギリシア版棄老伝説とも言うべき話を地理学者のストラボンが伝えている。「ケオスにはある時次のような法律が定められていた。メナンドロスもこれに言及して、『パニアスよケオスの法はいいもんだよ、満足に生きられない者は無様に生きちゃいけねえ、というんだ』（『断片』八七九）と書いている。その法律は六〇歳を超えると、ほかの者に食糧を提供するために毒ニンジンを飲むことを命じているようである」（『地誌』第十巻五-六）。この毒ニンジンというのは、ギリシア語でコーネイオンと言うセリ科の有毒植物（学名 *Conium maculatum*）で、死刑囚などはこれを擂《す》ったものを飲まされた。ソクラテスが仰いだ毒杯もこれである。同様の記事はアイリアノス『ギリシア奇談集』（第三巻三七）にも見られるが、さらに、哲学者ヘラクレイデス（・レンボス）が遺したアリストテレスの『国制誌』抜粋集が現存していて、『ケオス人の国制』（アリストテレスの作品そのものは現存しない）には「島は健康によい風土で、人びとは、特に女性は長生きしたので、年をとると死を待つことなく、体が弱くなったりどこかが不自由になったりする前に、ある者はケシで、ある者は毒ニンジンで命を絶った」（アリストテレス「断片」六一一（二九））と記載されているので、この話はアリストテレスに遡るのかもしれない。

もっとも、一般に古代ギリシアで自殺が奨励されていたわけではない。そうでないからこそ、アリストテレスが珍しい事例として取り上げたのであろう。キリスト教世界では、アウグスティヌスが強姦などの犠牲者が自殺する場合を除いて、自殺は罪であると主張しており（『神の国』第一巻一七）、五六三年のキリスト教公会議において自殺者の埋葬を禁ずる布告がなされたが、この点では古代ギリシアも同様であった。テバイでは自殺者はふつう死者にあたえられる栄誉にあずかることはできなかった（アリストテレス

「断片」五〇二＝ゼノビオス『諺集』六-一七）。アイスキネスは、自殺をおこなった人の手を身体の残りの部分から切り離して埋葬するという慣習について述べているが（『クテシポン弾劾』二四四）、こちらはアテナイの場合である。手を切り離すのは、不浄の血を流した部位を遠ざけるためで、古代ギリシア人の宗教的慣習にみられる穢れの思想が根底にある。それはともかくとして、哲学者のプラトンが晩年に構想した国家においても、自殺者に対する規定がある。浄めの儀式や埋葬の仕方に関する詳細は神事解釈者（エクセーゲーテース）に任せるべきとしながらも、一般の墓地にではなく、辺境の名もない土地に墓石も建立せず、名前も記すことなしに葬るべきだと述べている（『法律』第九巻八七三D）。

ただし、ここで留意すべきはプラトンがおしなべて自殺は悪いと言っているのではないことである。やむをえずみずから命を絶たねばならないような場合を除いて、軟弱で精神の強さを欠く者が犯した場合の自殺にはこのような規定が適用されるべきだとしているのである。裁判による刑死（これは毒ニンジンを仰ぐので自死の一種）、逃れることのできない苦痛に苛まれる場合、避けることのできない陵辱を受けたというような場合は別だと考えられている。『パイドン』（六二B）はプラトンの自殺禁止論としてしばしば引用され、ピュタゴラス派の教説の影響が推測されたりしているが、ソクラテスの刑死のような神があたえた必然（六二C）などは例外としている。こうした例外的に自殺が許されるケースに関しては、後年にストア派が詳しく考察している。「理にかなった離脱（エウロゴス・エクサゴーゲー）」としての自殺をキケロはオッフィキア（officia）というラテン語で表現している。通常は義務と訳されるが、より正確には「ふさわしい行為」のことで、ギリシア語のカテーコンタにあたる。

今日では英語の euthanasia は「安楽死」を意味する語として用いられるが、そうした用法は英語でもさほど古いものではなく、十九世紀に入ってからのこととされている（*Oxford English Dictionary* では一八六九年を初出とする）。それ以前では単に「よき死」の意味である。よき生とともによき死を願う人間の感情は古代も現代も変わらない。古代ギリシア語のエウタナシアーも単に「よき死」の意味であるが、アッティカ新喜劇の作家ポセイディッポスの言葉に以下のようなものがある。「人間が神々に求めて祈ることでは、よき死（エウタナシアー）にまさるものはない」（「断片」一八）。

（文／國方栄二）

西洋古典叢書

［2017］全７冊

★印既刊　☆印次回配本

●ギリシア古典篇

アイリアノス　動物奇譚集　1★　中務哲郎 訳

アイリアノス　動物奇譚集　2★　中務哲郎 訳

デモステネス　弁論集　5　杉山晃太郎・木曽明子・葛西康徳・北野雅弘 訳

プラトン　エウテュプロン／ソクラテスの弁明／クリトン★　朴　一功・西尾浩二 訳

プルタルコス　モラリア 12　三浦　要・中村　健・和田利博 訳

ロンギノス／ディオニュシオス　古代文芸論集　木曽明子・戸高和弘 訳

●ラテン古典篇

アンミアヌス・マルケリヌス　ローマ帝政の歴史　1☆　山沢孝至 訳

●月報表紙写真――メガロポリスは、エパメイノンダスとペロピダスの率いるテバイ＝ボイオティア同盟軍がレウクトラの戦いでスパルタ同盟軍を破って（前三七一年）、ペロポネソスに侵攻したのち、アルカディア地方を統合し、その首都として新たに建設した都市（歴史家ポリュビオス出生の地としても知られる）。スパルタとの角逐が絶えず、前三世紀末には破壊されてしまった。小高い丘陵地の北側斜面に残る劇場は五九列の座席に二万一〇〇〇人を収容でき、古代ギリシア最大規模を誇っていた。隣接するテルシリオン（幅約七〇メートル）はアルカディア同盟の会議場で、同心円状に五列の柱を配したすぐれた建造物であったことが確認できる。（一九七九年三月撮影　内山勝利氏提供）

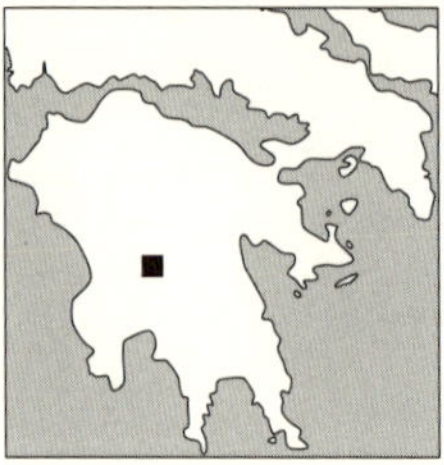

いった人たちのだれかがすぐれた人になろうとなるまいと、その責任を私が負うというのも正当ではないでしょう。というのも、私はそのなかのだれに対しても、いまだかつて学ぶべき事柄を約束したこともなければ、教えたこともないのですから。またもしだれかがこれまでに私から、ほかのだれも学んだり聞いたりしたことのないような事柄を何か個人的に学んだとか、聞いたとか主張するなら、いいですか、その人は真実を語ってはいないのです。

二十二　ソクラテスを助けようとする人たち

しかしそれなら、いったいなぜ私とともに多くの時間を過ごすのをよろこぶ者たちがいるのでしょうか。

C あなたがたはすでに聞いておられるのです、アテナイ人諸君。私はあなたがたに真実のすべてをお話ししました。つまりその者たちは、知恵があると思ってはいるが実はそうでない人たちが吟味されてゆくのを聞い

(1) おそらく、アルキビアデス（前四五〇―四〇四年）やクリティアス（前四六〇頃―四〇三年）のことであろう。どちらもソクラテスと親しく、彼の弟子と見られていたのであろう。アルキビアデス（『饗宴』の登場人物）はペロポネソス戦争時のシケリア遠征に将軍として指揮を執ったものの、アテナイでのヘルメス像破壊事件および秘儀冒涜事件の嫌疑を受け、スパルタに亡命し祖国に反逆する行動をとった（トゥキュディデス『歴史』第六巻六一、および八九以下）。クリティアス（『カルミデス』の登場人物）はプラトンの母ペリクティオネのいとこであるが、三十人独裁政権の指導者であった（クセノポン『ギリシア史』第二巻第三章二）。

(33) てよろこんでいるのです。実際、それはまんざら不愉快なことではないですからね。

しかし私にとってその仕事は、私の主張しているように、神によってなせと命じられたことであって、それは神託からも、夢[1]からも伝えられ、また何かほかの神的な定めが、かつて人間に何であれなすよう命じたあらゆる仕方によって伝えられたのです。

以上のことは、アテナイ人諸君、真実であり、容易に検証しうることでもあるのです。なぜなら、もし私
D が実際に若者のある者たちを堕落させようとしていたり、また別の者たちをすでに堕落させてしまっていたとするなら、そして彼らのなかのある者たちが年長になって、自分たちが若かったときに私がそれまでに何か悪いことを助言したことがあるというのを認めたとすれば、当然、その者たちは今こそ自分でこの場に現われて私を告発し、仕返しすべきだったのですから。またもしその者たち自身がそうするのを欲しなかった場合は、彼らの家族のだれか、つまり父親や兄弟、あるいは他の身内の者たちが、まさに自分たちの家族が私によって何か悪いことをこうむったというのであれば、それを今思い出して仕返しすべきだったのです。

いずれにせよ、しかし、そういった人たちがここには多数来ており、私の目に入るのです。まず、そこにいるクリトンです、彼は私と同い年で同区民であり、ここにいるクリトブロスの父親です[2]。その次は、ス
E ペットス区のリュサニアスです、彼はここにいるアイスキネス[3]の父親です。さらにまた、そこにケピシア区のアンティポンがいます、彼はエピゲネスの父親です[4]。それからほかには、自分の兄弟がこうした過ごし方にかかわってきた人たちがいます、つまり、テオゾティデスの息子ニコストラトスの場合がそうですが、彼はテオドトスの兄なのです[5]——そしてテオドトスはもう亡くなっており、したがって、少なくとも弟のテ

(1)ソクラテスにおける夢の重要性については、『クリトン』四四A—B、『パイドン』六〇E—六一A参照。

(2)クリトンはソクラテスの親友であり、同じアロペケ区(アテナイ南部近郊の区)の出身。息子のクリトブロスは『エウテュデモス』二七一Bでも言及されているが、クリトンとともにソクラテスの臨終に立ち会っている(『パイドン』五九B)。

(3)スペットス区(アテナイ南東内陸部の区)のリュサニアスについては不詳。息子のアイスキネス(父親はカリノスというソーセージ職人であったとも伝えられるが疑わしい)はソクラテスの臨終に立ち会った人であり(『パイドン』五九B)、「ソクラテス対話篇」(ソクラテスを主人公とする対話篇)を七篇(断片が伝わるのみ)書いたことで知られる(ディオゲネス・ラエルティオス『ギリシア哲学者列伝』第二巻六〇—六一)。前四世紀の著名な弁論家アイスキネスとは別人。

(4)ケピシア区(アテナイ北東内陸部の区)のアンティポンについては不詳。前五世紀の弁論家のアンティポンやソフィストのアンティポンとは別人。息子のエピゲネスはソクラテスの臨終に立ち会っている(『パイドン』五九B)。体が弱かったらしく、ソクラテスに運動をすすめられたと伝えられている(クセノポン『ソクラテス言行録』第三巻第十二章一)。

(5)テオゾティデスは三十人政権崩壊後、民主制を支持してその寡頭政権の暴力に倒れたアテナイ人たちの子どもを、戦争孤児同様に支援する法令などを導入した政治家として知られ(Stroud, pp. 285-288. リュシアス『テオゾティデスに対して』断片)、息子のニコストラトスについては、その子どももテオゾティデス(二世)が合唱隊奉仕役を務めていたと言われる(リュシアス「第二十一弁論」五八)。ソクラテスと親交のあった弟のテオドトスについては他では知られないが、父のテオゾティデスが亡くなったのと同時期(前四〇三年から前三九九年春の間)に夭折したと推定されている(de Strycker, Slings, pp. 174-175)。

34A オドトスが兄に何か頼み込むようなことはできなかったでしょう――それから、ここにデモドコスの息子パラリオスがいます、彼の兄弟がテアゲスだったのです。[1] またここには、アリストンの息子アデイマントスがいます、[2] 彼の弟がそこにいるプラトンなのです。[3] さらにアイアントドロスがいますが、彼の兄弟がここにいるアポロドロスです。[4]

　そしてほかにも多くの人たちのことを、私はみなさんに言うことができるのですが、そのうちのだれかをメレトスは、とりわけ自分の弁論において証人として提出すべきだったのです。しかしもしその時に彼が忘れていたというのなら、今、彼に提出させてください――私はこの場所を譲ります――そして彼が何かそうした証拠をもっているなら、彼に言わせてください。

B 　しかしながら、事情はこれと正反対であることがおわかりになるでしょう、諸君、だれもが私を助けるつもりで来ているのです。その私は、メレトスとアニュトスの主張によれば、堕落させる者であり、これらの人たちの家族に害悪を加える者なのです。実際、堕落させられた者たち自身が私を助けようとするのであれば、おそらくそれなりの理由があるのかもしれません。しかし堕落させられていない人たち、すでに年長の、彼らの身内である人たちは、いったいどんな理由があって私を助けようとするのでしょうか、それはほかでもなく、メレトスが嘘をついており、私が真実を語っていることを、この人たちが承知しているという、正しくかつ正当な理由ではないでしょうか。

二十三　哀れな芝居をすべきでない

これでいいでしょう、諸君。私が弁明できることはと言えば、ほぼ以上のことであって、ほかのこともたぶんこのようなものでしょう。しかしおそらくあなたがたのなかには、自分のことを思い出して憤りをおぼ C えるような人がだれかいるかもしれません。たとえば、自分はこれよりも小さな裁判で争っているときにも、できるかぎり多くの憐れみを誘うために、自分の幼い子どもたちを登場させ、ほかにも家族や友人たちを数多く登場させ、多くの涙を流しながら、裁判員たちに懇願し、嘆願したのに、私はと言えば、結局、こうし

(1)デモドコスはソクラテスより年長であり、アテナイでは最高の官職を歴任し、出身のアナギュルス区（アテナイ南部沿岸部の区）の区民から尊敬を集めていたと伝えられる（『テアゲス』一二七E）。息子のパラリオスについては不詳。その兄弟のテアゲスについては「国家社会のことにかけて知者になること」を望んでいたと言われるが（『テアゲス』一二六C）、「病身の養生が、彼を政治生活から遠ざけて、哲学のもとに引きとめ」、ソクラテスの仲間となった人であり、その抑止力は「テアゲスのはみ」ということわざ的な表現になっていた（『国家』第六巻四九六B―C）。ソクラテス裁判の時には、すでに亡くなっていたのであろう。

(2)アデイマントスはグラウコン（アデイマントスの弟であり、プラトンの兄）とともに、『国家』第二巻以降でソクラテスと対話する主要登場人物。

(3)プラトンの名が挙げられているのは、プラトンの全作品中この箇所と三八B、および『パイドン』五九Bの三箇所だけである。

(4)アイアントドロスについては不詳。彼の兄弟のアポロドロスはソクラテスの熱烈な信奉者であり、『饗宴』の語り手となっている。ソクラテスの臨終の際には悲嘆のあまり号泣した（『パイドン』一一七D）。

（34）たことを何ひとつしようとせず、しかも危険を、人に思われるところでは、このうえない危険を冒そうとしているわけですからね。そうすると、こういったことを思い浮かべて、私に対する態度がより硬化して、まさにそうした思いで怒りがこみ上げ、その怒りにかられて投票するような人がだれか出てくるかもしれません。

D　そこで、もしあなたがたのなかにそのような状態の人が実際におられるなら――というのは、私としては当然そう思っていないからなのですが、仮にそういう人がおられるとすれば――、その人に対してはこう言えば適正ではないかと、私には思われるのです。

「世にもすぐれた人よ、私にも家族は何人かいるのです。しかも実際、ホメロスの言葉そのままなのです、つまり、私は樫の木や岩から生まれてきた者ではなく、(1)人間から生まれてきたのです。したがって、私には家族もいるのですが、息子たちにしても三人いるのです、アテナイ人諸君、一人はもう青年ですが、二人はまだ幼い子どもなのです。(2)しかしそれでも私は、彼らのだれかをここに登場させて、みなさんに無罪投票するように頼み込むなどといったことはけっしてしないでしょう」と。

E　それなら、いったいなぜ、私はこうしたことを一切しようとしないのでしょうか。それは私が意地を張っているからではなく、アテナイ人諸君、あなたがたを軽蔑しているわけでもないのです。そうではなく、私が死に直面して平然としていられるかどうかは別の話としても、ともかく評判との関連で言えば、私にとっても、あなたがたにとっても、この国全体にとっても、私がこの年になってこの名前(3)をもっていながら、そのようなふるまいをするのはけっして美しくはないと私には思われるのです――まあ、その名前が真実であ

35A
ろうと嘘であろうと、いずれにせよソクラテスが多くの人間と何らかの点で異なっていて傑出しているというのは、一般にすっかり信じられていることなのです。ですから、もしみなさんのなかで、知恵においてであれ、勇気においてであれ、その他どのような徳においてであれ、傑出していると思われる人たちが、そんなありさまであろうものなら醜いでしょう。

まさにそういった人たちを私はしばしば見てきたのです。裁判にかけられると、ひとかどと思われている

（1）ホメロス『オデュッセイア』第十九歌で、オデュッセウスの妻ペネロペイアが、素性を明かさぬオデュッセウスに、「そなたがどこの出身か、素性を明かしてくださらぬか、まさか昔話にあるように、樫の木や岩から生まれたお人ではあるまいから」と語っている（一六二―一六三行、松平千秋訳に準拠）。「樫の木や岩から生まれた者でない」とは「親も国もある」などを意味することわざ的表現（『国家』第八巻五四四D参照）。ここでは「家族もいる」の意。

（2）青年の名はランプロクレスであり、母親への恩をめぐってソクラテスと対話する様子がクセノポンに描かれている（『ソクラテス言行録』第二巻第二章）。また二人の幼い子どもの名は、ソプロニスコスとメネクセノス（ディオゲネス・ラエルティオス『ギリシア哲学者列伝』第二巻二六）。

（3）すなわち、「知者」という名前（二三A三、および六九頁註（2）参照）。

(35) 人たちが、あきれたふるまいをするのですが、それは、もしあなたがたが彼らを死刑にしなければ、彼らは
まるで自分がずっと不死であるかのように、死刑にでもなれば何か恐ろしいことを身に受けるとでも思って
いるからなのです。彼らは国家に恥を塗りつけている、と私には思われるのであって、その結果、他国の人
B たちのなかにもだれかこう考えるような人が出てくるかもしれません。つまり、アテナイ人のなかで徳にお
いて傑出した人たちというのは、アテナイ人みずからが自分たちのなかから選び出して官職やその他名誉あ
る地位につけている人たちなのに、これらの人物は婦女子と何ら変わらないのではないか、と。

実際、このようなことは、アテナイ人諸君、どのような点であれひとかどと思われているあなたがたのなすべきことではなく、また、われわれがこうしたことをしようとする場合には、あなたがたはそれを許してもいけないのであって、むしろ、こんな哀れな芝居を持ち込んで国家を笑い物にするような者は、静かに過ごしている者よりもはるかに有罪に処するであろう、というまさにそうした姿勢をあなたがたは示すべきなのです。

二十四　私は神々を認めている

しかし評判のことはさておき、諸君、裁判員に頼み込むのも、また頼み込んで無罪にしてもらうのも正し
C いことではなく、むしろ教えること、説得することこそ正しいと私には思われるのです。というのも、裁判
員が席に座っているのは、正しいことに私情を交えることではなく、正しいことを判定するという、そのこ

とのためなのですから。また裁判員は、だれであれ自分の気に入った者をえこひいきせずに、あくまで法律にしたがって裁判することを誓ったのです。だから、われわれはあなたがたに誓いを破る習慣をつけさせてはならないし、あなたがたもそうした習慣を身につけてはいけないのです。なぜなら、その場合、われわれのどちらも神を敬うことにはならないでしょうから。

D ですから、アテナイ人諸君、あなたがたは私に、私が美しいとも、正しいとも、敬虔とも考えていないようなそんなことを、あなたがたに対してなすべきだなどと要求しないでいただきたいのです、なにしろ、ゼウスに誓って、とりわけ不敬神の罪で私はここにいるこのメレトスによって訴えられているのですから。というのも、もし私がみなさんを説得して、すでに誓い(1)を立てたみなさんに頼み込んで強制したとすれば、明らかに、私はみなさんに神々の存在を信じないようにと教えていることになり、弁明しながら、文字通り、私は自分が神々を認めていないということで、自分自身を告発していることになるからです。

しかしそのようなことは、とうていありえないのです。なぜなら、私は神々を認めているからです、アテナイ人諸君、私の告発者たちのだれ一人として及ばないくらいに認めているのです。そして私にとってもあなたがたにとってもまさに最善になるような仕方で、私について判決が下されんことを、私はあなたがたと神にゆだねているのです。

(1)この誓いは、裁判員としての誓い。

＊＊＊

有罪か無罪かの票決がなされる。

投票総数　五〇〇票

有罪とする者　二八〇票[1]　無罪とする者　二二〇票

よって、ソクラテスは有罪。

＊＊＊

二十五　投票結果について

E さて、アテナイ人諸君、あなたがたが私に有罪投票したこの結果に関して、私が憤りを覚えていないこと
36A については、ほかにもいろいろと多くのことが私に影響してはいるのですが、特に、この結果が私にとって
意外なものでなかったからなのです。むしろ私は双方の投票結果の数にはるかに驚いているのです。という
のも、私としては、票差はこれほどわずかではなく、もっと大きくなるだろうと思っていたからです。しか
し実際には、どうやら、票のうち、三〇票だけでも反対の側に移っていたなら、私は無罪になっていたで
しょう[2]。

したがって、メレトスに対しては、私の思うところ、今も私は無罪放免であって、また私が無罪放免であるだけでなく、次のことはだれの目にも明らかなのです。つまり、もしアニュトスやリュコンが私を告発す
B るために登場しなかったとしたら、メレトスは、投票の五分の一を獲得できずに、千ドラクマの罰金を支払わなければならなかったであろうということです[3]。

＊＊＊

(1) ディオゲネス・ラエルティオスによれば、ソクラテスに有罪を投じた数は二八一票と伝えられている（『ギリシア哲学者列伝』第二巻四一）。これは投票総数を五〇一票としての数であろう。前四世紀初頭までは裁判員の数は五〇〇名であり、その後（前三八〇年代までに）端数の一名が加えられて五〇一名になったと見られ（アリストテレス『アテナイ人の国制』第六十八章、橋場訳註二参照）、ディオゲネス・ラエルティオスの数はこの制度に基づくものと推測される。

(2) すなわち、二五〇票対二五〇票。票が同数なら、被告が勝訴する（アリストテレス『アテナイ人の国制』第六十九章一参照）。

(3) 有罪の二八〇票はアニュトスとリュコンの加勢があって三人で獲得された票数とすれば、メレトス一人の得票数は、二八〇の三分の一で九三、四票となり、一〇〇票（投票総数五〇〇票の五分の一）に満たない。この場合、原告は一〇〇〇ドラクマの罰金を支払う制度になっていたことがソクラテスの発言から知られる。

(36) ソクラテスの有罪が確定し、量刑のための弁論が始まる。原告のメレトスがソクラテスに死刑を求刑する弁論を行なった後、ソクラテスが対案を提示するための弁論を開始する。

＊＊＊

二十六　刑の対案（一）——迎賓館における食事

ところで、この男は私に死刑を求刑している。よろしい。しかしそれなら私は、どんな刑をあなたがたに
対案として申し出るべきでしょうか[1]、アテナイ人諸君。いや、明らかに、それ相応の刑ではないでしょうか。
だとすれば、それは何でしょう。何を私は身に受けたり、償ったりするのがふさわしいのでしょうか。ど
ういうわけか私が自分の人生をおとなしく静かに過ごしていなかったからといって、いったい何がふさわし
いのでしょうか。たしかに私は、まさに多くの人々が関心をもつようなこと、すなわち、金儲けや家政の仕
事、将軍職や民衆への演説、またそのほか、国家のなかで行なわれている、いろいろな官職や政治結社、党
派といったものには関心をもたなかったのですが、それはそうしたことに足を踏み入れて無事に生きのびて
C ゆくには、自分が本当のところ、まっとうすぎると考えたからであって、足を踏み入れてもあなたがたのた
めにも、私自身のためにも何ら利益になるはずのないような、そういったところには行かずに、個人的に出

かけてゆき、一人一人に対して最大の善行、と私は主張しますが、その善行をなすということ、その方面へと私は向かったのです。つまり、あなたがたの一人一人に、自分自身ができるかぎりすぐれた者、思慮ある者になるように、何よりも自分自身に配慮し、それよりも先に、自分自身に付属するいかなるものにも配慮すべきではないのだと、また国家そのものに配慮し、それよりも先に、国家に付属するものに配慮すべきではないのだと、その他のものについても同じ仕方でそのように配慮するようにと説得することを手がけていたのです。

D
——だとすれば、このような者である私は何を身に受けるのがふさわしいのでしょうか。それは何か善いことでしょう、アテナイ人諸君、少なくとも真にその価値に応じた刑を求めなければならないとすれば。しかもそれは、何であれ私にふさわしいような善きものでなければなりません。だとすれば、あなたがたへの勧告のために暇な時を過ごさなくてはならないような、貧乏で、善を尽くす人物には何がふさわしいのでしょうか。このような人物には、アテナイ人諸君、迎賓館で食事することほど、ふさわしいことはありえな

（1）有罪が確定すると、法律の規定にしたがって自動的に刑が確定する訴訟と、そうでない訴訟があり、不敬神の罪に関するソクラテス裁判の場合は後者に属するものであったが、この場合、量刑のために原告被告双方の弁論がなされ（アリストテレス『アテナイ人の国制』第六十九章二参照）、こうした量刑の争いは再び投票によって決着がつけられ、最終的に刑が確定することになる。

いのです[1]、しかもそうすることはあなたがたのだれかがオリュンピア[2]で、馬や、あるいは二頭だてとか、四
頭だての馬車で勝利した場合よりもはるかにいっそうふさわしいのです。なぜなら、その勝利者はあなたが
たを幸福と思われるようにしているわけですが、私の方はあなたがたを本当に幸福であるようにしているの
E ですから。またその勝利者は食べ物を何も必要としないけれども、私の方は必要としているのですから。こ
37A のようなわけで、もし私が正しさに基づいて、自分の価値に応じた刑を申し出るとすれば、この刑を私は申
し出ます、すなわち、迎賓館における食事を。

二十七　刑の対案（二）――国外追放

するとたぶん、みなさんには、こんなことを私が言う場合も、以前に[3]哀訴や嘆願について語っていた場合
とほとんど同じようにして、つまり意地を張って、私が語っていると思われるでしょう。しかしそれは、ア
テナイ人諸君、そうではないのです、むしろ問題はこうなのです。私の確信しているところでは、世の人々
のだれに対しても、私は故意に不正をはたらくことはしていないのですが[4]、その点を私はあなたがたに説得
できないでいるのです。なぜなら、われわれが互いに対話してきたのは、わずかの時間だったからです。現
に、私の思うに、もしあなたがたの法律が、ちょうどまた他国の人々の場合のように、死刑に関してはたっ
た一日で裁判するのではなくて、多くの日数をかけるものであったなら[5]、あなたがたはきっと納得していた
B ことでしょう。しかし現状では、わずかの時間で大きな中傷を解くことは容易ではないのです。

したがって、私の確信しているところでは、私はだれに対しても不正をはたらいていないのですから、私が少なくとも自分自身に不正を加えようとしたり、また私自身について、自分が何らかの害悪に値するなどとみずから言い出したり、また私自身のために何かそのような刑を申し出るなどといったことは、とうていありえないのです。何を恐れて、申し出るのでしょうか？　まさかメレトスが私に求刑しているものを身に受けるかもしれない、ということを恐れてなのでしょうか、それは善いものかどうかも、悪いものかどうかも知らない、と私が主張しているものなのです。とすれば、そのようなもののかわりに、私は、悪いものと自分がよく知っているものを何か選ぶべきなのでしょうか、そしてそれを刑として申し出るべきなのでしょうか？

(1) 国家に特別の功績があった者は、「迎賓館（プリュタネイオン）」（アクロポリスの東麓にあったと推定される）で食事が供される特典を得ることになっていた。オリュンピア祭（次註参照）での優勝者などは終身その特典にあずかるものと定められていた（アリストテレス『アテナイ人の国制』第二十四章、橋場訳註一一および補註四）。

(2) オリュンピアはエリス地方（ペロポネソス半島西）の南部に位置するゼウスの神域であり、四年ごとにゼウスに捧げる祭典競技（オリュンピア祭、古代オリンピック）が催された（第一回は前七七六年）。

(3) 三四C―D参照。

(4) 二六A参照。

(5) たとえば、「スパルタ人に関しては、疑う余地のない証拠がなければ、取り返しのつかない判決を急いでくだすことはない」という記述がトゥキュディデスに見える（『歴史』第一巻一三二-五）。

(37) C 拘禁はどうでしょうか。またどうして私は、そのつど任命される役人に、つまりあの十一人の刑務官[1]に隷属しながら、刑務所のなかで生きていかなければならないのでしょうか。

むしろ罰金を申し出て、それを払いきるまでは拘禁されているというのはどうでしょうか。しかしそれは私にとっては、私がたった今言っていたことと同じなのです。なぜなら、私にはその支払いをするためのお金がないのですから。

しかしそれなら私は、国外追放を申し出るべきでしょうか。というのも、おそらく、あなたがたが私に求めている刑はこれかもしれないからです。とはいえその場合、私はよほど命が惜しいということになるでしょう、アテナイ人諸君、もし次のようなこともまともに考えられないほど、それほど私が道理のわからない者であるとすれば。つまり、私と同国民であるあなたがたは私の過ごし方や議論に耐えることができなく
D て、それらがあなたがたにとってはいっそう重苦しく、いっそう腹立たしいものになっていて、その結果、今やあなたがたはそれらから解放されることを求めているのに、他の人々なら、そういったことに容易に耐えられるのでしょうか？　とてもそんなことはありえないのです、アテナイ人諸君。

ですから、私にとっては人生はすばらしいものになるでしょうね、この年で追放された人間が、次から次へと国を取り替えては追い出されながら生きてゆくというのは！　実際、私はよく知っているのです、私がどこへ行こうと、私が話すのを聞いてくれるのは、ここと同様、若者たちであるということを。そしてもし私が彼らを追い払うようなことがあれば、彼ら自身が年長の者たちを説得して私を追い出すことでしょう。
E しかしもし私が彼らを追い払わなければ、彼らの父親や家族が彼ら自身のために私を追い出すでしょう。

二十八　刑の最終対案――罰金

そうすると、おそらく次のように言う人がいるかもしれません、「しかしソクラテスよ、どうかわれわれのために沈黙して、おとなしく過ごしながら、国外退去の生活をしてもらえないだろうか」と。この点こそまさに、あなたがたのだれかを説得するのが、何よりも困難なところなのです。というのも、それは神にしたがわないことであって、それゆえ、おとなしく過ごすことはできないのだと、このように私が言っても、あなたがたは私がとぼけているものと思って、私のことを信じないでしょうからね。さらにまた、日々徳について議論すること、そしてほかにも、あなたがたが聞いておられるような、私が自分自身と他の人たちを吟味しながら対話している事柄について議論すること、これが人間にとってまさに最大の善であって、他方、吟味のない人生は人間にとって生きるに値しないのだと私が言っても、そのようなことを言っている私を、あなたがたはなおさら信じないでしょう。しかしこれは、私の主張するとおりなのです、諸君、ただこれを説得するのが容易ではないのです。38A

(1)「十一人の刑務官（ホイ・ヘンデカ）」は抽選によって任命され、牢獄に拘留される人々を監督したり、死刑の執行を担当したりする（アリストテレス『アテナイ人の国制』第五十二章一）。十一人という人数の由来は定かでない（同章橋場訳註一参照）。

(38)
B

また同時に、私は自分自身が何であれ害悪に値すると見なすようなことには全然慣れていないのです。実際、もし私にお金があったなら、私は自分が払ってしまえるだけのお金を罰として申し出たでしょう。それによって、私は何の害も受けないでしょうからね。しかし現実にはお金がないのです、ただしもし私が払うことのできるかぎりの、それだけの額をあなたがたが私に刑として求めることを望むのなら、話は別です。またおそらく銀一ムナなら、私はあなたがたに払うことができるはずです。ですから、それだけの額を私は申し出ます。

いや、ここにいるプラトンが、アテナイ人諸君、クリトン、クリトブロス、アポロドロスとともに、私に三十ムナを申し出るように言いつけています、そして自分たちがそれを保証すると言っているのです。では、私はそれだけの額を申し出ます、またその金額についての、あなたがたに対する信頼できる保証人には、この人たちがなってくれるでしょう。

＊＊＊

量刑の票決が行なわれる。

投票総数　五〇〇票

死刑とする者　三六〇票　　罰金とする者　一四〇票

よって、ソクラテスの死刑が確定。

＊＊＊

二十九　死刑の投票をした人たちに

C　わずかばかりの時間のために、アテナイ人諸君、あなたがたは、この国のことを悪く言いたがる人たちによって、知者であるソクラテスを殺したというので汚名と責任を帰せられることになるでしょう――知者、と言ったのは、たとえ私がそうでなくても、あなたがたを非難したがる人たちは私のことをまさにそう主張するはずだからです。ともかくもうしばらく待っていたなら、このことはひとりでにあなたがたに生じたことでしょう。というのも、ご覧になっている通り、私の年齢はすでに人生の遠くまでやって来ており、死に近づいているからです。

D　しかし私がこう言っているのは、あなたがたすべてに対してではなく、私に死刑の投票をした人たちに対してなのです。また、その同じ人たちに対して、私は次のことも言っておきたい。おそらくあなたがたは、諸君、私が有罪になったのは言葉に窮したからだとお考えでしょう。その言葉というのは、もし私が刑を逃れるためにあらゆることをなし、あらゆることを言わねばならぬと考えていたのなら、その場合に私があなたがたを説得するのに用いたかもしれないたぐいのものなのです。

とんでもない！　いや、私が有罪になったのは、けっして言葉の不足によるのではなく、厚顔と無恥の不

足によるのであり、あなたがたが聞いて最もよろこびそうなことをあなたがたに言おうとする気持ちが不足
していたためなのです――つまり、私が嘆いたり、泣きわめいたり、その他いろいろと、私の主張では、自
E 分にふさわしくない、そういった多くのことをなしたり語ったりすることによってなのですが、まさにそう
したことをあなたがたは他の人たちから聞くことに慣れてもいるのです。
しかし先ほども、私は危険のために自由人らしくないふるまいをするのはあってはならない、と思ったの
ですが、今も私はこのような仕方で弁明したことを後悔してはいません。むしろ私はそんなふうにして生き
るくらいなら、それよりもはるかに、この仕方で弁明して死ぬことを選ぶでしょう。なぜなら、裁判におい
39A ても、戦争においても、私だけでなく他のだれであれ、どんなことをしてでも死を免れようとするような工
夫はすべきではないからです。実際、戦闘においても、人は武器を捨てたり、追っ手の情けにすがったりし
て、ともかく死ぬことからは逃れられるというのは、何度も明らかになっているのです。また、ほかにも、
それぞれの危険において、人があえてどんなことでもなしたり語ったりする気があれば、死を免れることが
できるような工夫はたくさんあるのです。
しかし、そのことは、諸君、つまり、死から逃れることはむずかしくはないでしょう。それよりもはるか
にむずかしいのは、劣悪さから逃れることでしょう。なぜなら、それは死よりも速く走ってくるからです。
B そして今、私はのろまで老人なので、のろいものの方に捕らえられたけれども、私の告発者たちは手ごわく
鋭いので、速いものの方に、すなわち、悪徳に捕らえられたのです。そして今、私は、あなたがたによって
死の刑罰を負わされてこの場を立ち去ろうとしているわけですが、彼らの方は、真実によって邪悪と不正の

罪をすっかり負わされて出ていくのです。私もこの刑に服しますが、彼らもそうすべきなのです。もっとも、こうしたことは、おそらくこのようにならざるをえなかったはずであり、私もこれはこれで結構だと思っているのです。

三十　有罪投票した人たちへの予言

C そこで次にまた、私に有罪の投票をした人たちよ、私はあなたがたに予言をしておきたいと思う。それと
いうのも、私もすでに、人間が最もよく予言する時期に、まさに人間が死のうとする時期に来ているからです。

さて、私はこう言っておきたい、私を死刑にした人たちよ、あなたがたには私の死後すぐにでも、あなたがたが私を死刑にしたのよりも、ゼウスに誓って、はるかにつらい懲罰がやってくるだろう、と。というのも、今あなたがたがこんなことをしてしまったのは、人生を吟味することから解放されるだろうと思ってのことであるが、私の主張によれば、あなたがたにとってはこれとは大いに反対のことが生じる結果になるか
D らです。あなたがたを吟味する人たちはもっと多くなるでしょう、その人たちを私は今まで引き止めておいたのですが、あなたがたはそれに気づかずにいたのです。彼らはより若いだけにそれだけより厳しいでしょう、そしてあなたがたはいっそう憤りをおぼえることになるでしょう。

実際、もしあなたがたが人を殺すことによって、あなたがたに生き方が正しくないとだれかが非難するの

をやめさせようと思っているなら、その考え方は適切ではないのです。なぜなら、そのようにして解放され[1]ることはとてもできることではないし、美しいことでもなく、むしろあのやり方こそ、つまり他人を押さえつけるのではなく、自分自身ができるかぎりすぐれた者になるよう心がけることこそ、最も美しく、最も容易なのです。

さて以上のことを、私に有罪の投票をしたあなたがたに予言したうえで、もうお別れです。

三十一　無罪の投票をした人たちに

E しかし、無罪の投票をしてくれた人たちとは、ここで生じた事柄について、しばらくよろこんで対話したいと思う。その間、役人たちは忙しくしていて、私は自分が死なねばならない場所へはまだ行っていないからです。

さあどうか、諸君、それだけの間、そばにいてください。実際、許されるかぎりの時間、お互いに語り合
40A うのに何の差し支えもないのです。というのも、みなさんを親しい友人と思って、私はみなさんに、今、自
分にふりかかった出来事がいったい何を意味しているのかを示したいと思うからです。

すなわち私には、裁判官諸君[2]――こう呼びかけたのは、あなたがたこそ正当に私が裁判官と呼べる人たちだからです――、何か不思議なことが起こったのです。つまり、私によく起こるあの予言的な声、ダイモーン的なものの声[3]は、これまでのあらゆる時において、もし私がまさに何かを正しくない仕方でなそうと

する場合には、いつもとても頻繁に現われ、とても些細なことについても反対していたものなのです。しかし今、私の身に起こったことは、まさにみなさん自身もご覧になっているものであって、これこそ人が害悪
B のきわみと考え、また一般にそう認められているものなのです。ところが、私に対して、朝、家から出てく

(1)「解放」とは、人生を吟味すること（生き方を非難されること）から解放されること。前段落の「解放されるだろう」（三九C七）を受けた表現。

(2)「裁判官諸君（アンドレス・ディカスタイ）」（四〇A三）という表現がここではじめて使われる。「ディカスタイ」は「裁判員（たち）」とも訳されるが、ここでは最後まで正当な判決をくだした人と見られているため、専門家としての「裁判官（たち）」という訳語を採用した。

(3)「ダイモーン的なもの」の原語は「ト・ダイモニオン」。「ダイモニオン」は本来「ダイモーン」の形容詞であり、何らかの名詞が補われる。たとえば、「ダイモニオン・ティ（何かダイモーンからのもの）」（三一C八―D一）、あるいは「ダイモニオン・セーメイオン（ダイモーンの合図）」（『エウテュデモス』二七二E四）。しかしこの個所では定冠詞「ト」がつけられ、「ダイモニオン」は「ト・ダイモニオン（ダイモーン的なもの）」として名詞化され実体化されているように見える。この用法は『エウテュプロン』三B五にも見られ、そこでは「合図」などの言葉が補われるものと解されるが、ここでは属格形が用いられており、その可能性は考えにくく例外的な用法であり、そのため、「ダイモーン的なものの（予言的な）声」という語句の削除がシュライエルマッハーらによって提案されてきた（バーネット）。しかしすべての写本がこの語句を保存しており、底本にしたがい直訳的に訳出した。なお、クセノポンによる「ダイモニオン」のほとんど名詞化された用法については、内山勝利訳『ソクラテス言行録』第一巻第一章註（5）参照。

(40) るときも神の合図は反対しなかったのであり、ここの法廷にやって来たときも、弁論のなかで私が何かをまさに言おうとするどんなときも、それは反対しなかったのです。とはいえ、他のいろいろな議論のなかでは、それは実際いたるところで、私が話すのを途中で差し止めたのです。ところが今、ここでの行為に関してはそれはどこにおいても、私の行動においても言葉においても、私に反対することはなかったのです。

それなら、何がこれの原因だと私は捉えているのでしょうか。それを私はあなたがたにお話ししましょう。
C つまり、私にふりかかった今回の出来事は善いものであったらしいのです、そしてわれわれが死ぬということを悪いことだと思っているかぎり、われわれのそのような捉え方はどうしても正しいとは言えないのです。私にはこのことの大きな証拠が生じたのです。というのも、例の合図が私に反対しなかったというのは、もし私がまさに何か善いことをしようとしていたのでなければ、どうしてもありえないことだからです。

三十二　死について

しかしまた、次のようにして考えてみようではありませんか、死が善いものであるという大きな希望があることを。まず、死ぬということは、二つのうちどちらかなのです。つまり、それは無のようなものであって、死者は何ごとについても一切感覚をもっていないか、それとも、言い伝えにあるように、それは実際ある種の変化であって、魂にとってこの場所から別の場所へと移り住むことなのか、このどちらかなのです。

そしてもしそれがまさに一切の感覚がない状態であって、人が眠っていながら夢一つさえ見ないときの眠
D りのようなものだとすれば、死とは、びっくりするほどの儲けものであることになるでしょう。なぜなら、私の思うに、もしだれかが夢さえ見ないほどぐっすりと眠った夜を選び出したうえで、自分の人生における他の夜と昼とを、その夜にならべて比べ、自分の生涯においてその夜以上によりよく、そしてより楽しく生きてきた昼と夜がどれだけあったかを見きわめて言わねばならないとすれば、思うに、普通の人は言うまで
E もなく、あのペルシア大王自身さえ[1]他のさまざまな昼夜と比べて、そうした昼と夜がごく数えられるほどしかないのを発見するでしょう。だから、死がこのようなものであるとすれば、儲けものだと私は言うのです。なぜなら、全時間は、まさにこうして、一夜よりもけっして長いようには見えないのですから[2]。

しかし他方、もし死というものがここから他の場所へと旅立つようなものであり、言い伝えにあるように、
41A 死者たちはすべてかの地に存在するということが真実だとすれば、これより大きな、いったいどんな善いことがあるでしょうか、裁判官諸君。なぜなら、人はハデスの国に行き着いて、ここにいる裁判官と称している者たちから解放されて、本物の裁判官たちを発見することにでもなれば、そしてまさにその裁判官たちが、

（1）大帝国を支配するペルシア大王は、世俗的な幸福の頂点にいる人と見られていた（『ゴルギアス』四七〇E、『エウテュデモス』二七四A参照）。

（2）その一夜は永遠に匹敵すると考えられているのだろう。

(41) たとえば、ミノスやラダマンテュス(1)、アイアコス(2)やトリプトレモス(3)、その他、半神たちのうちでも自分自身の生涯において正しかったかぎりの者たちが、かの地でまた裁判していると言われているのだとすれば、はたしてこの旅立ちはつまらないものでしょうか。

あるいは他方、オルペウスやムサイオス(4)、ヘシオドスやホメロスと親しくなれるなら、あなたがたのだれであれ、どれだけのものを差し出してそれを受け入れるでしょうか。というのも私は、こうしたことが真実なら何度死んでもいいと思っているのですから。現に、私自身にとっても、そこで過ごすことはすばらしい
B ものになるでしょうからね、パラメデス(5)とか、テラモンの子アイアス(6)とか、またほかのだれであれ昔の人たちのなかで不正な判決のために死んだ人と出会うときには、いつでも自分自身の苦難と彼らの苦難とを比べてみるのです——私の思うに、それはまんざら不愉快なことではないでしょう——、そしてとりわけ最大のことは、かの世の人たちをこの世の人たちと同じようにして吟味し、彼らのなかのだれが知恵があり、またまただれが知恵があると思ってはいるが、実際にはそうでないのかを調べながら過ごすことなのです。

(1)ミノスはクレタ島の伝説上の王であり、ゼウスとフェニキアの王女エウロペの子。ラダマンテュスはミノスの弟であり、ミノスを補佐し、クレタ人のために立法した。その正義ゆえに、ラダマンテュスは死後、ミノスとともに冥界の裁判官となり、死者たちを裁いたと伝えられる（ホメロス『オデュッセイア』第四歌五六一行以下、第十一歌五六八行以下、プラトン『ゴルギアス』五二三E―五二四A参照）。

(2)アイアコスはゼウスがアソポス河（ボイオティア地方の河）の娘アイギナと交わって生まれた子。最も敬虔な人として知られ、死後プルトン（ハデスの別名）のところでも尊敬され、冥府の鍵をあずかっており（伝アポロドロス『ギリシア神話』第三巻第十二章六）、ミノスやラダマンテュスとと

もに、冥界の裁判官と伝えられる(『ゴルギアス』五二三E―五二四A)。

(3)トリプトレモスはエレウシス(アテナイの西方)の王ケレオスとその妻メタネイラとの子と伝えられ(伝アポロドロス『ギリシア神話』第一巻第五章一)、乳母はデメテルと言われる(ヒュギヌス『ギリシア神話集』第一四七話)。『弁明』のここでのソクラテスの言及が、文献上、トリプトレモスが死者たちの裁判官と伝えられる唯一の箇所と見られる(バーネット)。

(4)オルペウスはホメロス(前八世紀頃)以前の伝説的吟誦詩人であり(アポロドロス『アルゴナウティカ』第一歌二三行以下)、歌と竪琴の名手。後には(前六世紀頃)、死後の賞罰や輪廻転生の教義をもつ「オルペウス教」の創始者と見なされるようになった。ムサイオスはオルペウスの子とも伝えられるが(ディオドロス『世界史』第四巻第二十五章一)、他方では、エウモルポス(エレウシスの秘儀の神官)の子であり、最初に神統記を著した人と言われたり(ディオゲネス・ラエルティオス『ギリシア哲学者列伝』第一巻三)、あるいはエウモルポスの父とも言われたりする(『スーダ』「エウモルポス」の項、またプラトン『国家』第二巻三六三C)。オルペウスとムサイオスはしばしば組み合わせて語られる(『プロタゴラス』三一六D、『国家』第二巻三六四E参照)。

(5)パラメデスはトロイア戦争におけるギリシア軍の知勇兼備の英雄。出兵を拒んで狂人のふりをしていたオデュッセウスの狂気を見破ったが、そのためオデュッセウスに憎まれ、彼の謀略によってギリシアの裏切り者として殺害された(伝アポロドロス『ギリシア神話』摘要第三章六―八)。アイスキュロス、ソポクレス、エウリピデスの三大悲劇作家すべてに『パラメデス』という作品があったことが知られている。またゴルギアスは『パラメデスの弁明』(断片一一a)を書いており、クセノポンは、ソクラテスが、「私に近い仕方で死んだパラメデスもまた私を慰めてくれます。なぜなら、今もなお彼は、彼を不正な仕方で殺したオデュッセウスよりもはるかに美しい讃歌の主題を提供してくれているからです」と語ったと伝えている(クセノポン『ソクラテスの弁明』二六)。

(6)テラモンはサラミス王であり、その子アイアスはトロイア戦争におけるギリシア軍の勇将。アキレウスの死後、その武具について判定がなされ、オデュッセウスはトロイア人と女神アテナの審判によってそれを得たが、アイアスはアテナによって狂わされ、狂気のうちに家畜を血祭りにあげ、それを恥じて自殺したと伝えられる(伝アポロドロス『ギリシア神話』摘要第五章六―七、ホメロス『オデュッセイア』第十歌五四一―五六二行、ソポクレス『アイアス』参照)。

(41) C　そして、裁判官諸君、トロイアへ大軍を率いていった者[1]やオデュッセウス[2]やシシュポス[3]、あるいはほかにも無数の男女の名をあげることができるしょうが、人はどれだけのものを差し出して、こういった人たちを吟味することを受け入れるでしょうか、あの世で、これらの人たちと対話し、親しく交わりながら吟味することは、はかりしれない幸福となるでしょう。少なくともこのことのために、あの世の人たちがだれかを死刑にするなどといったことは、おそらくけっしてないでしょう。なぜならほかの点でも、あの世の人たちはこの世の人たちよりも幸福なのですが、彼らはもはや後の時間もずっと不死なのですからね、もし本当に言い伝えが真実であるとすれば。

三十三　別れの言葉――善い希望

　しかしながら、裁判官諸君、あなたがたも死に対しては善い希望をもってもらわねばなりません、そして、
D 善き人には、生きているときも死んでからも、悪いことは一つもないのであって、その人のどんなことも神々に配慮されないことはないのだという、ただこの一点を真実のこととして心に留めておかねばなりません。
　私の今のこともひとりでにたまたま生じたのではなく、もう死んで、面倒から解放された方が私にとってはよかったのだという、このことは私には明らかなのです。このゆえにまた、どこにおいても例の合図は私を差し止めなかったのであって、私としても、私に有罪の投票をした人たちや告発した者たちに対して、ひどく憤りをおぼえているわけではないのです。とはいえ、こうした考えで彼らは私に有罪の投票をしたり、

E

告発したりしていたわけではなく、害を加えようと思ってそうしていたのです。この点で、彼らは当然咎められねばなりません。

けれども、これだけのことは彼らにお願いしておきたい。(4) すなわち、私の息子たちが成長したなら、諸君、私があなたがたを苦しめていたのとまさに同じことで息子たちを苦しめて、仕返しをしてほしい。もし彼らが徳よりも先に金銭や何かほかのものに気をつかっているようにあなたがたに思われるなら、またもし彼らが何ものでもないのに、自分をひとかどのものと思っているなら、私があなたがたにしていたのとちょうど同じようにして、彼らが気をつかうべきものに気をつかわず、自分が何の値打ちもないのに、ひとかどのものと思っていると言って、彼らを非難してほしい。そしてもしこうしたことをあなたがたがしてくれるなら、

(1) すなわち、ギリシア軍の総大将であるミュケナイ王アガメムノンのこと。

(2) 知謀の将オデュッセウスも吟味にふさわしい相手と考えられている（『ヒッピアス（小）』三六四C以下参照）。

(3) シシュポスはエピュレ（コリントス）の創建者であり、「他に並ぶ者のないほど狡知に長けた男」（ホメロス『イリアス』第六歌一五三）と言われる。彼はゼウスがアソポスの娘アイギナを奪ったのを、娘を探している父アソポスに教えたため、地獄で手と頭で岩を押し転がして坂の向こう側にまで運び上げる罰を受けた。巨大な岩は押しても押しても、頂上を越えんとするとき、重みが岩を押し戻し、無情の岩は平地へ転げ落ちる（ホメロス『オデュッセイア』第十一歌五九三―六〇〇行、伝アポロドロス『ギリシア神話』第一巻第九章三）。

(4)「彼ら」とは有罪投票をした人たち。しかし以下で述べられることは、すべての裁判員に向けて語られていると考えられる。

42A

私自身も息子たちも、正しいことをあなたがたから身に受けたことになるでしょう。

しかしもういいでしょう、立ち去るべき時刻ですからね。私はこれから死ぬために、あなたがたはこれから生きるために。しかしわれわれの行く手に待っているものは、どちらがより善いものなのか、だれにもわからないのです、神でなければ。

クリトン

朴 一 功 訳

登場人物

ソクラテス　　　クリトン

裁判でソクラテスの死刑が確定する。これを受けて刑が執行されるはずであるが（控訴や抗告の制度はなかった）、偶然、裁判の前日からアテナイでは、毎年行なわれているデロス島（エーゲ海南部の島）でのアポロン祭への祭使派遣行事が始まっていた。これが始まると、その期間中、国は清浄に保たれなければならず、公共の名において何びとも死刑に処してはならないというのが、アテナイの掟であった（『パイドン』五八A―C参照）。風が船足を妨げるような場合には、船がデロス島へ行ってアテナイに戻ってくるまでに長い時間かかってしまう場合がある。「裁判がとっくにすんでいるのに、あのかたが亡くなられたのは、明らかにずっと後になってから」と伝えられ（同書五七B）、「ソクラテスは判決の後、三〇日間生きなければならなかった」と報告されている（クセノポン『ソクラテス言行録』第四巻第八章二）。その間、パイドンをはじめソクラテスに親しい人たちは、毎日欠かさずソクラテスのもとに通う慣わしにしていたが、牢獄の門があけられる時刻は「そんなに早くはなかった」という（『パイドン』五九D）。本篇の場面は、ソクラテス裁判からおよそ一ヵ月後、いよいよデロス島から船が戻ってくる、ちょうどその時である。親友クリトンはいつもの時刻ではなく、夜も明けぬうちに一人で牢獄に駆けつけたのである。

43A

一　つらい知らせ

ソクラテス　どうしてこんな時分にやって来たのだ、クリトン？　それとも、もう早くはないのかね？

クリトン　いや、早いのは早いさ。

ソクラテス　どのくらいの時刻かね？

クリトン　ちょうど夜明け前だよ。

ソクラテス　驚いたね、どうして牢獄の看守[1]が君を通す気になったのだろう？

クリトン　ぼくとはもう馴染みになっているのさ、ソクラテス、たびたびここに通っているからね。その

（1）この「看守（ピュラクス）」（四三Ａ六）は単なる「門番（テュローロス）」（『パイドン』五九Ｅ四）ではなく、おそらく十一人の刑務官に仕える「下役の者（ヒュペーレテース）」（同書一一六Ｂ八）であろう（バーネット）。刑の執行を告げ、涙を流す彼は、ソクラテスから「なんて気品のある人間なのだろう」と言われている（同書一一六Ｄ五）。

(43) うえ、彼にはぼくからちょっとした心づけもしてあるのだよ[1]。

ソクラテス　それで君は、たった今やって来たのかね、それともさっきからかね。

クリトン　かなり前からさ。

B ソクラテス　それなら、どうしてぼくをすぐに起こしてくれなかったんだ、黙ってそばに座っていたりして？

クリトン　ゼウスに誓って、とんでもない！　ソクラテス、ぼく自身だったら、こんなに眠らずに、これほどの苦しみのなかにいたいなんて思わないだろう。それどころか、君がさっきから気持ちよさそうに眠っているのに気づいて、ぼくは驚いていたのだよ。そしてわざと君を起こさなかったのさ、できるだけ気持ちよく君に過ごしてもらおうと思ってね。

また、以前にもたびたびぼくは、君のことをその人生全体において幸せな性分の人だなと思ったのだが、今直面している不運のなかで、とりわけ強くそう思ったね、この不運をいともたやすく、おだやかに君は耐えているのだからね。

ソクラテス　それはね、クリトン、こんな年になって、もう死ななければならないからといって、嘆いたりするのは調子はずれだろうからね。

C クリトン　ほかにも、ソクラテス、そのくらいの年齢でこういった不運にとらえられる人たちがいるけれども、そうした年齢のおかげで、その人たちが目前の運命を嘆かなくなるなどといったことは少しもないよ。

ソクラテス　それはその通りだ。しかし、いったいどうしてこんなに早く君はやって来たのかね？

クリトン　知らせをもってきたのさ、ソクラテス、つらい知らせをね。ぼくの見るところ、君にとってはそうではないかもしれないが、ぼくだけでなく、君の親しい友人たちにとっても、つらくて重苦しい知らせなのだ。思うにそれは、ぼくにとっては何よりも耐えがたい、重苦しいきわみの知らせなのだ。

ソクラテス　何の知らせかね、それは？　ひょっとして、例の船がデロス島から帰ってきたのかね、それが到着すれば、ぼくは死ななければならないという、あの船が？

D

クリトン　いや、実際にはまだ着いていないのだが、スニオンで船を降りて、[2]そこからやって来た人たちの伝える話からすれば、今日その船はやって来るだろうとぼくは思うのだ。だからその伝令たちの報告から判断すると、船が今日やって来るのは明らかであって、したがって、必然的に明日が、ソクラテス、君の生涯における最後の日となるだろう。

（1）「心づけもしてある」の原語の動詞は、「エウエルゲテイン（よくする、親切にする）」。この語はクリトンの親切な人柄を示すものとも解されるが（バーネット）、むしろ金銭を使おうとする彼の傾向（四四B―C参照）を示唆するかもしれない（エムリン・ジョーンズ）。もっとも、「看守」が『パイドン』で描かれる「気品のある」下役の者であるなら（一三九頁註（1））、「賄賂」のたぐいは考えにくいであろう。

（2）スニオンはアッティカ地方最南端にある岬（アテナイから南東約七〇キロメートルに位置する）。ホメロスでは、「アテナイの岬、聖なるスニオン」と歌われている（『オデュッセイア』第三歌二七八行）。おそらく逆風のため（『パイドン』五八B参照）、祭使を乗せた船はスニオンの入り江に一時停泊を余儀なくされ、事情を伝える者たちがそこで船を降りて、先に陸路でアテナイに向かったのであろう。船はそのあと、アテナイの外港ペイライエウス（現ピレウス）に向かうことになる。

二　ソクラテスの夢

ソクラテス　いや、それならクリトン、善きめぐりあわせでありますように。もしそれが神々の御心にかなうのであれば、そうなってほしいものだ。けれども、その船は今日はやって来ないだろうとぼくは思うのだがね。

44A クリトン　どこから君はそんな推測をするのかね？

ソクラテス　君に話してあげよう。つまりね、ぼくの死刑が執行される日というのは、その船がいつやって来ようと、その翌日であるはずだ。

クリトン　うん、たしかにその筋の者たちはそう言っている。

ソクラテス　それなら、その船がやって来るのは今日ではなくて、明日になるだろうとぼくは思う。また、ぼくがこう推測するのは、少し前に、まだ夜のうちにぼくが見たある夢によるのだ。そして君は、何かちょうどいい時にぼくを起こさなかったようだね。

クリトン　いったいまた、その夢とは何だったのかね？

B ソクラテス　こんなふうに見えたのさ、ある女性がぼくに近づいてきたのだ、美しくて、みめ麗しい女性だったが、白衣をまとっていて、ぼくを呼び、こう言ったのだ。

「ソクラテスよ、

「三日目にあなたは、実り豊かなプティエの地に着くでしょう(1)」とね。

クリトン　何とも奇妙な夢だねえ、ソクラテス！

ソクラテス　いや、明白な夢だと、ぼくには思われるのだがね、クリトン。

---

(1)トロイア戦争で戦列を離れたアキレウスが故国プティエ（ギリシア北部テッタリア地方南端の地域）に帰る意向を表明した際に、よい航海にめぐまれれば、「三日目に私は、実り豊かなプティエの地に着くだろう」と語っており（ホメロス『イリアス』第九歌三六三行）、ソクラテスの夢はその言葉を受けたものと見られる。「プティエ」はここでは、ソクラテスの帰る故郷（あの世）を暗示していると考えられるが、さらに彼は、「プティエ（プティーエー、φθίη）」という地名を、ギリシア語の「プティオー（φθίω、私は滅びる）」や「プティシス（φθίσις、滅び）」と結びつけている可能性もあるかもしれない（アダム）。なお『パイドン』（五九D―E）では、船がアテナイに帰って来た話が伝えられ、その翌日早くにパイドンたちは集まったと言われているが、ここでのクリトンの行動についてはまったく言及がない。このことからすると、船が実際に帰って来たのはクリトンのこの夜明け前の訪問の翌日であり、ソクラテスの推測は正しかったように見える。

(44)
三　世間の思わく

クリトン　あまりにも明白なようだね[1]。しかしどうか、ダイモーンのようなソクラテス[2]、今からでもぼく
にしたがって、生きのびてくれたまえ。というのも、君に死なれたら、それはぼくにとってはただ一つの災
難にとどまらないからであって、ぼくが二度と見つけられないような、かけがえのない親しい友人が奪われ
てしまうばかりか、さらには、ぼくのことも君のこともはっきりとは知らない多くの人たちに、ぼくが金銭
C を費やそうとしたなら君を救うことができたのに、ぼくにはその関心がなかったのだと思われるだろうか
らだ[3]。とはいえ、これ以上に恥ずかしい、つまり、友よりもお金の方を大事にしていると思われること以上
に恥ずかしい評判が何かあるだろうか。実際、世の多くの人たちはわれわれが熱心に望んだにもかかわらず、
君自身がここから出て行こうとする気がなかったのだと言っても、信じてくれないだろうからね。

ソクラテス　しかし、なぜぼくたちは、幸せなクリトンよ、世の多くの人たちの思わくをそれほど気にし
なくてはならないのかね。というのも、むしろ気にかけるべきは最も公正な、品位ある人たちの方であって、
この人たちこそ事態がどうなされようと、ちょうどなされた通り、ありのままに考えてくれるだろうからね。

D クリトン　ところが君もまさにご覧の通り、ソクラテス、世間の多数者の思わくも気にしなければならな
いのだ。現に今ある状況そのものを見ても明らかではないか、大衆というのは、悪いもののなかでも最小の
ものをつくり出すのではなくて、もし人が彼らのあいだでいったん中傷を受けてしまったなら、ほとんど最
大とも言える害悪をいろいろとつくり出すことができるのだ。

ソクラテス　実際、クリトンよ、大衆が最大の害悪をつくることができればねえ！　それなら、彼らは最大の善きものもいろいろとつくることができるだろうし、そうであれば、結構なことだろうよ。しかし実際には、どちらもできないのだ。つまり、彼らは人を思慮ある者にも、思慮なき者にもすることができないのであって、ただ気まぐれに行き当たりばったりのことをするだけなのだ。

---

(1) クリトンは「プティエ」を文字通りに解し、ソクラテスの夢がテッタリア地方への脱獄の成功を示唆するものと受け取ったのかもしれない。

(2)「ダイモーンのようなソクラテス（ダイモニエ・ソークラテス）」の「ダイモニエ」とは、「人間並み以上の」を意味する形容語。しばしば「驚いた」「何たる」などの咎めの意味合いをもつが（『国家』第一巻三四四D、ホメロス『イリアス』第二歌二〇〇行など）、ここでは夢占いをするソクラテスの風変わりを形容したものとも考えられる。いずれにせよ、ソクラテスに対するクリトンの親愛の情がこもった忠言ないし懇願を示す表現であろう。すなわち、「後生だからソクラテス」。

(3) クリトンは裕福な農民であり（『エウテュデモス』二九一E、三〇四C）、彼が金銭を惜しんだなら、ソクラテスの救命に関心がなかったと思われるかもしれない。ソクラテスの刑はすでに確定しており、ここでの金銭は脱獄に必要な出費であって（四五A―B参照）、保釈金や罰金のたぐいではない。ただし、死刑が確定すれば牢獄での拘禁は必要ないが（『ソクラテスの弁明』（以下、『弁明』）三七C参照）、ソクラテスの場合、祭使派遣行事のため刑の執行まで三十日ほどの猶予期間があったので、その期間における「保釈」は考えられる。クリトンはその場合の「保釈保証人」をすでに申し出ていたと推測され（『パイドン』一一五D参照）、ソクラテスはそれを拒んで牢獄での拘禁を選んだものと見られる（バーネット、p. 252）。

四　脱獄の提案

クリトン　それはまあ、そうだとしておこう。しかし次のことは、ソクラテス、ぼくに言ってくれたまえ。
E まさか君は、ぼくのことやほかの親しい友人たちのことを心配しているのではあるまいね、つまり、もし君
がここから逃げ出すなら、密告屋[1]たちがぼくたちに対して、君をここからこっそり連れ出したというので、
いろいろと面倒なことを持ち出しはしまいかとね。そしてぼくたちが、全財産とか多額の金銭とかを投げ出
す羽目になったり、あるいはまたこうしたことに加えて、ぼくたちが何かほかの被害をこうむったりせざる
をえないのではないかとね。

　事実、もし君が何かそのようなことを恐れているなら、そんなことは放っておいてくれたまえ。君を救い
45A 出すためなら、ぼくたちがこんな危険を冒すのは当然であるはずだし、必要ならば、さらにもっと大きな危
険を冒してもかまわないはずだ。さあどうか、ぼくにしたがってくれたまえ、そして言うとおりにしてくれ
たまえ。

ソクラテス　そういったことも心配しているのだが、クリトン、ほかにもいろいろと心配の種は多いんだよ。

クリトン　だったら、ぼくの言ったことなど恐れないでくれたまえ——また多額のお金を出さなくても、
君を救って、ここから連れ出そうとしてくれる人たちはいるのだからね。そのうえ、あの例の密告屋たちが
どんなに安上がりか、君は見ていないのかね、あの連中に関してなら大したお金はまったく必要ないだろう。
B 他方、君のためにはぼくのお金が準備されていて、ぼくの見るところ、十分な額だ。それからまた、もし

君がぼくのことで何か気にかかって、ぼくのものは使ってはいけないと思うのなら、この地に来ているあの他国の客人たちがお金を用立てるつもりでいるのだ。その一人は、まさにこのことのために十分なお金を用意してもいる、ほかでもない、テーバイのシミアスだよ。[2] また、ケベスも、ほかのずいぶん多くの者たちもそのつもりでいる。[3]

　だからね、ぼくが言っているように、こうしたことを恐れて、君は自分自身を救うことをためらってはいけないし、また、君が法廷で述べていたようなこと、[4] つまり、君がここから出て行っても、自分のことをど

---

(1)「密告屋（シューコパンテース）」の語源は「いちじく（シューコ）を明るみにもたらす者（パンテース）」。原意は「いちじく告知者」。これが一般に「告知者」、さらには「密告者」「訴訟屋」を意味するようになったのは、いちじくを国外に持ち出そうとした者を暴く者に由来すると言われてもいるが（プルタルコス『詮索好きについて』（『モラリア』）五二三B）、確かなことはわからない。ソロンの時代（前六世紀初頭）より、アテナイは被害者ばかりでなく、第三者も告訴できる制度（民衆訴追主義）になっており（アリストテレス『アテナイ人の国制』第九章一）、この制度を悪用して、訴訟取り下げと引き換えに相手から金銭を脅し取ったり、あるいは第三者から依頼を受けて相手を告発し報酬を得たりする者が「シューコパンテース」と呼ばれる（同書第三十五章橋場訳註六、橋場訳では「濫訴者」）。三十人政権が当初「シューコパンテース」の取り締まりなどによって市民から支持を集めていたと言われており、このような者は当時かなりいたと推測される（同書第三十五章三）。

(2)テーバイ（テーベ）のシミアスは次にあげられるケベスとともにソクラテスの親しい仲間（クセノポン『ソクラテス言行録』第一巻第二章四八）。二人は『パイドン』で、ソクラテスの主要対話者を務めている。

(3)「ほかのずいぶん多くの者たち」とは、メガラのエウクレイデスたちのことを指すのであろう（『パイドン』五九C参照）。

(4)『弁明』三七C—D参照。

(45) C う扱えばよいかわからなくなるだろうといったことも、君の悩みの種になってはいけないのだ。なぜなら、君はどこに行こうと、君を歓迎してくれるようなところが、ほかにもたくさんあるのだから。そしてもし君がテッタリアに行く気があるなら、(1)あそこにはぼくの客人筋の者たちがいるので、彼らが君を大事にして君の身の安全をはかってくれるだろうし、その結果、テッタリアの人たちはだれも君を苦しめることはないだろう。

五　自分を見捨て、子どもを見捨てている

さらにまた、ソクラテス、ぼくには君のやろうとしていることは正しいとも思われないのだ。君は助かることができるのに、自分自身を見捨てようとしている。そればかりか、君の敵たちが君を破滅させようと望んでまさに懸命になりそうなことを、しかも彼らは実際に懸命になったのだが、そんなことを自分の身に実現しようと君が懸命になっているありさまなのだ。

またこうしたことに加えて、君は君自身の息子さんたちも(2)見捨てようとしているようにぼくには思えるの
D であって、その子たちを君は育て上げ、教育してゆくことができるのに、置き去りにしたうえで立ち去ろう
としているのだ、そして君の言い分では、あの子たちが行き当たりばったりに何をしようとかまわないとい
うことになろう。だが、あの子たちは、孤児の境遇のなかで孤児たちにまさによく起こるような、そ
ういった目におそらく遭うことだろう。そもそも、人は子どもをつくるべきでないか、そうでなければ、一

緒にいながら子どもを養育し、教育する苦労をどこまでも背負っていくべきなのだ。ところが、君はいちばん安易な道を選ぼうとしているようにぼくには思える。

しかし、選ぶべきは、すぐれた勇気ある人の選ぶような道であって、ともかく全生涯を通じて徳を心がけることを主張しているような者なら、なおさらそうなのだ。というのは、ぼくとしては、君のためにも、君の親しい友人であるわれわれのためにも、恥ずかしく思うからであって、つまり、君をめぐる今回の事件全体が、われわれの側のある種の勇気のなさによってもたらされたのだと思われはしないか、訴訟が法廷にもちこまれることにしても、もちこまれずにすんだものをもちこまれたということや[3]、訴訟についての裁判そ

E

(1)テッタリアはギリシア北部の地方。ディオゲネス・ラエルティオスによれば、ソクラテスはマケドニア王アルケラオス(一世)や、クラノン(テッタリア中部の町)のスコパス、ラリサ(クラノンの北東に位置する町)のエウリュロコスといった人たちからの援助や、彼らのところへ赴くのを断ったと伝えられている(『ギリシア哲学者列伝』第二巻二五、およびアリストテレス『弁論術』第二巻第二十三章一三九八a二四)。

(2)ソクラテスには三人の子どもたちがいた(『弁明』三四D参照)。

(3)『弁明』二九C参照。もしソクラテスが国外退去していたなら、アニュトスらはソクラテスを告発しなかったと考えられる。しかし実際にはソクラテスは哲学活動をやめなかったので、そのことがアニュトスらにソクラテスの告発へと踏み切らせたのであろう。

のものもあんなふうになったということ、[1] そしてあげくのはてがこれで、[2] まるで一連の行為をあざ笑うかのような結末であり、要するに、われわれの側のある種の劣悪さや勇気のなさによってわれわれは機会を取り
46A 逃がしてしまったように思われはしないか、なぜなら、もしわれわれに少しでもましなところがあったなら、実行できていたし可能でもあったのに、われわれは君を救い出さず、君も自分自身を救い出さなかったというわけだからね。

だから、ソクラテス、気をつけてくれたまえ、こうしたことは君にとっても、ぼくたちにとっても、悪いことであると同時に、醜いことでもあるのではないか。さあ、じっくり考えてくれたまえ――いや、もはやのんびり考えている時などではない、すでに考えを決めてしまっている時なのだ――そして策は一つしかない。実際、今夜のうちにこうしたことは何もかもやり終えなければならないのだ。が、もしぼくたちがまだぐずぐずしているようなら、不可能であって、もはやできなくなるのだ。

さあ、お願いだ、何がどうあろうと、ぜひソクラテス、ぼくにしたがってくれたまえ、そしてけっしていやだとは言わないでくれたまえ。

六　行動の原則

B ソクラテス　おお、愛するクリトンよ！　君の熱意は大いに価値がある、もし何らかの正しさを伴っているとすればね。しかしもしそうでなければ、その熱意は大きければ大きいほど、それだけいっそうやっかい

なものとなるだろう。そこで、よく考えてみるべきだ、ぼくたちはそうしたことをなすべきかどうかをね。というのも、ぼくという人間は、今にはじまったことではなく、いつもそうなのだが、筋道を立てて考えていき、最善だと自分に明らかになるような原則[3]でなければ、自分のなかの他のいかなるものにもしたがわないような、そうした人間なのだ。

だから、ぼくは自分が以前に語っていたもろもろの原則を、ぼくがこの運命になったからといって、今、投げ捨てるようなことはできないのだ、むしろそれらの原則はぼくにはこれまでとほとんど同じようなものに見えるのであって、まさに以前と同じそうした原則を何よりも大切にし、尊重しているのだ。もしこれら以上に善いものを、今この場においてぼくたちが言うことができなければ、いいかね、ぼくは君にけっして譲歩しないだろうし、たとえ多数者の力が、現に今やっている以上のやり方で、拘禁とか、死刑とか、財産の没収とかを突きつけて、まるで子どもたちをお化けでこわがらせるようにしてわれわれを脅すとしても、ぼくは譲歩しないだろう。

C

それなら、この問題をぼくたちはどのように考えてみれば、いちばん妥当な考え方になるだろうか。まず

(1) 裁判でソクラテスがとりわけ量刑の対案を提示するにあたって、裁判員たちの心証を害するような発言(たとえば、罰として「迎賓館での食事」を申し出たりしたこと)によって不利な判決に至ってしまったことを指しているのであろう。

(2) ソクラテスの場合、判決後、刑の執行までに三〇日ほどの余裕があったが、その間ずっと脱獄せずに、拘禁され続けていたことを念頭においた発言であろう。

(3)「原則」の原語は「ロゴス(言葉、道理)」。ここでの「ロゴス」はソクラテスの行動が則るべき原理を意味するので、「原則」と訳された。

最初に、人々の思わくについて君が言っているあの原則を取り上げてみたらどうだろう。つまり、いろいろ
D な思わくがあるなかで、そのあるものには注意を払わなければならないが、他のものにはそうする必要はないと言われていたが、[1]これはいつの場合でも適切なのだろうか、それともそうではないのだろうか。あるいは、ぼくが死なねばならない事態になる以前は適切に言われていたけれども、今となっては、その原則はただ議論のためにむなしく語られていただけであって、本当のところは言葉遊びであり、たわごとにすぎなかったということが、結局、明白になったということだろうか。

ぼくとしてはしかし、クリトン、君と一緒に協力してよく調べてみたいのだ、ぼくが現にこのような状況になっている以上、その原則はぼくには以前とは何かちがった、よそよそしいものに見えるのだろうか、それとも同じものに見えるのだろうか。また、ぼくたちはそれに別れを告げるべきだろうか、それともしたがうべきだろうか。

E いや、ぼくの思うに、一理あることを語っていると思われる人たちによって、ちょうど今しがたぼくが言っていたように、いつでも何かこんなふうに言われていたものだ。人間たちの思いなす思わくのうち、あるものは尊重しなければならないが、他のものはそうではないのだと。これは神々に誓って、クリトンよ、君には適切に語られていると思えないかね。というのは、君は、人間の知りうるかぎりでは、まさに明日死
47A ぬかもしれないといったことの圏外にいるのだから、[2]目前の非運が君の判断をかき乱すようなこともないだろうからね。

さあ、考えてくれたまえ。君にはこの点は申し分なく語られていると思われるだろうか、つまり、人間の

思わくというものは、そのすべてを尊重すべきではなくて、あるものは尊重すべきだが、他のものはそうではない、また、すべての人たちの思わくを尊重すべきではなくて、ある人たちの思わくは尊重すべきだが、他の人たちのものはそうではない、ということなのだ。君はどう主張するだろうか。こうした点は、適切に語られているのではないかね。

クリトン　適切だね。

ソクラテス　すると尊重すべきは有用な思わくであって、劣悪なものではないのだね。

クリトン　そうだ。

ソクラテス　また、思慮ある人たちの思わくは有用だが、思慮のない人たちの思わくは劣悪ではないかね。

クリトン　もちろんそうだ。

（1）「言われていた」という表現は、ソクラテスとクリトンとの過去の議論を指しており、以下ではソクラテスはしばしばこういった表現でクリトンに過去の議論を思い出させ（次章冒頭四七A一二―B三など）、その内容を確認してゆく。

（2）ソクラテスは自分の死を明後日と予想していたが（四四A―B）、クリトンはソクラテスが明日死ぬだろうと思っているので、それに合わせて「明日死ぬかもしれない」と言われたのであろう。

(47)
七　多数者の思わくと精通している人の思わく

ソクラテス　さあ、それでは次のようなことは、今度は、どう言われていただろうか。体育の訓練をして
B いて、これを実践している人は、あらゆる人の賞讃や非難、思わくに注意を払うだろうか、それともただひとりの、実際に医者や体育教師であるような人のものだけに注意を払うだろうか。

クリトン　ただひとりのものだけにだろう。

ソクラテス　すると彼は、そのただひとりの人の非難を恐れ、また賞讃を歓迎すべきであって、多くの人たちのものについてはそうすべきではないということになる。

クリトン　明らかにそうだ。

ソクラテス　だとすればそのような仕方で、つまり、他のあらゆる人が思うようなやり方よりもむしろ、監督者であり、精通しているただひとりの人に思われているような仕方で、彼は実践し、訓練し、食べたり飲んだりすべきなのだ。

クリトン　その通りだね。

C ソクラテス　いいだろう。だが、ただひとりの人にしたがわず、その人の思わくや賞讃も尊重せずに、多数の、何もわかっていない人たちの思わくや賞讃を尊重したとすれば、はたして彼は何の害悪も受けないだろうか。

クリトン　そんなことはない、もちろん受けるさ。

ソクラテス　しかしその害悪とは何だろうか、それはどこに影響し、したがわない者のなかの何におよぶのかね。

クリトン　明らかに、身体におよぶ。というのも、この身体をその害悪は滅ぼすのだからね。

ソクラテス　そう、適切な答えだ。するとこれ以外のことも、クリトン、いちいちすべて取り上げはしないが、この通りではないかね、とりわけ、今ぼくたちが考えをめぐらしている正しいことや不正なこと、醜
D いことや美しいこと、善いことや悪いことについてはそうではないか。つまり、ぼくたちは多数者の思わくにしたがい、それを恐れなければならないのだろうか、それとも、もしだれか精通している人がいるとすれば、そのただひとりの人の思わくにしたがうべきなのだろうか、他のすべての人たちよりもむしろ、その人の前に恥じ入り、その人をこそ恐れなければならないのではないか。もしその人にしたがわないようなら、われわれはかのものを破壊し、損なうことになるだろう、この場合、かのものとは、正しいことによってより善くなり、不正なことによって滅びるものであったのだが[1]。それとも、そんなものは何もないのかね。

---

(1)「であったのだが」という過去形の表現は、「かのものとは、……」の一文の内容がクリトンにはすでによく知られていることを示すもの。ここで「かのもの（ἐκεῖνο）」と指示代名詞で言われているものは、身体と対比された「魂（プシューケー）」を指すと考えられる（『弁明』二九E参照）。それが明言されずに「かのもの」という表現が使われたのは、魂についてのソクラテスの見方が新しいものであったから、と考えられるかもしれないが（バーネット）、ここではむしろ人間の内部に正・不正の重大な影響を受ける何ものかがある、ということを暗示するためであろう。

クリトン　ぼくとしてはあると思う、ソクラテス。

八　最も大切にすべきは、よく生きること

ソクラテス　さあそれなら、健康的なものによってより善くなり、病的なものによって破壊されるような
ものを、われわれがその方面に精通している人たちの思わくにしたがわずに滅ぼしてしまうとすれば、はた
E してそのものが破壊されても、われわれに生きがいはあるのだろうか。また、そのものとは身体のことであ
るはずだ。そうではないかね？

クリトン　そうだ。

ソクラテス　すると、悪くて破壊された身体をもちながら、はたしてわれわれに生きがいはあるのだろうか。

クリトン　けっしてないだろう。

ソクラテス　しかしそれなら、不正なことが損ない、正しいことが益するかのものが破壊されてしまった
場合、われわれに生きがいはあるのだろうか。それとも、われわれは正義と不正がかかわっているかのもの
48A を、それがそもそもわれわれのなかの何であろうと、身体よりもつまらないものと考えるだろうか。

クリトン　けっしてそんなことはない。

ソクラテス　それどころか、身体より貴重なものではないかね。

クリトン　はるかに貴重だ。

ソクラテス　だとすれば、この上もなくすぐれた君よ、多くの人々がわれわれのことを何と言うだろうかなどというのは、それほど大して気にかけるべきではなく、むしろ正しいこと、不正なことについて精通している人、そのただひとりの人が何と言うか、また真理そのものが何と言うか、そのことこそ気にかけるべきなのだ。

したがって、まず第一に、君がさっきのように話を持ち出すのは正当ではないだろうね、つまり、正しいこと、美しいこと、善いことやそれらと反対のことについて、われわれは多数者の思わくを気にかけるべきだなどと持ち出すのはね。(1)「しかしそれでも」と、だれかが言うかもしれない、「多数者はわれわれを殺すことだってできるんだぜ」と。

B

クリトン　うん、それもたしかに明らかだ。実際、だれかそんなふうに言う者がいるだろう、ソクラテス。

ソクラテス　君の言うとおりだ。しかしね、なんと君！　ぼくたちがこれまで述べてきたあの原則(2)は、依然として前と変わらず、同じままであるようにぼくには思えるのだ。さらに今度は、次のことも依然として

(1)四四D参照。

(2)「あの原則」とは、四六C―Dで切り出され、四七Aで確認されたもの。すなわち、「すべての人たちの思わくを尊重すべきではなくて、ある人たちの思わくは尊重すべきだが、他の人たちのものはそうではない」(四七A)という原則を指す。

(48) われわれにとって動かないかどうか見てくれたまえ、つまりそれは、最も大切にすべきは、ただ生きること
ではなくて、よく生きることである、[1]ということだ。

クリトン　いや、そのことは動かないよ。

ソクラテス　また、その「よく」というのは、「美しく」とか「正しく」と同じであるということも動かないだろうか、それとも動くだろうか。

クリトン　動かないよ。

九　脱獄は正しいか

ソクラテス　それなら、これらの同意された事柄に基づいて、次のことを考察すべきではないかね。それ
は、アテナイ人たちが許していないのに、ぼくがここから出て行こうとするのは正しいのか、それとも正し
くないのか、という問題だ。そしてもしその行動が正しいということが明らかになれば、ぼくたちはそれを
c してみようではないか、だがそうでなければ、やめておこうではないか。

けれども君の言っている金銭の出費のことや世間の評判のこと、それから子どもの養育とかに関する考察などは、本当のところ、クリトンよ、何らの分別もなく簡単に人を殺し、またできるものなら、生き返らせようとするような人たち、そう、あの多数者の考えることなのかもしれないね。

しかし、われわれにとっては、道理がこのように命じているのだから、まさに今しがたわれわれが語って

いたことのほかに考察すべきことは何もないのではないか、つまり、ぼくをここから連れ出してくれる人た
D ちにぼくたちが金銭を支払ったり、感謝を捧げたりするとき、あるいはまたぼくたち自身が互いに連れ出したり、連れ出されたりするとき、そもそも正しいことをしているのだろうか、それとも真実には、すべてそういったことをする場合、ぼくたちは不正を犯しているのだろうか、この点をこそ考察すべきなのだ。

　そして、もしぼくたちがこうしたふるまいをするのは不正だと明らかになれば、その場合ここに留まっておとなしくしていれば死んでしまうに違いないとか、ほかにもいろいろと災難をこうむるのではないかとか、そういった懸念を、不正を犯すかどうかよりも先に、計算に入れてはいけないのではないか。

クリトン　君は適切に語っているようにぼくには思われる、ソクラテス。しかし見てくれたまえ、ぼくたちはどうすればいいのだろう？

ソクラテス　一緒によく考えてみようではないか、善き友よ、そしてもしぼくが語る場合にどこか君に反論できるところがあれば、反論したまえ、そうすれば、ぼくは君にしたがうことにしよう。しかしもしそうでなければ、幸せな君よ、何度も同じ言葉を口にして、アテナイ人たちの意に反してでもぼくはここから出
E て行くべきだなどと言うのは、もうやめにしてほしいのだよ。ぼくが大切にしているのは、君を説得したうえでそうした行動をとることであって、君の意に反してそうすることではないのだからね。

　さてそこで、見てくれたまえ、考察の出発点は君にとって申し分なく語られているかどうかを、そして問

（1）ソクラテスの最も有名な主張の一つ。

49A われていることに対しては、君に最良と思われるような仕方で答えるよう努めてくれたまえ。
　クリトン　よし、そうしてみよう。

十　いかなる場合も不正を行なってはならない

ソクラテス　いかなる場合も故意に不正をなすべきではない、とわれわれは主張するだろうか、それともある場合には不正をなすべきであって、他の場合にはなすべきではないのだろうか。
　あるいは、以前の時にもわれわれのあいだで何度も同意されたように、ともかく不正を行なうというのは善いことでも美しいことでもないのだろうか。それとも、われわれのあいだで以前なされたあのような同意はすべて、ここ数日のうちにすっかりご破算になってしまい、かつては、クリトンよ、こんな年の人間が互いに真剣になって対話していたのに、結局、ぼくたち自身は子どもと何ら変わらなかったということに気づ
B かなかっただけなのだろうか。
　それとも、事情は何にもまして、あの時われわれによって言われていたとおりなのだろうか。つまり、世の多数が賛成しようがしまいが、またわれわれが今よりもさらにひどい仕打ちを受けようが、よりおだやかな仕打ちを受けようが、そんなことにかかわらず、ともかく不正を行なうというのは、不正を行なう者にとって、あらゆる点で、まさに害悪であり、醜いのだろうか[1]。われわれはそう主張すべきだろうか、それともどうだろうか。

クリトン　そう主張すべきだよ。
ソクラテス　とすれば、いかなる場合も不正を行なってはならないことになる。
クリトン　もちろん行なってはならない。
ソクラテス　すると、たとえ不正をこうむっても、ともかくいかなる場合も不正を行なってはならない以上、多くの人々が考えるように、仕返しに不正をするといったこともしてはならないことになる。
クリトン　明らかに、してはならない。
C
ソクラテス　ところで、どうだろう。人に害悪を加えるべきだろうか、クリトン、それともそうしてはならないのだろうか。
クリトン　もちろん加えてはならない、ソクラテス。
ソクラテス　では、どうだろう。人が害悪を身に受けた場合に、多くの人々が主張するように、仕返しに害悪を加えるというのは、正しいことだろうか、それとも正しくないだろうか。
クリトン　けっして正しくない。
ソクラテス　それはつまり、人々に害悪をはたらくというのは、不正を行なうことと少しも変わらないはずだからだ。

(1)ここでの害悪と醜さは「不正を行なう者にとって」であって、不正を受ける者にとってではない。ソクラテスの逆説的な視点が示されている重要な発言。

(49) クリトン　君の言うのは本当だ。

ソクラテス　だとすれば、世のだれに対してであろうと、仕返しに不正を加えたり、害悪をはたらいたりすることは、たとえ彼らからどんな目に遭わされようとも、けっしてしてはならないことになる。

そしてここで気をつけてくれたまえ、クリトン、こういったことに同意を与えていくうちに、君の思って
D いることに反して、心にもない同意を与えることのないようにね。[1] というのも、ぼくの知るところ、このように思っているのは少数の人たちであり、また今後もそう思うのは少数の人たちなのだから。そこで、そう思っている人たちと、そう思っていない人たちがいる場合、彼らの間に共通の考えというものはなく、必然的に彼らは自分たちの考え出した互いの結論を見ながら、互いに軽蔑しあうのだ。

だからこそ、君もここでしっかりとよく考えてみてくれたまえ、君はぼくと考えを共有し、君にも同じように思われるかどうか、そしてぼくたちは次の前提から出発して考えを進められるかどうかをね。つまり、不正を行なうことも、仕返しに不正をすることも、また害悪を身に受けた場合、仕返しに害悪を加えて自衛することも、どれもみなけっして正しくはないという前提なのだが、ここから出発しようか、それとも君の立場はちがっていて、この出発点を君は共有しないのだろうか。

E というのは、ぼくにとってはずっと以前からこのように思われていたし、今もなおそう思っているからなのだが、君にとってはしかし、もう何か違ったように思われているのなら、その点を言ってくれたまえ、そして教えてくれたまえ。他方、もし君が以前と同じ考えのままなら、その次を聞いてくれたまえ。

クリトン　いや、ぼくは同じ考えのままだし、ぼくにもそのように思われる。さあ、次を言ってくれたま

え。

ソクラテス　それではあらためて、その次を話すことにしよう、いや、むしろたずねることにしよう。人がだれかに同意を与えた場合、その事柄が正しいものであるなら、それをなすべきだろうか、それとも背いてよいだろうか。

クリトン　それをなすべきだ。

十一　国家と国法を説得すること

50A

ソクラテス　では、以上のことからよく見てくれたまえ。われわれが国家を説得せずにここから出て行くとしたら、われわれはある者たちに害悪をはたらいているだろうか、しかも最もそうしてはならない者たちにね、それともそうではないのだろうか。またわれわれは、正しいと自分たちが同意を与えた事柄を守っているだろうか、それともそうではないのだろうか。

クリトン　ぼくには答えられないよ、ソクラテス、君のたずねていることには。なぜって、思い浮かばないのだから。

(1) この注意はソクラテスの対話法における基本要件と見られるもの。「心にもない同意」を与えたなら、対話は成立しないからである。ここでは、同意の困難が予想されている。

(50) ソクラテス　それなら、こう考えてみてくれたまえ。もしぼくたちがここからまさに脱走、と言って悪け
れば、どう呼んでもかまわないが、ともかくそうしようとしているところに、国法と国家共同体がやって来
て立ちはだかり、こうたずねたとしたらどうだろう。「どうか言っておくれ、ソクラテス、おまえは何をす
るつもりなのかね？　ほかでもない、おまえがやろうとしているその行動によって、おまえは私たち国法と
国家の全体を、おまえにやれるかぎり滅ぼそうともくろんでいるのではないか。それとも、おまえは、国家
B においていったん成立した判決がまったく効力をもたずに、個人によって無効にされ、破壊されても、なお
その国家は存立し、転覆を免れることができるとでも思っているのかね」。

何と言ったものだろうか、クリトン、こういったことや、ほかにもいろいろとこのようなことをたずねら
れたとしたら？　実際、人は国法のために多くのことを言うことができるだろうね、とりわけ弁論家なら言
うだろうね、なにしろ、いったん下された判決は有効でなければならぬ、と命じるその国法が滅ぼされよう
C としているわけだからね。それともぼくたちはその国法に向かってこう言うべきだろうか、「いやそれは、
国家が私たちに不正を行なっていたのであって、正当に判決を下さなかったからなのです」と。これがぼく
たちの言うべきことだろうか、それとも何と言おうか。

クリトン　ゼウスに誓って、それがぼくたちの言うべきことだよ。

十二　祖国は聖なるもの

ソクラテス　それでは、国法がこう言ったとしたらどうだろう。「ソクラテスよ、はたして、そういったことも私たちとおまえとの間で同意されていたのだろうか、それとも国家が下す判決はどのようなものであれ守るということが同意されていたのではなかったか」。

そこでもし国法がこのように語るときにぼくたちが驚くならば、おそらく国法はこう言うだろう、「ソクラテスよ、言われていることに驚かずに、答えておくれ、現におまえは問答の扱いには慣れてもいるのだからね。さあどうか、おまえは私たちと国家に対して何が不服で、私たちを滅ぼそうと企てるのか。まず第一
D に、おまえを生んだのは私たちではなかったか、私たちを通じておまえの父はおまえの母を娶り、おまえを生んだのだ。だから言ってもらいたいのだ、私たちのなかには結婚に関する法律があるが、それに対しておまえは、適切でないところがあるなどと文句を言うのだろうか」。

「いいえ、文句はありません」とぼくなら言うだろう。

「しかしそれなら、生まれた子どもの養育や教育に関する法律に対しては？　その法律のなかでおまえも教育されたわけだがね。あるいは、私たちのうちでも、この方面のために定められた法律が、おまえの父親に対して、おまえを音楽文芸や体育で教育するよう言いつけておいたのだが、そのように指図したのは適切
E ではなかったのだろうか」。

「適切でした」とぼくなら言うだろう。

「よろしい。では、こうしておまえが生まれ、育て上げられ、教育された以上、おまえが私たちの子であり、奴隷[1]であったということを、しかもおまえ自身だけでなく、おまえの祖先たちもそうであったということを、まず第一に、おまえは否定することができるのだろうか。

そしてもしこれがこの通りだとすれば、はたしておまえは、おまえと私たちとの間で正しさが平等である
などと思うのだろうか、また私たちがおまえにどんなことであれ何かをしようとした場合、おまえにとって
もそれをやり返すことは正しいと思うのだろうか。いや、おまえにとっては、父親に対しても、またおまえ
にたまたま主人がいたとするなら、その主人に対しても、おまえが身に受けることをそのままやり返しても
よいといった、そうした正しさの平等というのは、そもそもなかったのであって、悪く言われたからといっ
51A て言い返したり、叩かれたからといって叩き返したりしてはならず、ほかの多くのことも同様なのだ。しか
しそれなのに、祖国や国法に対してはそんなふるまいがおまえには許されていて、したがって、もし私たち
が正しいと考えておまえを滅ぼそうとするならば、おまえもまた私たち国法と祖国をおまえの力のおよぶか
ぎり、仕返しに滅ぼそうとするのだろうか、そしてそのようなことをしながら正しいことをしているのだと
B おまえは主張するのだろうか、真実に徳を心がけている者だという、そのおまえが?

それとも、おまえはあまりにも賢くなりすぎて忘れてしまったのかね、母よりも、父よりも、そして他のすべての祖先たちよりも、祖国は尊いもの、厳かなもの、聖なるものであり、神々のあいだでも、分別のある人間たちのあいだでも、より大きな比重が与えられており、これを畏敬しなければならず、祖国が不機嫌にしているときには、父親に対してよりも譲歩して、機嫌を取らねばならないということを。そして、祖国

を説得するか、さもなければ、祖国の命じることは何でもしなければならず、祖国がおまえに何かを身に受けることを命じるなら、おとなしくそれを身に受けなければならないのだ、打たれることであれ、縛られることであれ、あるいは戦争に連れて行かれて傷つけられたり、殺されたりすることがあろうと、命じられたことは実行しなければならず、まさに正しさというのは、このようなあり方をしているのだ。つまり、引き下がっても、退いても、持ち場を離れてもいけないのであって、戦争においても、法廷においても、どこに
C おいても、国家と祖国の命じることは何でもしなければならないのだ、さもなければ、正しさの本来のあり方にしたがって、祖国を説得しなければならないのだ。

他方、暴力を母や父に加えるようなふるまいは敬虔なことではなく、ましてや祖国に加えるというのは、それよりもはるかに、なおさら敬虔ではないのだ」。

こうした言葉に対して、ぼくたちは何と言うべきだろうか、クリトン。国法は真実を語っていると言うべきだろうか、それともどうだろうか。

クリトン　真実を語っている、とぼくには思える。

---

(1)「奴隷」の原語は「ドゥーロス（δοῦλος）」。ここではその語は、主人に仕える者、服従する者、というほどの意味で使われている。『法律』第三巻に、「昔の法律のもとでは、わが国の民衆は、けっして法律の主人ではありませんでした。むしろ、ある意味では、みずからすすんで法律に服従（δουλεύειν）していました」というアテナイからの客人の言葉が見える（七〇〇A）。

十三　国法の主張――脱獄の企ては三重の不正

(51) ソクラテス　「それならソクラテス、よく考えてみたまえ」と、たぶん国法は主張するだろう、「今おまえが企てていることは、私たちに企てる行動として正しくないのだと、こう私たちは言うが、これが真実であるかどうかを。

　実際、私たちはおまえを生み、育て上げ、教育し、私たちになしうるかぎりのあらゆる結構なものをおま
D えにも、他のすべての国民にも分け与えたうえで、そのうえでなお、アテナイ人たちのなかで望む者には、
成人と認められてから国家のなかで行なわれている事柄や私たち国法を目にした場合に、もし私たちが気に入らないようなら、自分の持ち物をたずさえて、どこへでも好きなところへ立ち去ることのできる自由を、まさにその許可をすでに与えているということによって公言しているのだ。

　つまり、私たち国法のなかのどれ一つとして、もしおまえたちのうちだれかが、私たちと国のことが気に入らなくて、植民地に行きたいと望むなら、あるいはどこかほかのところへ行って、そこに居留したいと望
E むなら、自分の持ち物をもってどこへでも好きなところへ行くのを妨げもしないし、禁じてもいないのだ。

　しかしながら、おまえたちのなかに、私たちが裁判をするやり方や、他のことで国を治めるやり方を見て、ここに留まるような者がいるなら、その者は行動によって、私たちが命じていることは何でもするということにすでに同意している、と私たちは主張する。そしてしたがわない者は三重に不正を犯している、と私た

ちは主張する。生みの親である私たちにしたがわない点、また、育ての親である私たちにしたがわない点、さらに、私たちにしたがうことに同意しておきながらしたがいもせず、私たちが何かを適切でない仕方で行なっているなら、その場合に私たちを説得もしないという点である。というのも、私たちは提案しているのであって、私たちの命じていることは何でもなせと乱暴に指図しているのではなく、私たちを説得するか、
52A さもなければそれを実行するか、これら二つのうちどちらかを選ぶ自由を与えているのに、その者はどちらもしていないからである。

十四　脱獄は国法との契約と同意を踏みにじること

したがって、これらの罪を、ソクラテスよ、おまえもまた免れないだろうと私たちは主張する、おまえがもくろんでいることを本当にしようものならね。しかもおまえの罪の程度は、アテナイ人たちのなかで最小どころではなく、だれにもまして最大のものなのだ」。

そこでぼくが、「いったいどうしてですか?」と言うなら、おそらく彼ら国法は、アテナイ人のなかで、だれにもましてぼくがこうした同意を現に彼らに与えてしまっているのだと言って、正当にぼくに迫ってくるだろう。

B つまり、国法はこう主張するだろう、「おお、ソクラテスよ、おまえが私たちとこの国を気に入っていたということの大きな証拠を私たちはもっているのだ。すなわち、おまえが他のすべてのアテナイ人たちと比

(52) べものにならないほどこの国にへばりついて暮らしていたというのは、おまえがこの国を格別に気に入っていたのでなければけっしてありえなかったことであろう、つまりおまえはただ一度イストモスへ出かけたこと[1]を除けば、祭典見物のためにこの国から外へ出て行ったことはいまだかつてなかったのであり、どこかへ出征するためでもなければ、他のどんなところへも行ったことがなく、それぼかりか、他の人たちがするような国外旅行もいまだかつてしたことがなく、また他の国や他のいろいろな法律を知りたいという欲求がおまえを捉えたこともなかったのであって、むしろおまえにとっては私たちと私たちの国で十分だったのだ。
C それほど熱烈におまえは私たちを選び、私たちに基づいて市民生活を送ることに同意していたのであり、とりわけこの国でおまえが子どもたちをもうけたということは、おまえがこの国を気に入っていたからこそなのだ。

そのうえさらに、あの裁判そのものにおいても、おまえはもし望んでいたなら、国外追放の刑を申し出ることができたのであって、今まさに国家の承認なしにおまえが企てていることを、あの時は国家の承認のもとで行なうことができたのである。しかしあの時、おまえは自分が死なねばならぬとしてもじたばた嘆きはしないかのように体裁を繕って、むしろ、おまえの主張したとおり、国外追放よりも死刑を選んだのだ[2]。

それなのに今、おまえはあのような言葉に恥じ入ることもなく、また私たち国法をかえりみることもなく、
D 破壊しようと企てているのであって、おまえはまさに最も低劣な奴隷がするようなまねをしており、市民生活をする場合におまえが遵守すると私たちに約束したその契約と同意に背いて脱獄しようとしているのだ。

それゆえまず第一に、私たちに対して、まさに次の点について答えてくれたまえ。つまり、おまえは私た

ちに基づいて市民生活をすることに、言葉によってではなく、行動によってすでに同意しているのだと私たちが主張する場合、私たちの言っていることは真実だろうか、それとも真実ではないのだろうか」。

これに対して、ぼくたちは何と言うべきだろうか、クリトン？　ぼくたちは同意すべきではないだろうか。

クリトン　同意しなければならないね、ソクラテス。

ソクラテス　「それならどうだろう」と彼ら国法は言うだろうね、「おまえは、私たち自身に対するもろも
E
ろの契約と同意を踏みにじっているのではないか、それらにおまえが同意したのは、強制によるのでもなく、欺かれたのでもなく、また短時間のうちに考えを決めざるをえなかったのでもなくて、七〇年もの歳月があって(3)、その間に、おまえは私たちが気に入らなかったり、そうした同意がおまえに正しいものに見えな

(1) イストモス（原意は、「首」、「地峡」）はギリシア本土とペロポネソス半島をつなぐ地峡。その地で二年ごとにイストモス競技祭が催された。その祭りはコリントスの創建者シシュポスの創設と伝えられ（伝アポロドロス『ギリシア神話』第三巻第四章三、パウサニアス『ギリシア案内記』第二巻第一章三）、オリュンピア祭、ピュティア祭、ネメア祭とならんで、ギリシアの四大競技祭の一つに数えられる。その競技を見物しにソクラテスは出かけたのであろう。なお、ディオゲネス・ラエルティオスはアリストテレスからの情報として、ソクラテスがデルポイ（ピュティア祭）にも行ったと伝えているが（『ギリシア哲学者列伝』第二巻二三）、その情報は誤りであろう（バーネット）。ただし、ソクラテスは祭り見物は好きだったように見える（『国家』第一巻三二七A参照）。

(2)『弁明』三七C―D参照。

(3) ソクラテスの年齢は七〇歳だから。

53A かったりすれば、立ち去ることができたのだ。だが、おまえはラケダイモンやクレタ(1)を、まさにそれらの国はよく治められているとおまえがつねづね主張しているにもかかわらず、ここよりも選ぼうとはしなかったのであって、ギリシア人の他のどんな国も、異邦人のどんな国も選ぼうとはせず、おまえがこの国から出て行こうとしなかったのは、足の不自由な人や盲目の人、あるいは他の障害をもつ人たちにも負けないほどだったのである。それほどおまえが他のアテナイ人たちとはちがって、格別にこの国と私たち国法のことが気に入っていたということ、これは明らかなのだ。実際、国法なしに、国家だけを気に入るような者がだれかいるだろうか。それなのに今や、おまえはすでに同意されている事柄を守ろうとしないのか。ともかく私たちにしたがうのであれば、守るはずだ、ソクラテス。そうすれば、この国から出て行くことによって、おまえがともかく笑い者になるようなことはないだろう。

十五　国法の破壊者の人生

B　というのは、よく考えてみたまえ、こうした契約と同意を踏みにじって、それらの何らかの点で過ちをおかしているなら、おまえは自分自身に対しても、あるいはおまえの親しい友人たちに対しても何か善いことをなすことになるのだろうか。なぜなら、ともかくおまえの親しい友人たち自身も追放されたり、国を奪われたり、財産をすっかり失ったりするような危険にさらされることは、ほとんど明らかだからだ。また、おまえ自身もまず第一に、いちばん近くにあるどこかの国へ行くとするならば、たとえば、テーバイであれメガラであれ――というのも、どちらの国もよく治められているからね――、そうした国へ行くならば、おまえは、ソクラテスよ、それらの国々の国制に対して敵として赴くことになろう、そして自分たちの国のことを気づかっているかぎりの人たちはおまえを国法の破壊者と考えて、おまえを疑いの目で見ることになろう。そしておまえは、あの裁判員たちの判断を裏づけることになって、あの判決を下したのは正当だったのだと彼らに思わせることになるだろう。なぜなら、だれであれ国法を破壊する者なら、若くて分別のない者たちを破滅させる者、堕落させる者にほかならないと、彼らには強く思われるはずであろうから。

C それなら、おまえはよく治められている国々や、人々のなかでもいちばんまっとうな人たちを避けるのだろうか。そしてそんなことをしながら、はたしておまえにとって人生は生きるに値するのだろうか。それとも、そういった人たちに近づいて、おまえは恥ずかしいとも何とも思わずに対話するのだろうか――どんな議論をするのかね、ソクラテス？　いや、それはまさにこの地で論じていたこと、つまり、徳や正義こそ人間にとって最も価値あるものであって、法にかなった事柄や国法もそうなのだ、といったことをかね。その場合おまえは、ソクラテスのふるまいがぶざまに見えてくると思わないのかね。当然、そう思うべきだ。

(1) ラケダイモンはラコニア地方の中心地スパルタの別名。「ラケダイモン」はゼウスの子ラケダイモンにちなむ（「スパルタ」はラケダイモンの妻の名）（伝アポロドロス『ギリシア神話』第三巻第十章三）。『プロタゴラス』でソクラテスは、ラケダイモンと地中海の王国クレタのことを、最も古くから最も哲学が盛んで、ソフィストの数も最も多い国として言及しながら、若者たちが他国へ出て行くことを許していない国々だと、なかば皮肉混じりに述べている（三四二A―D）。

D しかし、おまえはこれらの場所から離れ去って、さらにテッタリアへでも行き、クリトンの客人筋のところに身を寄せるのかね。[1] というのも、あそこは実際、無秩序と放埒が最も はびこっているからね。そしてたぶん彼らはおまえの話をよろこんで聞いてくれるだろう、つまり、おまえが何かの衣裳を身にまとって、たとえば、皮衣とか、ほかにもまさに脱走者たちが普通よく身につけるようなものをまとって、自分の姿を変えながら牢獄から、面白おかしく脱走してきたというような話をね。

だが、老人の身であって、当然、人生に残された時間もわずかなのに、最も大切な法を踏みにじってまで、
E それほどまで執念深く生きることをあえておまえは欲したのだと、このように言う者はだれもいないのだろうか。もしおまえがだれかを不快にすることがなければ、たぶんだれもいないだろう。しかしそうでなければ、ソクラテス、おまえはいろいろと多くの、おまえにふさわしくないことを聞かされるだろう。かくして、おまえはあらゆる人々の機嫌をうかがっては、卑屈に隷従しながら生きてゆくことになるだろう——いったい、何をしながら？ テッタリアで贅沢にごちそうを食べてかね？ まるで食事のためにテッタリアへ逃亡
54A していったようなものではないか。[2] 他方、正義やその他の徳についてのあの議論は、私たちにとっては、いったいどこにあるのだろう？

いや、それなら、子どもたちのためにおまえは生きたいと思うのか、彼らを育て上げ、教育するために。しかしどうして？ 子どもたちをテッタリアへ連れて行って、他国の人間に仕立てあげたうえで、その利点をも享受させるために養育し、教育しようとするのかね。それともそういったことはせずに、この地で子どもたちが養育を受け、おまえが彼らと一緒にいなくても、おまえが生きていれば、彼らはよりよく養育され、

教育されることになるのだろうか。その場合には、おまえの親しい友人たちが彼らの面倒を見てくれるだろうからね。

どちらだろうか、おまえがテッタリアへ旅立つなら、おまえの親しい友人たちは面倒を見てくれるが、おまえがハデスの国[3]へ旅立つなら、彼らは面倒を見てくれないのだろうか。もしおまえの親しい友人と称する者たち自身に、本当に少しでも役立つところがあるとすれば、彼らは面倒を見てくれるものと、当然、そう思うべきだ。 B

十六　弁明の証し

いや、ソクラテス、おまえの育ての親である私たちにしたがって、子どもたちのことも、生きることも、その他どんなことであっても、正しいこと以上に大切にしてはいけないのだ、そうすればハデスの国に行って、おまえはこれらあらゆることについてあの世の支配者たちに弁明できるだろう。実際、この世でそんな企てをするのは[4]、おまえにとってより善いようには見えないし、またより正しいようにも、より敬虔である

---

(1)四五C参照。

(2)テッタリア人は馬術と金持ちで有名だったと言われる(『メノン』七〇A)。テッタリアでは贅沢な食事ができたのであろう。

(3)「ハデス(冥界の王)の国」とは「あの世」のこと。

(4)すなわち、脱獄。

(54) ようにも見えず、他のおまえの友人たちのだれにとってもそうであり、またおまえがあの世にたどり着いた
ときにも、より善いようには見えないのだ。

ところで今、おまえがこの世を去っていくとすれば、おまえはすっかり不正な目にあわされて去っていく
C ことになるが、それは私たち国法によるものではなくて、人間たちによるものなのだ。だが、おまえが私た
ちに対して行なったおまえ自身の同意や契約を踏みにじり、最もしてはいけない者たちに、つまり自分自身
や友人たちに、そして祖国や私たちに対して害悪を加え、そんなにも醜い仕方で不正の仕返しや加害の仕返
しをしたうえでここから立ち去ってゆくとすれば、おまえが生きている間、私たちの怒りは続くだろうし、
あの世においても私たちの兄弟であるハデスの国の法は、おまえが、おまえにやれるかぎり、私たちをも滅
ぼそうと企てたことを知っているので、おまえを好意的に迎え入れてはくれないだろう。
D さあどうか、私たちよりもクリトンが、おまえをいっそう説得して、彼の言っていることをおまえに実行
させることがないように」。

十七　とるべき行動

以上のような言葉が、おお、愛する友クリトンよ、いいかね、ぼくには聞こえてくるように思われるのだ、まるでコリュバンテス[1]の祭りを祝う人たちがあの笛の音をいつまでも聞いていると思うようにね。そしてぼくのなかでは、こうした言葉のこの響きがぼんぼんとこだましていて、他の言葉を聞こえなくするのだ。さ

あ、いいかね、今ぼくに思われるかぎりでは、君がこうしたことに反論しても、むだに語ることになろう。とはいえそれでも、まだ何かやれることがあると君が思うのなら、言ってくれたまえ。

クリトン　いや、ソクラテス、ぼくには何も言うことがないよ。

E

ソクラテス　それならこのままにしておいてほしい、クリトン、そしてこれまでのようにわれわれは行動しようではないか、それが神のお導きだからね。

(1) プリュギア（小アジア北部地方）における大地の女神キュベレの祭司（コリュバース）たち。女神を熱狂的な歌と踊りで祭ると言われている（『イオン』五三三E、『法律』第七巻七九〇D参照）。

解説

『エウテュプロン』

西尾浩二

『エウテュプロン』は、『ソクラテスの弁明』（以下、『弁明』）『クリトン』『パイドン』とともに、プラトン（前四二七―三四七年）がソクラテス（前四六九―三九九年）の裁判直前から刑死までを描いた一連の著作の一つである。古来、「敬虔について（περὶ ὁσίου）」という副題がつけられている。その執筆時期は不明だが、一般的にはプラトンの初期対話篇に位置づけられる。紀元前三九九年、ソクラテスは国家の認める神々を認めないという不敬神と若者を堕落させる罪で裁判にかけられ、死刑に処せられるが、その裁判前のソクラテスを描いたのが『エウテュプロン』であり、法廷での弁明を伝える『弁明』、獄中での対話である『クリトン』、そしてソクラテスの最期を伝える『パイドン』へと続く。ローマ時代のプラトン全集（後一世紀頃のトラシュロス版）以来、プラトンの対話篇を九つの四部作（テトラロギアー）に整理分類する際には、これら四つの作品が「第一の四部作」としてまとめられてきた。この四部作のうちで『エウテュプロン』は、一般には最も馴染みが薄いかもしれない。しかし、敬虔をめぐって議論が交わされるこの短い作品のなかにも、ソクラテスの対話法の特徴がよく現われており、いくつかの重要な哲学的問題も含まれている。ここでは内容の理解のために参考になると思われる事柄を中心に解説する。

本篇の構成は次のように、序幕・幕間・終幕に挟まれた二幕の対話劇として整理することができる。

(1) 序幕（二A—五D：第一—五章）——二つの訴訟
(a) ソクラテスの訴訟
(b) エウテュプロンの訴訟
(2) 第一幕（五D—一一B：第五—十三章）——「敬虔とは何であるか」の探求
(a) 第一案「敬虔とは不正な人を告訴すること」（五D八—E二）の検討
(b) 第二案「敬虔とは神々に愛されるもの」（六E一一）の検討
(c) 第二案の修正案「敬虔とはすべての神々が愛するもの」（九E一—二）の検討
(3) 幕間（一一B—一一E：第十三章）——動き回る言葉
(4) 第二幕（一一E—一五C：第十三—十九章）——「敬虔とは何であるか」の探求の再開
(a) 第三案「敬虔とは神々の世話に関わる正しさの部分」（一二E六—八）の検討
(b) 第三案の修正案「敬虔とは神々への一種の奉仕術」（一三D八）の検討
(c) 第四案「敬虔とは捧げることと祈ることについての一種の知識」（一四C六）の検討
(5) 終幕（一五C—一六A：第二十章）——探求の行きづまり

(3)の幕間を折り返し点として、対称的で均整のとれた構成になっている。第一幕と第二幕——「敬虔とは何であるか」の探求がなされる主要部――は、ほぼ同じ分量であり、検討される案もそれぞれ二つ（修正案も数えれば三つ）である。この第一幕や第二幕に匹敵する分量を占めるのが(1)の序幕で、探求に必然性と切実さを与えている。序幕の対話――ソクラテスの訴訟とエウテュプロンの訴訟に関する対話――のなかから「敬虔とは何であるか」という問題が浮上するからである。

一　二つの訴訟

「何か変わったことでもあったのですか、ソクラテス」（二Ａ一）――エウテュプロンのこの呼びかけに始まる対話の舞台は、前三九九年のソクラテス裁判の直前、アテナイ（アテネ）の中央広場（アゴラ）の北西に位置する「バシレウスの役所」付近である。そこはプラトンの後期対話篇『テアイテトス』の最後にソクラテスが、「今はとにかく、ぼくを訴えたメレトスの公訴のために、バシレウスの役所へぼくは出頭しなければならない」（二一〇Ｄ二―四）と告げていた場所である。この役所ではバシレウス（王）と呼ばれる役人が執務しており、さまざまな宗教行事（秘儀、祭典での各種行事、父祖伝来の供犠など）とともに、不敬神に対する公訴（公共の利害をめぐる訴訟）や殺人に対する私訴（個人間の私的な利害をめぐる訴訟）を管轄していた（アリストテレス『アテナイ人の国制』第五十七章参照）。バシレウスの役人は裁判以前に、原告・被告の双方を召喚して事情聴取するなどの予備審問（予審）を行なった。「変わったこと」、すなわち無名の若者メレトスがソクラテスを不敬神の罪で公訴したこと――この裁判の予備審問のために、今ソクラテスは役所へ来ているのである。

だが、ソクラテスが不敬神であるとは、いったいどういうことか。まずソクラテスが語るのは、彼が若者たちを堕落させているとのメレトスの主張である（二C—三A）。では、いったいどんなことをして、若者たちを堕落させているというのか。

奇妙なことさ、なんとも君！　そのまま聞いただけではね。つまり、ぼくが神々の創作者だと彼は主張しているのだ、そして新奇な神々を創作しつつ、他方で古来の神々を認めていないと見なして、まさにこうした理由で公訴したと、そう彼は主張している。（三B）

「新奇な神々を創作しつつ、他方で古来の神々を認めていない」こと、つまり不敬神によって若者たちを堕落させているのだという。この「新奇な神々」をエウテュプロンは即座に「ダイモーンの合図」に関連づける。

わかりました、ソクラテス。それはきっとあなたが、自分にはいつもダイモーン的なものが生じると主張していらっしゃるからですよ。だから彼は、あなたが神々の事柄について革新を企てていると見なしてこの公訴を起こしたのですし、きっと中傷するつもりで法廷に行くのです、こういうことは多くの人たちに向かって中傷しやすいと知っているからです。（三B）

「ダイモーン的なもの」とは、九頁註（4）で述べたように、「ダイモーンの合図」のことである。それは子どものときから始まり、一種の声としてソクラテスに現われるもので、まさに行なおうとしていることを差し止め、それをなせと勧めることはけっしてない、そして何かを正しくない仕方で行なおうとしている場合、その声はいつもとても頻繁に現われ、とても些細なことについても反対したという（『弁明』三一D、四〇A）。

他方で「古来の神々を認めていない」という点は、ソクラテス自身が言うように、ゼウスをはじめ伝統的な神々の話（いわゆるギリシア神話）を受け入れようとしない彼の態度とも結びつきうる（『エウテュプロン』六A）。さらに、アテナイの人たちが腹を立てる相手は「自分の知恵を教えうる人」と彼らが思う人物だとして、彼自身もそう思われていないかと懸念してもいる（三C—D）。

若者を堕落させる、新奇な神々を創作する、古来の神々を認めない、ダイモーン的なもの、中傷、知恵……ソクラテスの訴訟をめぐって矢継ぎ早に話題に上るこうした事柄がどのような内実と関連性をもつのかは、『弁明』で詳細に明かされることになる。さしあたりは、新奇な神々（ダイモーン的なもの）を創作して古来の神々を認めず、何らかの知恵を教える、それによって若者を堕落させているとの中傷——これが『エウテュプロン』から垣間見える、ソクラテスに対する公訴の内実である。

次にエウテュプロンの訴訟について。エウテュプロンという人はプラトンの著作以外では知られず（『クラテュロス』三九六Dで言及される人物とおそらく同一人物）、実在する人物かどうかも不明である。七〇歳のソクラテスよりもかなり若く（『エウテュプロン』一二A）、民会で発言している（三C）ことから二〇歳以下ではない。三十代かその前後だろう。彼は自信家で、一種のエリート意識をもっている。多くの人たちがよく知らないこと（神の法や敬虔と不敬虔、神々に関する事柄）を自分は知っているのだという（四E—五A、六B、一三E）。だがソクラテスとの対話によって、「敬虔とそうでないものを明確に知っていると思っている」（一五E一）にすぎないことが明らかになる。「知らないのに、何か知っていると思っている」（『弁明』二一D五）

人の典型例である。彼は父親を殺人罪で訴えており、その予備審問のために役所を訪れたところである。

事件が起こったのは対話からおよそ五年前のこと（一三頁註（2）参照）、当時ナクソス島（アテナイから南東二〇〇キロメートル近く離れたエーゲ海キュクラデス諸島最大の島）はアテナイの植民地で、エウテュプロン一家もそこに土地を得て農業を営んでいた。その地で二つの殺人事件が起こる。一つは日雇い人が家内奴隷を殺した事件、もう一つはその殺人犯をエウテュプロンの父親が溝に放置して死なせた事件である。前者は明らかに故意による殺人だが、問題は後者である。父親が殺人犯を縛って溝に投げ込み、どうすべきかを尋ねるために解釈官のもとへ人を送る間に殺人犯が死んでしまったのだ（四C—D）。解釈官とは神事に関する法を解釈するアテナイの官職で、殺人による穢《けが》れを浄める儀式等についても助言した（『法律』第六巻七五九C、第九巻八六五D、八七一C、八七三D、第十一巻九一六C参照）。当時、殺人は穢れ（『エウテュプロン』四C一）を生むと考えられ、殺人に対する私訴が宗教行事を管轄するバシレウスの役所で取り扱われたのもそのためである。だから不正な殺人の場合、たとえ殺害者が家族であっても、告訴して自分自身と殺害者の身を浄める必要があった。これが彼を父親の告訴に踏み切らせた動機の一つである。

争点は、父親側が反論するように「父親は殺していない」のかどうか、「息子が父親を殺人罪で告訴することは不敬虔」なのかどうかである（四D—E）。これに対してエウテュプロンは、父親が不正に殺したのであり、敬虔とは不正を犯した父親を告訴することだと主張している（五D—六A）。この主張の根底にあるのは、神の法や敬虔と不敬虔について自分こそ「正確に知っている」（四E—五A）との思いである。

こうして二つの訴訟を背景に、神々の事柄や敬虔について知りたい者（ソクラテス）が、そうしたことを知っていると主張する者（エウテュプロン）に教えを求めるかたちで、「敬虔とは何であるか」の探求が始まる（五A―C）。

二　敬虔とは何であるか

「敬虔とは何であるか」という問いで、ソクラテスは何を求めているのか。敬神ないし敬虔と、不敬神ないし不敬虔について、彼は次のように述べている。

> 殺人についてもほかのことについても、敬神とは、そして不敬神とは、どのようなものであると君は主張するのか。いや、いかなる行為の内にあっても敬虔そのものはそれ自身と同じではないだろうか、そして不敬虔もまた、一方でいかなる敬虔とも反対でありながら、他方でそれ自身はそれ自身と同じ性質のものであって、不敬虔であろうとするいかなるものも、その不敬虔さという点では何か単一の相をもっているのではないだろうか。（五C―D）

ソクラテスが求めている「敬虔そのもの」は、「いかなる行為の内にあってもそれ自身と同じ」「単一の相」である。ここでの相は、あらゆる敬虔な行為に内在する本質的な特性といった意味で用いられている。つまり、求められているのはある敬虔な行為といった特定の事例ではなくて、敬虔のすべての事例に見出される普遍的・本質的な特性である。エウテュプロンはしかし、最初この問いの趣旨をとらえ損ない、特定の事例を答えてしまう。

では言いますが、敬虔とはまさに私が今行なっていることであって、殺人に関してであれ、聖物窃盗に関してであれ、何かほかのそういったことであれ、過ちをおかし不正なことをする者に対しては、たまたまそれが父親であろうと、母親であろうと、ほかのどんな人であろうと告訴するということであり、他方、告訴しないことが不敬虔なのです。（五D—E）

「敬虔とは不正な人を告訴すること」というこの第一案は、ソクラテスの求めるものではない。不正な人を告訴することは一つの行為ないし行為類型であり、特定の事例にすぎないからである。

それなら思い出してほしいのだが、君に頼んだのは、多くの敬虔なもののうちから何か一つか二つをぼくに教えるということではなくて、あらゆる敬虔なものがそれによって敬虔であるようなあの相そのものを教えることだったのではないか。なぜなら、たしか君は、単一の相によって不敬虔なものは不敬虔であり、また敬虔なものは敬虔であると主張していたはずだからね。（六D—E）

「あらゆる敬虔なものがそれによって敬虔であるようなあの相そのもの」は、後に「本質（ウーシアー）」（一一A八）とも言われる。敬虔の本質を知れば、それを基準として用いることによって敬虔な行為と不敬虔な行為を判別できるからである。

それなら、その相そのものがいったい何であるのかを、ぼくに教えてほしいのだ、そうすればそれに注目し、それを基準として用いることによって、何であれ君やほかのだれかが行なう行為のうちで、そのようなものであるのはどれも敬虔だと主張できるだろうし、他方、そのようなものでないのはどれも敬虔でないと主張できるだろうからね。（六E）

もし敬虔の本質を知り、敬虔と不敬虔を判別できれば、ソクラテスはメレトスの公訴を免れることもできよう。なぜなら、それによって彼は神々の事柄にかけては知恵のある者、敬虔な者となるのであり、神々の事柄について軽率に判断したり革新を企てたりせずに残りの人生をよりよく生きるだろう（一五E―一六A、五A―B）からである。この一連の引用箇所は、敬虔をはじめとして一般に「何であるか」の問いによってソクラテスが何を求めているのかを示している点で重要である。

次に第二案「神々に愛されるものが敬虔であり、神々に愛されないものが不敬虔である」（六E一一―七A一）が提示され、ソクラテスはこれを「求めていた通りの答え方」と認める。特定の事例ではないからである。しかし、これもソクラテスとの対話（七A―八A）によって修正を迫られる。エウテュプロンの主張では、神々の間には争いがあり、争いがあるのは正邪・美醜・善悪について意見のくい違いがあるためである。ところで神々は正しい・美しい・善いと考えるものを愛し、その反対のものを憎む。すると意見のくい違いがある以上、同じものがある神々には愛され、別の神々には憎まれることになり、第二案に従えば、同じものが敬虔でも不敬虔でもあることになってしまう。しかし敬虔と不敬虔は互いに反対なのだから、これはソクラテスが求める答えではない。

エウテュプロンは、少なくとも問題の件（不正を犯した父親を告訴する件）では神々の間に意見のくい違いはないと言い張るが、不正をめぐる争点は「不正をしている者はだれなのか、また何を、いつ行なってのことなのか」であり、その点ではやはり意見のくい違いが生じうることが指摘される（八B―E）。ここでソクラテスは譲歩し、問題の件を棚上げして考察を進める。第二案「神々に愛されるものが敬虔であり、神々に愛されないものが不敬虔である」を、「敬虔なものは何であれすべての神々が愛するものであり、またその反対に、何であれすべての神々が憎むものは不敬虔なものである」（九E一―三）と修正するのである。

さて、修正案を考察するにあたり、ソクラテスは次のような問いを提起する。

いったい、敬虔なものは敬虔なものであるから神々に愛されるのか、それとも神々に愛されるから敬虔なものであるのか。（一〇A二―三）[1]

この問いをめぐる議論（一〇A―一一B）は非常にわかりにくい。ソクラテスは何を言っているのか。この議論の背景にあるのは、対話ですでに同意されている「単一の相」の説である。あらゆる敬虔なものには敬虔の単一の相（本質的特性）が内在し、敬虔なものはそれによって敬虔なものとなり、それゆえに愛されるの

（1）この箇所は道徳・倫理と神・宗教の関係をめぐる「エウテュプロンのディレンマ」として言及されることがある。一般的には次のように論じられる。「道徳的に善いものは(a)道徳的に善いものであるから神に命じられるのか、それとも(b)神に命じられるから道徳的に善いものであるのか」という問いにおいて、選択肢のいずれを選んでも、道徳・倫理を神の意志や命令に基づくとする立場（神命説）は難問に行き当たりディレンマに陥る。(a)を選べば、道徳・倫理が神の命令に先立って独立に実在することになり、神はその源泉や根拠ではなくなる。また(b)を選べば、神は道徳・倫理の源泉や根拠となるが、道徳・倫理が神の命令しだいで変わる恣意的なものとなり、悪行も神が命じれば善となる。いずれの帰結も神命説には受け入れがたい。

であって、神々に愛されたり憎まれたりするといった外的要因によって敬虔なものになるのではないのである。ソクラテスの議論をたどってみよう。

彼はまず具体例を出し、「運ばれるもの」と「運ぶもの」、「導かれるもの」と「導くもの」、「見られるもの」と「見るもの」、そして問題の「愛されるもの」と「愛するもの」がそれぞれ別々であることを確認した上で、次のように論じる。

「見られるもの」だから、それゆえ見られるのではなくて、むしろ反対に、見られるから、それゆえ「見られるもの」なのだ。また「導かれるもの」だから、それゆえ導かれるのではなくて、むしろ導かれるから、それゆえ「導かれるもの」なのだ。さらにまた「運ばれるもの」だから運ばれるのではなくて、むしろ運ばれるから「運ばれるもの」なのだ。（一〇B）

そして、これらの具体例から次のように一般化する。

ぼくが言いたいのはこういうことだよ。つまり、あるものが生じたり何か作用を受けたりする場合、「生じるもの」だから生じるのではなくて、むしろ生じるから「生じるもの」であるということ、また「作用を受けるもの」だから作用を受けるのではなくて、むしろ作用を受けるから「作用を受けるもの」であるということなのだ。（一〇C）

つまり、こういうことだろう。あるものは「見るもの」から見る作用を受ける（つまり見られる）ことによって、「見られるもの」となる。この「見られるもの（見られているもの、ギリシア語では現在分詞 ὁρώμενον）」というのは「見られている状態のもの」のことだと考えられる。

すると先ほどのソクラテスの発言——「見られるもの」だから、それゆえ見られるのではなくて、むしろ反対に、見られるから、それゆえ「見られるもの」なのだ、という発言は、「作用と状態の関係」の観点から次のように理解できる。すなわち、「見られている状態のもの」だから、それゆえ見る作用を受けるのではなくて、むしろ反対に、見る作用を受けるから、それゆえ「見られている状態のもの」なのだ、と。「見るもの」がまずあって、それによって見られる（見る作用を受ける）から、「見られるもの（見られている状態のもの）」となるのであって、その反対ではないのである。

「愛されるもの」についても同様である。ソクラテスの発言——「愛されるもの（愛されているもの、*φιλούμενον*）」であるから愛するものによって愛されるのではなくて、むしろ愛されるから「愛されるもの」なのだ（一〇C一〇—一一）、という発言は次のように理解できる。すなわち、「愛されている状態のもの」であるから愛するものによって愛する作用を受けるのではなくて、むしろ愛する作用を受けるから「愛されている状態のもの」なのだ、と。「愛するもの」がまずあって、それによって愛される（愛する作用を受ける）から、「愛されるもの（愛されている状態のもの）」となるのであって、その反対ではない。要するに、これらの場合、作用が状態に先行するのである。

ところが「敬虔なもの」については、作用と状態の関係が「愛されるもの」とは反対になる。すなわち、「それは敬虔なもの（敬虔である状態のもの）だから愛される（愛する作用を受ける）のであって、愛される（愛する作用を受ける）から、それゆえ敬虔なもの（敬虔である状態のもの）であるというのではない」（一〇D六—七）。状態が作用に先行するのである。「敬虔なもの」は、内在する敬虔の本質によって成立する敬虔な状態のゆえに愛されるからである。したがって、「敬虔なもの」と「愛するもの」は別のものだという帰結になる。議論を次のように図解するとわかりやすい[1]。

(作　用)		(状　態)
運ばれる	──(から／それゆえ)──→	運ばれているものだ
導かれる	──(から／それゆえ)──→	導かれているものだ
見られる	──(から／それゆえ)──→	見られているものだ
愛される	──(から／それゆえ)──→	愛されているものだ
愛される	←──(それゆえ／から)──	敬虔であるものだ

最後の組合せを除くすべての場合、矢印は同じ向きである。作用が状態に先行するからである。最後の組合せの場合のみ、矢印が逆向きである。状態が作用に先行するからである。ここに矛盾が生じる。

それならエウテュプロンは「敬虔なものだから愛される」を捨て、「愛されるから、それゆえ敬虔なものである」を認めるべきだったのか。たしかに、そうすれば少なくともここでの矛盾は解消される（矢印が他と同じ向きになる）。だが、彼はそうしない。「単一の相」の説に同意しているからである。先にも述べたように、あらゆる敬虔なものは内在する相（本質的特性）によって敬虔なものとなり、それゆえに愛されるのであって、神の愛や憎しみといった外的要因によって敬虔になったり不敬虔になったりするわけではないのである。そして以上の議論は、敬虔なものだけでなく、他の倫理的なもの（善いものや正しいものなど）についてもあてはまるだろう。こうして第二案の修正案「敬虔なものは何であれすべての神々が愛するものであり、またその反対に、何であれすべての神々が憎むものは不敬虔なものである」も却下される。

そしておそらく、エウテュプロン、君は敬虔なものとはいったい何であるかとたずねられたのに、それの本質をぼくに明らかにしたいとは望んでいなくて、むしろそれに関するある一つの属性、つまりその敬虔なものが受けとっているもの、「すべての神々によって愛される」という属性を挙げてくれているのだろう。しかしそれが何であるからそうなのかは、まだ言ってくれていない。（一一A）

本質（ウーシアー οὐσία）と属性（パトス πάθος）の区別の導入は、『エウテュプロン』が哲学の歴史に与えた重要な貢献の一つである。ソクラテスは「何であるか」を本質と言いかえ、それと区別して属性を「受けとっているもの」と説明している（三七頁註（2）参照）。敬虔なものが受けとってもっている「すべての神々に愛される」という属性を答えても、「何であるからそうなのか」という問い、つまりそうした属性をもたらす別の特性を求める本質的な問いが依然として残るのである。本質と属性のこの区別は「アッティカの散文ではここで初めて見出され」（バーネット）、「ここで初めて明確にギリシア哲学に記される」（アダム）のであり、哲学史上では、「アリストテレスが『トピカ』（一〇一B一七—二五）で、(1)定義（本質を示す言葉）、(2)固有性（本質を示さないが当の事物にのみ当てはまるもの）、(3)類、(4)付帯性の四つを区別する際に行なってい

（1）この図解は Emlyn-Jones 1991, p. 101 (Appendix 2: The argument of 10a1-11b1) を改変したもの。

る精緻な分析への途上で必要であった第一歩[1]」とも評される（なお、この四つの区別のもとでは「すべての神々に愛される」という属性は敬虔の「固有性」に該当する）。

三　ソクラテスの見方

第二幕は、第一幕と様子が異なる。議論へのソクラテスの関与が第一幕よりも積極的なのである。それを示唆するのが、幕間の最後にソクラテスが語る「敬虔なものについてぼくに教えてくれるよう、ぼく自身が君といっしょに熱意をもってやってみよう」（一一E三）という言葉であり、第二幕の途中で語られる「君は肝心なところにいたのに、逸《そ》れてしまったのだから。もしそれを答えてくれていたら、ぼくはもう十分に君から敬虔を学び終えていただろうに」（一四C一―三）という示唆的な言葉である。ソクラテス自身が何らかの答えをもっているかのようである。

まず、「敬虔なものはすべてかならず正しいものだ」（一一E四―五）というのはソクラテスの考えと見られる。このように敬虔を正しさでもあるとするのは、「徳は一つである」というソクラテスのものとされる説とも関連するであろう。彼は正義や敬虔、節制、勇気、知恵といったさまざまな徳を一つのものとみるのである（『プロタゴラス』三三一B、三三三B、三四九B以下、『ラケス』一九九C―E参照）。実際、第三案「正しいもののうちで神々の世話に関わる部分が敬神にして敬虔なものであり、他方、人間たちの世話に関わる部分が正しいものの残りの部分」（『エウテュプロン』一二E六―八）というエウテュプロンの答えも、ソクラテスの見解と類似している（「しかるべきことを人間たちに関して行なえば、正しいことを行なうことになり、神々に関して行なえば、敬虔なことを行なうことになるだろう」『ゴルギアス』五〇七B一―三）。

また、敬虔を一種の技術ないし知識とみるのもソクラテスの考え方である。事実、第二幕で技術の観点を持ち込むのはソクラテスである。「世話」の意味を特定するために、彼は馬の技術、犬による狩猟術、牧牛術などの技術との類比を議論に持ち込む（一三A―C）。そして神々の世話とは「召使いたちが主人にするような世話」のことだとエウテュプロンが答えると、第三案の修正案「それ（敬虔）は神々への一種の奉仕術であるようだね」（一三D八）とソクラテスが言うのである。このように敬虔を技術とみる見解の背景にあるのは、「徳は知識である」という（「徳は一つである」と並ぶ）もう一つのソクラテスの考え方であろう。彼はさまざまな徳を一種の知識として、教えられうるものと考えるのである（『プロタゴラス』三六一A―C、『メノン』八七B―八九C参照）。

それでは、敬虔についてさらに何が引き出せるだろうか。鍵となるのは「神々がわれわれを奉仕者として使い達成するあのたいへん美しい仕事」（一三E一一―一三）、「その達成する仕事の要点」（一四A一〇）である。というのは、エウテュプロンはまさにここで「逸れてしまった」からである。そのためにソクラテスは「もしそれを答えてくれていたら、ぼくはもう十分に君から敬虔を学び終えていただろうに」（一四C二―三）と嘆くのである。

（1）Guthrie, p. 113.

いったい「神々がわれわれを奉仕者として使い達成するあのたいへん美しい仕事」とは何であり、「その達成する仕事の要点」とは何であるのか。その真相は結局のところ、神ならぬわれわれ人間には知るすべがないのかもしれない。ただしかし、考察の手がかりはある。それは『弁明』で語られるソクラテスの「神への奉仕」である。

> こうしたことは、実際、いいですか、神が命じているのです、そして私が思うに、これまでこの国において、この私の神への奉仕以上に大きな善があなたがたに生じたためしはないのです。というのも、私が歩きまわって行なっていることはと言えば、ほかでもなく、あなたがたのなかの年少の者たちにも、年長の者たちにも、魂ができるだけすぐれたものになるよう気づかい、それよりも先に、またそのこと以上に激しく熱心に、身体や金銭のことを気づかってはならないと説得していることだけであって、その際、私はこう言っているのです、「金銭から徳が生じるのではなく、金銭その他のものがすべて人間にとって善きものになるのは、公私いずれにおいても、徳によるのだ」と。（三〇A—B、朴訳）

この発言からすれば、神が命じているソクラテスの「神への奉仕」によって神が達成するたいへん美しい仕事——それは「魂ができるだけすぐれたものになる」ことであろう。「もっと手短に」（『エウテュプロン』一四B八）仕事の要点を言うなら、「徳の達成」である。ちょうど医者への奉仕術が「健康の達成」のためのものである（一三D一〇—一二）ように、神々への奉仕術は「徳の達成」のためのものだと考えられる。とすれば、敬虔についてのソクラテスの見方は、「敬虔とは正しさでもあるような、徳の達成のための神々への奉仕術である」ということになるだろう。しかし、対話篇そのものは否定的結末を迎える。

エウテュプロンが「逸れてしまった」のはなぜだろうか。それはおそらく、神々から人間への視点の転換に彼が思いいたらなかったからであろう。敬虔が神々の利益になり、神々を善くするという考えを、彼は二度にわたって否定する（一三C、一五A）。そこから視点を転換して向かうべき方向は、敬虔が神々ではなくて人間の利益になり、人間を善くすると考えることであったように思われる。が、彼は逸れてしまい、第四案「敬虔とは捧げることと祈ることについての一種の知識」（一四C六）でも軌道を修正できずに、ついには敬虔とは「何にもまして愛されるものだ」（一五B三）と第二案へ後戻りして、議論は堂々巡りする。

四　「ソクラテス的誤謬」問題

探求は行きづまり（アポリアー）に陥るが、ソクラテスはなおも探求の続行を促す。

それならはじめから、われわれはもう一度、敬虔とは何であるのかを考察すべきだ。……だって、君が敬虔と不敬虔を明確に知っているのでなかったとしたら、そもそも日雇い人のために年老いたお父さんを殺人罪で訴えようなどとは、けっしてしなかっただろうからね、むしろそんなことをするのは正しくないかもしれないという危険を冒さないよう、神々を恐れただろうし、また人々には恥じたことだろう。（一五C―D）

だが、ここに大きな問題が潜んでいる。敬虔とは何であるかを明確に知らなければ、父親を殺人罪で訴える行為が正しい敬虔な行為かどうかもわからない、とソクラテスは考えているようである。ここから読みとりうるのは、「敬虔とは何であるかを知らなければ、敬虔の事例を知ることはできない」という想定にほかならない。また美についての対話篇では、ソクラテスは次のように述べている。

どのようなものが美しいのか、また醜いのかを、君はどこから知るのだろうか。というのも、さあ君は、美とは何であるのかを言うことができるのだろうか。（『ヒッピアス（大）』二八六C—D、同様に三〇四D—E）

やはり「美とは何であるかを知らなければ、美の事例を知ることはできない」という想定を読みとりうる。こうした想定をめぐる問題は「ソクラテス的誤謬（Socratic Fallacy）」と呼ばれ、近年盛んに論じられてきた。『エウテュプロン』に関する論考でこの問題を最初に明確に指摘したギーチによれば、「ある場合には一群の事例が正式な定義よりも有効であるかもしれない」のに、ソクラテスは探求の際に次のような誤った想定をしているという。

(A) ある語T（たとえば敬虔）を正しく述語づけていると知っているならば、あるものがTであるための一般的基準を与えることができるという意味で、「Tであるとは何であるのかを知っている」のでなければならない。

(B) Tであるものの事例を挙げてTの意味に到達しようとしても無益である。[1]

(B)は事例を手がかりとする探求の不毛を告げるもので、(A)から派生する。(A)は「何であるか」の知識の優先性を告げるもので、簡潔には次のように定式化できる。

(C)もしFとは何であるかを知らないならば、いかなる事例xについても、xがFであると知ることはできない（たとえばFには敬虔、xには敬虔な行為や事物などの事例が入る）。

(C)によれば、事例の特定にはまず先に「何であるか」を知る必要があるので、事例を「何であるか」の探求の手がかりに用いることはできなくなる（B）のである。その場合、探求は大きな制約を受けることになる。

だが問題はこれにとどまらない。事例の特定だけでなく、性質の特定にまで「何であるか」の知識の優先性が波及するからである。たとえば『弁明』の次の箇所である。

というのも、死を恐れるということは、諸君、知恵がないのに知恵があると思っていることにほかならないからです。つまり、それは知らないことを知っていると思うことなのです。なぜなら、死を知っている人はだれもいないからです、ひょっとしてそれは人間にとってあらゆる善きもののうちで最大のものかもしれないのに、人々はそれが悪いもののうちで最大のものであることをまるでよく知っているかのように、恐れているのです。（二九A、朴訳）

「死とは何であるか」を知らなければ、死がどのような性質のものか（善いものか悪いものか）を知ることもできない、とソクラテスは想定していると思われる。また徳についての対話篇では、次のように一般化して述べら

(1) Geach 1966, p. 371.

れている。

何であるかを知らないものについて、それがとにかくどのような性質のものであるかを、どうしてぼくは知ることができるだろうか。(『メノン』七一B)

これを徳に適用すれば、たとえば「徳とは何であるかを知らなければ、徳が教えられうるものであるかどうかを知ることができない」(『プロタゴラス』三六一C、『メノン』七一A―B、一〇〇B)ことになる。そこで性質についても、次のように定式化できる。

(D)もしFとは何であるかを知らないならば、いかなる性質Gについても、FがGであると知ることはできない(たとえばFには徳、Gには教育可能などの性質が入る)。

(C)や(D)を示唆するソクラテスの発言は、ほかにもさまざまなものに関してなされる。メノンという人物(『メノン』七一B)、視力・聴力(『ラケス』一九〇A―C)、正義(『国家』第一巻三五四B―C)、友(『リュシス』二二三B)、ソフィスト(『プロタゴラス』三一二C)、弁論術(『ゴルギアス』四六三C)などである。(C)と(D)は、こうしたものに関して「何であるか」を知ることを何よりも(それの事例や性質の特定よりも)優先させる点で共通している。そこでさらに、(C)と(D)を次の一般原則にまとめることもできる。

(E)もしFとは何であるかを知らないならば、Fについて何も知ることはできない。

(E)によれば、あるものについて「何であるか」を知らなければその事例も性質もいっさい知ることができない。しかし、事例も性質もいっさい知ることができなければ、「何であるか」を知らない者はそれを探求するための手がかりをいっさい失い、探求は不毛に終わるのではないか。はたして(E)は「ソクラテス的」な想定なのか、そして「誤謬」なのか。この「ソクラテス的誤謬」問題は、プラトン研究のみならず哲学的にも重要であり、さまざまな解釈や議論がなされているが、(E)を認めた上で、事例や性質の知識がなくても真なる思わくさえあれば「何であるか」の探求は可能だとソクラテスは考えている、とする説もその一つである。

さて、探求の続行を促すソクラテスに、エウテュプロンは突然、別れを告げる。

> それでしたらまた今度お答えします、ソクラテス。というのも、今はあるところに急いでいまして、私はもうお別れしなくてはならない時刻ですので。（一五E）

「あるところに急いで」いるというのは口実だろう。本音は、これ以上の吟味を逃れたいのである。彼のような自信家には、「明確に知っていると思っている」（一五E一）にすぎないと認めるのは容易ではない。あるいは別の可能性として、吟味論駁の結果、訴訟の取り下げに急いだのかもしれない。ディオゲネス・ラエルティオスがこう述べるように――

ソクラテスは、勧めることも思いとどまらせることも、両方ともできる人であった。たとえば、テアイテトスを相手に知識について対話することによって、ソクラテスは彼を神がかり状態で送り出した、とプラトンも言っているように。またエウテュプロンには、彼が父親に対して外国人殺害の私訴を起こしたとき、ソクラテスは何か敬虔について対話することによって、彼に撤回させたのである。（『ギリシア哲学者列伝』第二巻二九）

ソクラテスとの対話が実際どのような効果を発揮しえたのか、それは即断できない。しかし、彼が対話を通じて何を達成したいと望んでいたのかは、比較的明瞭である。それは「若者たちができるだけすぐれた善い人間になる」（二D二）ことであり、また七〇歳のソクラテス自身が「残りの人生をよりよく生きる」（一六A三―四）ことであっただろう。そのための最後の営みを、われわれは『エウテュプロン』に始まる第一の四部作（一八〇頁参照）のうちに見ているのである。

『ソクラテスの弁明』

朴　一功

一　『ソクラテスの弁明』という作品

だれもがやがて生を終える。「死ぬということは、二つのうちどちらかなのです。つまり、それは無のようなものであって、死者は何ごとについても一切感覚をもっていないか、それとも、言い伝えにあるように、それは実際ある種の変化であって、魂にとってこの場所から別の場所へと移り住むことなのか、このどちらかなのです」（四〇C）。

これは、ソクラテスが自分に無罪の投票をしてくれた人たちに語りかけた言葉の一節である。死が無のようなものであっても、あるいは魂の移住のようなものであっても、どちらであってもソクラテスは善いものと考え、その理由を説明している。無であれば、深い眠りのようなものであり、移住であれば、あの世で今は亡き人々と対話できるのだと（四〇D—四一C）。しかし先々のことは、「だれにもわからないのです、神でなければ」と彼は言う（四二A）。いずれにせよ、時が来れば、ソクラテスはこの世から去り、戻って来ることはない。彼が恐れるのは死ではなく、みずからの悪徳であり、不正である。彼にとってはこの世の生がすべてであり、その生をよく生きぬくことが人生の目的であった。「私の今のこともひとりでにたまたま生じたのではなく、もう死んで、面倒から解放された方が私にとってはよかったのだという、このことは私には明らかなのです」（四一D）。

しかし、なぜ「私には明らか」なのだろうか。ソクラテスが裁判にかけられ、死刑の判決を下され、それを受け入れる方が「よかったのだ」というのは、われわれには理解しがたいことのように思われる。ソクラテス裁判について基本的な事柄を確認しておくことにしよう。

紀元前四三一年以来、ギリシア世界の覇権をめぐってアテナイとスパルタは二〇年以上戦っていたが（ペロポネソス戦争）、その戦争は前四〇四年アテナイの敗戦で終結した。その年、アテナイには三十人政権が成立したが、恐怖政治をくり広げたため、翌年政権は崩壊し、民主制が回復する。この回復した民主制アテナイのもと、前三九九年春、後の時代が記憶すべき裁判が開かれた。ソクラテス裁判である。原告は無名の若者であり、作家（古註によれば、「つまらない悲劇作家」）であったメレトス、被告は哲学を無償の仕事としていたソクラテス。三十人政権の首領格であったクリティアスはソクラテスと親しく、他方、メレトスの後ろ盾であったアニュトスは民主派の指導者であった。ここから裁判には政治的背景も考えられるが、時の政治権力によって、いわば暴力的にソクラテスが裁判にかけられたわけではない。手続きはすべて民主的に進められ、裁判もすべて民主的に行なわれた。告発理由は、不敬神の罪と若者を堕落させる罪の二点、求刑は死刑、というものであった。裁判は、原告被告双方の弁論のあと有罪か無罪かの投票が五〇〇名の裁判員によって行なわれ、票決の結果、有罪の場合には、さらに被告は原告の求刑に対し刑の対案を申し出て、量刑を争うことになる。これの票決によって刑は最終的に確定する。ソクラテスの場合、有罪判決となり（有罪二八〇票、無罪二二〇票）、そこで刑の対案として罰金を申し出たが、量刑の票決の結果、大差で死刑となり（死刑三六〇票、罰金一四〇票）、その一ヵ月後、刑は執行され、彼は毒杯を仰いだ。

死刑か否かを争うこのような重大な裁判であっても、アテナイの制度では一日で終了し、判決は確定する。裁判の時間は、日中のおよそ六時間半ほどと見られ、弁論の時間は水時計で計られる。告発者メレトスの訴えに続き、その弁護人である政治家アニュトスと弁論家リュコンの弁論が終わったあと、ソクラテスが弁明を開始する。彼の弁明時間はおそらく二時間半くらいであっただろう（六三頁註（2）参照）。その時間になされた弁明の一部始終の記録が、『ソクラテスの弁明』（以下、『弁明』）にほかならない。作品は、途中、メレトスとの若干のやりとりを含んではいるが、基本的にソクラテスの言葉だけを報告するものである。著者のプラトンはこの裁判に出席しており、当時二八歳であった。彼はしばしば騒然とする法廷で、緊迫した事態の成り行きを注意深く見守っていただけでなく、ソクラテスを救うために罰金の申し出に関する助言もしている（三八B）。プラトンは生涯に三〇あまりの作品を対話篇のかたちで書いているが、この『弁明』においては、実際に自分の目で見たことをもとにして、重要な事実をゆがめることなく記録にとどめていると考えられる。『弁明』という作品が、裁判後いつ頃書かれたかはわからない。裁判には五〇〇人もの裁判員だけでなく、ソクラテスの友人であるクリトンをはじめ、多数の傍聴人も列席していたのであり、裁判の詳細について証言する者は少なくなかったであろう。

とはいえ、『弁明』はプラトンの著作であり、プラトン自身の筆になるものである。この作品で描かれているとおりに、ソクラテスが弁明したとは考えにくい。一読すればわかるように、『弁明』の文章はきわめて洗練されており、通常の話し言葉とは思えないからである。実際にはソクラテスは、むしろぎこちない仕方で、あるいは、たどたどしい口調で語った場面もあったにちがいない。これが実情だとすれば、整えられた文章で綴られ、再構成された『弁明』は、プラトンの一個の創作と言えるかもしれない。しかし、虚構とは言えない。『弁明』が歴史的なソクラテスを再現する記録（あるいは、こう言ってよければ、彼の実像をつくり出す作品）であることを疑う十分な理由は、今、われわれにはないからである。プラトンによって再現されたソクラテス像は、裁判で彼が見たソクラテスの、人間的な、ありのままの姿を伝えるものであろう。『弁明』は、ソクラテスその人を知るための最も重要な一次資料であるばかりか、哲学と人生に関する彼の根本的な考え方を描き出すことによって、本来、哲学とは何であり、哲学者とはどのような人であったのかを示している点で、哲学史の原点に位置する作品であると言ってよい。

二　『弁明』の構成

『弁明』は裁判の記録であるが、告発者側の弁論は描かれず（不要、とプラトンは考えたのであろう）、告発に対するソクラテスの弁明だけを伝えるものである。ところが、その弁明の仕方は、通常とは異なっており、われわれに特別の注意を促すものである。ソクラテスは法廷弁論の言葉を使わず、日常的な言葉で弁明する旨を宣言し、その手順も二段階になっているからである。メレトスら実際の告発者たちに対してだけでなく、彼らよりもずっと以前の、いわば背景的な影の「告発者」に対して、先に弁明がなされているのである。なぜ、このような仕方で弁明がなされているのであろうか。そのやり方はむしろ弁明の内容を複雑にし、裁判では必ずしも有効ではないようにも見える。そもそもソクラテスはどのような考えで裁判に臨んだのか、彼の弁明は弁明として成功しているのか、裁判員たちをかえって挑発しているのではないか、票決の結果は不当なのか正当なのか、われわれにはいくつもの疑問が浮かぶ。最初に、『弁明』全体の構成を確認しておくことにしよう。

『弁明』は三三章（近代の章立てによる）から成るが、その全体（ステファヌス版では、一七Aから四二Aまでの、約二五頁）は便宜的に、次のように大きく六つの部分に分けられるだろう。

(1) 序論（一七A―一九A：第一―二章）
(2) 古くからの告発者たちへの弁明（一九B―二四B：第三―十章）
(3) 後の告発者（メレトス）たちへの弁明（二四B―二八A：第十一―十五章）
(4) ソクラテスの哲学活動（二八A―三五D：第十六―二十四章）
～罪状に関する票決、有罪判決～
(5) 投票結果について、刑の対案、量刑（三五E―三八B：第二十五―二十八章）
～量刑に関する票決、死刑判決～
(6) 判決に関する所感（三八B―四二A：第二十九―三十三章）

これらの部分全体を見渡して気づくことがある。最も分量の多い(4)のソクラテスの哲学活動の部分が、よけいであるように見えるのである。弁明が有効であろうとすれば、あくまでも告発内容に対してなされねばならない。つまり、(2)(3)、とりわけメレトスの告発に対する(3)に弁明は集中すべきなのである。ところが、(3)の部分はそれほどの分量ではなく、むしろ少ないようにも見える。これはどういうことであろうか。問題は、ソクラテスがメレトスの告発内容をどう受け止め、どのような方針で弁明を企てたのかということであろう。正式な告訴状をあらためて確認しよう。

ピットス区民メレトスの子メレトスは、アロペケ区民ソプロニスコスの子ソクラテスを次のごとく公訴し、宣誓供述した。ソクラテスは国家の認める神々を認めず、別の新奇なダイモーン（神霊）のたぐいを導入する罪を犯している。また若者たちを堕落させる罪も犯している。求刑は死刑。（ディオゲネス・ラエルティオス『ギリシア哲学者列伝』第二巻四〇）

これを見てさしあたり言えることは、メレトスの告発内容が表面的なものであるということである。不敬神の罪と若者を堕落させる罪、という二つの「犯罪」は、その実害の規模が具体的に示されなければ、そもそも「犯罪」として成り立たないであろう。たとえば、ソクラテスがダイモーン信仰によって特定の宗教を唱道し、多くの信者を得て、国家をおびやかしているとか、あるいは多くの若者たちをその宗教に巻き込み、反社会的な活動をしているとか、そういった事実が示されねばならない。しかし、ソクラテスがそのような宗教運動をしていた形跡は認められないのである。彼がしていたことはもっぱら対話による哲学活動だけである。もしそうだとすれば、ソクラテスの哲学活動がアテナイという国家をおびやかし、若者たちを堕落させていることになろう。実際、ソクラテスはメレトスたちに告発を促した背景に踏み込んで弁明を開始しているが、そのとき彼が見ていたのは、告発の遠因（あるいは真因）である。それは彼の哲学活動ないし対話活動への深刻な反発にほかならない。

しかしそれなら、不敬神の罪というのは単なる二次的な告発理由なのであろうか。必ずしもそうではないように思われる。死刑を求刑するような告発者たちが、安易にそうした理由を持ち出すはずはないからである。「不敬神」にも重大な意味があり、それと「若者の堕落」は何らかの仕方で結びついていると見られる。ところが、ソクラテスによる弁明の比重は明らかに、「不敬神」よりも彼の哲学活動に置かれている。これがどのような意味をもつか、さらには『弁明』という作品がどのような意義をもつかについては、最後に立ち返ることにしよう。

三　古くからの告発者たちへの弁明

弁明にあたって、ソクラテスは二種類の告発者たちに言及している。

それではまずはじめに、アテナイ人諸君、当然、私が弁明すべきは、私について最初になされた虚偽の告発とそれにかかわった最初の告発者たちに対してであって、その次に、それより後になされた告発、およびその告発者たちに対してです。（一八A―B）

「最初の告発者たち」とは「古くからの告発者たち」のことであり（一八D）、ある喜劇作家（アリストパネス）を除けば、名前もわからない不特定多数の「告発者」、というより、むしろ「中傷者」である（一八D—一九B）。「後の告発者たち」とは現在の実際の告発者であるメレトスたちのことである。それではなぜソクラテスは、「古くからの告発者たち」を取り上げたのであろうか。その理由は、ソクラテスによれば、「古くからの告発者たち」の中傷がメレトスらの告発の誘因になっているからである。

私への中傷が生じるもとになったその告発とは何であるのか、この点をはじめから取り上げてみることにしましょう。メレトスも、まさにその告発を信じて私に対する公訴を起こしたのですから。（一九A—B）

つまり、メレトスは突発的にソクラテスを告発したのではなく、多年にわたってアテナイに生じていたソクラテスへの中傷を踏み台にしているということである。したがって、メレトスの告発の背景にあるソクラテスへの中傷が誤解によるものであることを示さないかぎり、弁明は成功しないのである。民主制下の裁判では、世論が大きく影響する。しかしなぜソクラテスは中傷されるようになったのか。

中傷者たちは、いったい何と言って中傷していたのか。ここでちょうど実際の告発者たちのようにして、彼らの宣誓供述書を読み上げなければなりません。いわく、「ソクラテスは罪を犯し、よけいなことをしている、すなわち、天上地下のことを探求し、弱論を強弁し、かつ同じこれらのことを他人にも教えている」と。（一九B）

これによれば、中傷内容は三点である。㈠天上地下のことを探求している。㈡弱論を強弁している。㈢これらのことを他人にも教えている。以上の三点はアリストパネスの喜劇『雲』に典型的に描かれているものであり、ソクラテスも自分が登場人物にされているその劇に言及している（一九C）。これらはしかし、メレトスの告発理由とどのようにつながっているのであろうか。天上地下の事柄を探求するのは当時の自然学であり、その知見は自然の事象を神々によってではなく、自然そのものによって説明し、その探求は無神論に行き着く可能性がある。弱論の強弁は、当時の弁論術や論争術に関係しており、いわゆるソフィストのなす詭弁と見られていたものである。ソクラテスは裁判員たちに彼の日常の対話内容について互いに話し合ってもらい、㈠㈡が事実無根であることを確かめさせ、また人間教育にもかかわっていないことを表明して、㈢を否定する（一九C—E）。しかし、㈠㈡㈢がソクラテスを中傷する理由なら、他の多くの自然学者やソフィストたちもまた同じように告発されねばならないだろう。言い換えれば、これらの中傷理由はソクラテスを告発するための、必ずしも決定的な理由とは言えないのである。むしろ重要なのは、これらが共通の根をもっており、そこから出ているということであろう。その根こそ、まさにソクラテスの哲学活動なのである。彼はこう続けている。

みなさんのなかには、だれか口をはさんでくる人がいるかもしれません、「しかしね、ソクラテスよ、君の仕事は何なのだ？　どこから、君に対するそうした中傷が生まれてきたのだ？　というのも、とにかく君が他の人たちのやらないよけいなことを何も仕事にしていないのなら、つまりもし君が多くの人たちと何かちがったことをしていなかったとすれば、その場合、これほどのうわさや風説はきっと生じてこなかったはずだからね。……」と。

このように言う人は、正当なことを言っていると私には思われるのです。ですから、私にこの名前と中傷をつくり出したものがいったい何であるのかを、私もはっきりと示すように努めましょう。（二〇C—D）

「この名前」とは、「知恵のある人物」ないし「知者」という名前である。その名前はすでにうわさとして人々の口にのぼっていたものである。それを「古くからの告発者たち」は天上地下の事柄の探求と弱論の強弁とに結びつけていたのである（一八B）。問題は、この結びつきが何に由来するかであろう。その結びつきは、実は、うわべの口実でしかないことがソクラテスによって明らかにされるが、彼の説明はしかし、意外なものである。なぜなら、「知者」でないことが「知者」のうわさの原因であるということが示されるからである。彼は若い時からの仲間であったカイレポンが、ソクラテスより知恵のある者はだれもいない、というデルポイの神託を受けたこと、そして長い間その神託に困惑し、その意味を探求すべく世に知恵があると思われている人たちを訪ね歩き、自分よりも知恵のある人物を見出して、神託を論駁しようとしたことを語るのである。彼は、当時「知恵」の評判が高い政治家、作家、技術者たちと対話するが、彼らが「善美の事柄」あるいは「最も重要な事柄」について実際には知らないのに、知っていると思い込んでいることを発見するのである。ある政治家との対話を終えて、ソクラテスはこう考えるにいたる。

この人間よりも私の方が知恵がある、と。なぜなら、おそらく、われわれのどちらも善美の事柄は何も知らないらしいけれども、この男は知らないのに、何か知っていると思っているが、私の方は知らないので、その通りにまた、知らないと思っているから。とすれば彼よりも私の方が、まさにこのちょっとした点で、つまり、自分の知らないことはまた知らないと思っている点で、知恵があるらしい、と。（二一D）

これはソクラテスの「無知の自覚」（いわゆる「無知の知」）を示す有名な発言であるが、今、注意すべきことは二点ある。一つは、ソクラテスが「知らないことはまた知らないと思っている点で、（相手よりも）知恵があるらしい」という、彼の無知の自覚の、何らかの「知恵」への転換である。しかしこの「よりも知恵がある」という事態は、ソクラテス自身の内部で確認されることであって、彼の「知者」としてのうわさと結びつくものではない。結びつくのは、対話によって彼が、自分のみならず相手の無知をあらわにする事態である。これが注意すべきもう一つの点であり、裁判においてより重要である。

私は彼に、君は知恵があると思っているけれども、実はそうではないのだと、はっきり示すよう努めたのです。するとその結果、私は彼にも、その場にいた人たちの多くにも憎まれることになったのです。（二一C―D）

政治家のみならず、作家や技術者たちを次々と訪ね歩くことによって、こうした憎まれる経験をソクラテスは積み重ねてゆく結果となり、ここから「知者」という名前が彼に帰せられるようになる。

こうした詮索をしたことから、アテナイ人諸君、私に対する多くの憎しみが生じてきたのです、しかもそれらはやっかいきわまりなく、この上もなく重苦しい性質のものでした。その結果、そうした憎しみから多くの非難が生じ、名前の方はそれだと、つまり「知者」だと言われるようになったのです。というのも、私が他の人を何かのことで論駁してゆくと、そのつどその場にいる人たちは、その事柄についてはこの私自身に知恵があるのだと考えるからなのです。（二二E―二三A）

ソクラテスによれば、彼の「知恵」、および彼への中傷の由来は、彼の論駁活動にある。論駁する者は知恵があると見られ、論駁される者は論駁するソクラテスに憎しみを抱き、非難し、中傷する、ということである。そしてこれはソクラテス個人の問題にとどまらない状況となる。なぜなら、ソクラテスを真似る若者たちが現われるからである。彼らは他の人たちを吟味しようと試みる。そして、「何ごとかを知っていると思ってはいるが、実際にはほとんど、あるいは何も知らないといった人たちが、やたら多くいることを発見する」のである（二三C）。吟味された者たちはソクラテスに対して腹を立て、「若者たちを堕落させている」などと言うが、だれかがその人たちに「ソクラテスは何をし、何を教えているのか」とたずねても、答えることができない。ここからソクラテスは、彼らについて決定的な説明をしている。

自分たちが返答に窮していると思われないために、知恵を求めるあらゆる人たちに向けられる手近なありきたりのことを、たとえば、「天上の事柄や地下の事柄」とか、「神々を認めない」とか、「弱論を強弁する」などといったことを口にするのです。つまり、私の思うに、その人たちは真実を言いたくないのでしょう。そんなことをすれば、彼らは知っているふりをしているだけで、実は何も知らないのだということが明白になってしまうからです。（二三D）

要するに、天上地下の事柄や弱論の強弁などは、ソクラテスの見るところ、単なる口実にすぎず、中傷の真の理由は、彼らの無知が「明白になってしまう」ことなのである。メレトスやアニュトス、リュコンといった「後の告発者たち」についても同様であり（二三E）、新旧の告発者たちの告発の起源はソクラテスの論駁活動、すなわち彼の哲学活動にある、あるいはむしろ、名誉心や自尊心を傷つけられたと思う彼らの憎しみや嫉妬にある。ソクラテスは告発者たちの言動にひそむ、根深い心理的な動機を見ているのである。

四　後の告発者たちへの弁明

続いてソクラテスは、メレトスらの告発内容を確認している。

それでは実際、あらためて、彼らを別の告発者たちであるかのように見なして、彼らの宣誓供述書をもう一度取り上げてみましょう。それはつまり、何か次のような内容なのです。いわく、ソクラテスは若者たちを堕落させ、国家の認める神々を認めず、別の新奇なダイモーン（神霊）のたぐいを認める罪を犯している、と。（二四B—C）

一見してわかるように、正式の告訴状とちがって、ソクラテスは不敬神の罪を後に回し、若者を堕落させる罪を先に述べている。これは告発の主眼が若者を堕落させる罪にあり、不敬神がその原因になっていると、彼が見ているからだと考えられる（二六B）。しかし注意が必要である。ソクラテスとメレトスらとの間には視点のずれがあるように思われる。ソクラテスは不特定多数の「古くからの告発者たち」への弁明において、彼らの告発ないし中傷の原因が彼の論駁活動にあることを明らかにしていた。つまり、若者の堕落を彼の論駁活動に結びつけていたのである。そして彼らがソクラテスに「神々を認めない」という不敬神を帰することは、彼らが自分たちの無知を言い繕うために持ち出された口実にすぎないと、ソクラテスは説明していたのである。ところが、メレトスら「後の告発者たち」の見方はこれとは異なっている。若者の堕落は、ソクラテスの論駁活動そのものによるのではなくて、まさに不敬神によるものと見ているからである。ソクラテスは問答によって、メレトスが若者の堕落や教育に関心がないことを明らかにする議論を終えたうえで、彼と次のようなやりとりをして、その点を確認している。

……アテナイ人諸君、私の言っていたことはもはや明らかであって、メレトスはこうした事柄については、大小問わず、いまだかつて関心がなかったのです。しかし、それでもぜひわれわれに言ってくれたまえ、メレトス君、どのようにして私が年少の者たちを堕落させていると君は主張するのかを。それとも、それはまさに明らかであって、君の書いた公訴状によれば、国家の認める神々を認めずに、別の新奇なダイモーンのたぐいを認めるという、この点を教えることによってなのかね。こうしたことをぼくが教えることによって堕落させている、と君は言っているのではないかね。

「たしかに、それが私の切に言おうとしていることだ」。（二六B）

すなわち、若者の堕落が実際の事実であり、これがソクラテスの不敬神によって引き起こされている、とメレトスは考えているのである。彼は、ソクラテスと親しかった若者たちの一部（アルキビアデスやクリティアスら）が反国家的、あるいは反民主的な行動をとり、アテナイに深刻な被害をもたらした事実を念頭に置いているのである。(1) ここに裁判の政治的動機を見ることができるかもしれないが、この裁判は必ずしも政治的対立や党派的対立によるものではない。ソクラテスは自分の仲間のカイレポンが民主派の仲間でもあった事実に触れているからである（二一A）。その事実はメレトスら告発者たちも承知していたであろう。それならば、なぜソクラテスの「不敬神」が告発されるのか。

アテナイにおいて、ゼウスやアポロンといった「国家の認める神々」は市民生活において重要な役割を果たす権威ある存在である（二〇E、『エウテュデモス』三〇二D）。そうした神々の存在を認めないことは、国家の秩序や社会の中心的な価値を否定することに等しいであろう。ソクラテスの論駁活動が相手の無知をあらわにし、彼に対する多くの中傷を生み出したにせよ、より重大なのは、彼の論駁活動が単なる論争や詭弁のたぐいではなく、既存の価値を問い直す真剣な対話活動であったということであろう。その活動はメレトスらには脅威と映り、「新奇なダイモーンのたぐい」について語るソクラテスは、「国家の認める神々」を認めない者であり、伝統的倫理の吟味によって若者を堕落させる特異な人物と見られたはずである。メレトスらは「古くからの告発者たち」の、いわば口実にすぎない中傷理由を最大限に利用しながら、若者の堕落の根本的な要因をソクラテスの「不敬神」（価値の解体）に探りあてていたと考えられる。彼らによれば、「国家の認める神々」を認めないという不敬神こそソクラテスの哲学活動のもたらすものであり、若者を堕落させるのである。弁明が成功するためには、ソクラテスはこの告発理由に対して十分に反論する必要があるだろう。

五　第一訴因について――ソクラテスは「国家の認める神々」を認めているか

ソクラテスは第一訴因についてメレトスに次のように問いただしている。

君は、ぼくがある種の神々の存在を認めることを教えている、と主張しているのか――そうだとすると、ぼく自身もまた神々の存在を認めており、ぼくはまったくの無神論者ではなくて、その点では不正を犯していない

（1）クセノポン『ソクラテス言行録』第一巻第二章一二―一三参照。

ということになる——、とはいえその場合、国家の認める神々ではなく、別の神々ということであって、そのことが、つまり、別の神々を認めていることが、君がぼくを訴えている点なのだろうか、それとも、君はぼく自身がまったく神々を認めず、そのことを他の人たちにも教えていると主張しているのだろうか。

「そう、それが私の言っていることだ、あなたはまったく神々を認めていないのだ」。（二六C）

このやりとりから見れば、メレトスが告発しているのは、ソクラテスがいかなる神をも認めない無神論者であるということである。メレトスはこのことをくり返し強調している（二六D四、E五）。この点を踏まえて、ソクラテスは問答により、メレトスが自己矛盾をおかしていること、そして自分が無神論者でないことを証明しようとする（二七C—E）。その論理の要点は次のようなものである。

(1) ダイモーンに関する事柄は認めるけれども、ダイモーンの方は認めない、という人はいない。
しかるにメレトスによれば、
(2) ソクラテスはダイモーンのたぐいを認めている。
それゆえ(1)(2)より、
(3) ソクラテスはダイモーンを認めている。
しかるに、
(4)(a) ダイモーンたちは神々であるか、(b) 神々の子どもたちである。
もし(a)なら、ソクラテスは神々の存在を信じている（＝神々を認めている）。

もし(b)であっても、ソクラテスは神々の存在を信じている（＝神々を認めている）。

なぜなら、子どもの存在を信じて、親の存在を信じないのは奇妙だから。

しかるにメレトスによれば、

(5)ソクラテスは神々をまったく認めていない。

ゆえに、(4)(5)より、

(6)ソクラテスは神々を認めず、神々を認めている。

ソクラテスの議論は妥当であり、誤っていないように見える。彼の言うように、メレトスはふざけて「ソクラテスは神々を認めず、神々を認めている」と語っているかのようである（二七A）。しかしメレトスを矛盾に追い込むこの議論によって明らかになるのは、ソクラテスが単に無神論者ではないというところまでである。彼が「国家の認める神々」を認めているかどうかは、依然として明らかではない。もっとも、これは争点ではないと考えられるかもしれない。メレトスはソクラテスとの問答に押されて、問題を無神論者か否かに移すことになったからである。しかし注意が必要である。というのも、「ソクラテスはダイモーンのたぐいを認めている」という(2)の言明は必ずしも正確とは言えないからである。なぜならメレトスが告発していたのは、単なる「ダイモーンのたぐい」ではなく、「別の新奇なダイモーンのたぐい（ἕτερα δαιμόνια καινά）」（二六B五）の導入だったからである（告訴状参照）。ソクラテスはこの点を争点にしないが（二七C）、「別の新奇なダイモーンのたぐい」が神々の存在とつながるものなのか、また、つながるなら、その神々はさらに

「国家の認める神々」と同じものなのか、こういった疑問はいまだ解消されないのである。それゆえ、裁判員たちはソクラテスが「国家の認める神々」を認めているかどうかを、なおも問題にしうるだろう。

そもそも、ソクラテスは「国家の認める神々」を認めているのであろうか。奇妙なことに、弁明において彼はしばしば神に言及しているが、「国家の認める神々」を認めている、といった発言は一度もしていないのである。たしかに彼はヘラに誓い（二四E）、ゼウスに誓っている（二五C、二六E）。しかし、これは慣用的な誓いの表現にすぎないとも言えるであろう。注意すべきは、ソクラテスと神との直接的な関係を示す表現である。重要なのは、彼が「デルポイの神」に言及するときであり（二〇E）、また「神が命じて」（二八E）とか、「神にしたがう」（二九D）といった表現で彼と哲学との関係を示すときである。「デルポイの神」がアポロンであることは裁判員のだれもが承知している。ソクラテスも承知している。ところが、彼はアポロンの名を口にせず、「神は何を言おうとしているのだろうか」（二一B）などと、単に「神」と言うだけである。「真実には神こそが知者であって」（二三A）、「虻《あぶ》のようなものとして神は私をこの国に付着させた」（三〇E）、「神がみなさんのことを心配して」（三一A）等々、こうした発言をする場合、ソクラテスが特定の神の名前を語ることは一度もないのである。そして何より問題なのは、ソクラテスがほかでもなく「ダイモーン的なものの声」（四〇A五）について語るときである。そこでも彼はこれを「神の合図」（四〇B二）と言い換えているだけで、「国家の認める神々」に言及することはないのである。要するに、『弁明』における神格への重要な言及はすべて、神（ホ・テオス）、あるいは一、二度（三五D、四一D）、神々（テオイ）という不定の言及」なのである。(1)

定冠詞をつけた「神（ホ・テオス、ὁ θεός）」という表現は、一般的な意味での「神」をも、特定の「神」をも指示しうる用語法である。しかし『弁明』のなかでソクラテスが用いる「神」あるいは「神々」という表現は、特定の神ないし神々を指しているようには見えない。それどころか、彼が多用している「神」という表現は、端的に「神」であって、彼はほとんど「一神論者（monotheist）」のようにも見える。[2] なぜ、ソクラテスは特定の神の名前を挙げないのであろうか。裁判の争点が無神論者かどうかに移ったからであろうか。そうではないように思われる。「デルポイの神」がアポロンであり、ソクラテスが神を語るときにはアポロンをつねに念頭に置いていた可能性は考えられるだろう（『パイドン』八五B参照）。しかし彼にとって重要なのは、おそらく「アポロン」という名で想像される伝統的な神よりもむしろ、彼の知る「アポロン」、言い換えれば、彼の出会う「神」、あるいは彼にはたらきかける「神」ないし「神々」ではなかったか。ソクラテスが「ダイモーン的なものの声」を「アポロンの合図」と言わずに、単に「神の合図」と言い換えている事実は、彼が伝統的な神ではなくて、彼とのより直接的な関係にある神ないし神々を念頭に置いていたことを暗示するように見える。もしそうなら、無神論か否かについてのメレトスとのやりとりにもかかわらず、第一訴因に関するソクラテスの弁明は必ずしも十分ではないと言わなければならない。それどころか、ソクラテスは不定の「神」や「神々」（単数か複数かは重要でない）を語ることによって、まるで「別の新奇なダイモーンのたぐいを認める」罪を犯しているように見えるかもしれない。のみならず、ソクラテスの「神」は

(1) Burnyeat 1977, p. 4.

(2) Burnyeat 1977, p. 4.

彼に、まさに告発の原因と見られる論駁活動を、つまり、哲学することを命じているのである。

神が命じて——と私は思い、そう解したのですが——、知恵を愛し求めながら、そして自分自身をも他の人たちをも吟味しながら、生きていかなければならない……（二八E）

そして、次のように宣言する。

私は君たちにしたがうよりもむしろ神にしたがうであろう、そして息の続くかぎり、また私にそれができるかぎり、私はけっして知恵を愛し求める哲学をやめず、君たちに勧告し、君たちのだれに、いつ出会っても指摘するのをやめないだろう……（二九D）

六　哲学

被告のソクラテスはアテナイ人たちよりも神にしたがい、哲学をけっしてやめないと言う。そしてアテナイ人たちに勧告すると言う。この時、彼の弁明は通常の弁明を越えているように見える。それは弁明であるよりもむしろ彼自身の生き方の擁護であり、アテナイ人たちに対する挑戦のように映る。

少しおかしな言い方になるけれども、文字通り、私は神によってこの国に付着させられている者であって、この国はまるで大きくて素性のいい馬のようなものなのですが、その大きさのためにやや鈍くて、ある種の虻《あぶ》によって目覚めさせられる必要があるのです。（三〇E）

こうしたソクラテスの発言から考えれば、「『弁明』は、蔓延する不正についてアテナイ人たちを非難する一つの長い逆告発である」とも言える。[1] このような見方は、すでに古代において注意されており、文献に特筆されている。それは前一世紀後半の弁論家ハリカルナッソス（小アジア南）のディィオニュシオスの著者名で伝えられる『弁論術』の次の記述である。

しかしわれわれは審議用、および法廷用弁論に言及したのだから、よりいっそう複雑に構成されており、ある仕方で弁論術のあらゆる部分が総合されている論戦の見本を、プラトンから取り上げてみてもよい。すなわち『ソクラテスの弁明』はその前提として、標題が明らかにしているように、弁明をもっている。しかしそれはまた、あのような人を裁判に引っぱり出したとすれば、アテナイ人たちへの告発でもあるのだ。しかも、その告発の辛辣さは弁明の品位によって隠されているのである。なぜなら、彼自身のためになされている弁明の内容そのものが、アテナイ人たちを告発しているからである。さて、以上が二つの構成要素である。しかるに第三は、次のものである。すなわち、その言論はソクラテス讃美にほかならない、しかもその言論の重々しさは弁明の必要性によりほどよく影で覆われているのである。これが第三の構成要素である。こうして法廷用の二つの主題が、つまり弁明と告発が結び合わされたものとなっているのであり、もう一つが讃美的な主題であって、ソクラテスへの賞讃である。第四の構成要素、これこそまさにプラトンにとって最も重要な主題なのだが、勧告的形態の機能をもち、また哲学的観点をもつものである。というのも、この書は、哲学者とはどのような人であるべきかを告げ知らせる宣言にほかならないからである。（伝ディオニュシオス『弁論術』第八章八–一一–一九、テキストはトイプナー版（ed. Usener, H., Radermacher, L.）による）

（1）Burnyeat 1977, p. 5. 以下に引用する伝ディオニュシオスからの貴重な引用も、Burnyeat（1977）の論文に負っている。

『弁明』の的確な要約と言ってよい。哲学者とはどのような人であるべきか、これこそ『弁明』で描かれるソクラテスその人が明らかにしているものであろう。知恵を愛する人の言葉を、ふるまいを、感情を、生きざまを、そしてあるべき姿を、読者は『弁明』のソクラテスその人のうちにつぶさに見てとることができるであろう。たえず無知の自覚に立つ探求者の姿、生きるに値する哲学の生、対話活動、言葉と行動の一致、そして不正の拒否、これらについてはもはやよけいな解説は必要ないであろう。最後にソクラテスの哲学の中心にある見解の一つに触れておきたい。

哲学とは知恵を愛し求める活動である。ソクラテスはみずからの弁明のなかで、「哲学する、知恵を愛する（ピロソペイン）」という言葉を何度か用いている。この言葉は「知識を求める」ことを意味する日常語であり、ソクラテスの弁明を聞く裁判員たちも、傍聴人たちもみな理解していたであろう。さもなければ、ソクラテスは意味不明の言葉を使っていることになろう。しかし理解の仕方はさまざまである。問題は、どのような意味で知識を求めるのか、ということである。ソクラテスによれば、求められる知は「善美の事柄」にかかわるものであり、「最も重要な事柄」にかかわっているのである。その知恵が魂（命）をすぐれたものにし、人間の徳を構成する。そこで彼は次のように言う。

私が歩きまわって行なっていることはと言えば、ほかでもなく、あなたがたのなかの年少の者たちにも、年長の者たちにも、魂ができるだけすぐれたものになるよう気づかい、それよりも先に、またそのこと以上に激しく熱心に、身体や金銭のことを気づかってはならないと説得していることだけであって、その際、私はこう言っているのです、「金銭から徳が生じるのではなく、金銭その他のものがすべて人間にとって善きものにな

るのは、公私いずれにおいても、徳によるのだ」と。（三〇A―B）

「金銭から徳が生じるのではなく、金銭その他のものがすべて人間にとって善きものになるのは、公私いずれにおいても、徳による」と言われている。ここにソクラテスの哲学の中心があるように思われる。徳のある人とは、立派な人、すぐれた人、善き人である。富があり、地位があり、名誉がある人であれば、多くの人々の目には、立派な人、徳のある人に見える。つまり、金銭や地位から徳が生じるように見える。ソクラテスはこのような見方を逆転させているのである。あらゆるものが、金銭ばかりでなく、他の所有物や、人間の身体や感情、あるいは性格も、それらが、「公私いずれにおいても」、つまり、どのような生活場面でも、善きものになるのは徳による、と言われている。ここで徳が知恵そのものなのか、あるいは、知恵以外の要素も含まれるのか、また、徳は善き人生を保証するのに十分なものか、こうした問題が次々と浮上するが、立ち入らない。ただ、このような問題すべてがソクラテスの哲学の主題であったとだけ言っておきたい。

ここではむしろ、この文章の原文が、「金銭から徳が生じるのではなく、金銭その他の善きものすべてが人間にとって生じるのは、公私いずれにおいても、徳によるのだ」とも訳せることについて、少し触れておきたい。九九頁註（1）でも言及したように、この別訳は文法的には自然であるように見えるが、[1] 徳から金銭が生じるという見方は「ひどい貧乏」（二三B）をしているソクラテスの立場と相容れないばかりか、他の

（1）別訳が自然である理由の一つは、「生じる」の原語 γίγνεται（30B2）が文章後半で「〜になる」ではなく、そのまま「生じる」の意味を保持する点にある（de Strycker, Slings, p. 334）。とはいえ別訳は見かけほど自然でなく、γίγνεται はむし↙

対話篇でのソクラテスの議論（金銭などを無条件に善きものとしない議論）とも相容れない（『エウテュデモス』二八〇E以下、『メノン』八七E以下）。のみならず、ほかならぬソクラテス自身の弁明の言葉がこの解釈を否定するように思われる。

世にもすぐれた人よ、君はアテナイ人であり、知恵においても強さにおいても、最も偉大で最も評判の高い国家の一員でありながら、金銭ができるかぎり多く自分の手に入ることばかりに気をつかっていて、恥ずかしくはないのか、評判や名誉のことは気にしても、思慮や真実、そして魂ができるかぎりすぐれたものになるように、といったことには気をつかいもせず、気にかけもしないというのは。（二九D—E）

別訳は標準的な訳としてしばしば採用されてきたものであるが（邦訳では、岩波文庫の久保勉訳）、ソクラテスの哲学と逆の意味をもつことになろう。「徳から金銭が生じる」というのは、「金銭ができるかぎり多く自分の手に入ることばかりに気をつかっていて、恥ずかしくはないのか」という彼の発言とは正反対の考え方である。ギャロップは別訳を採用し、「まず神の国と神の義とを求めよ、さらばすべてこれらのものは汝らに加えらるべし」（『マタイ伝』第六章三三）という聖書の言葉との比較を推奨しているが、バーニエットの指摘するように、ソクラテスの見解はむしろ、同じ聖書の「富める者の天国に入《い》るは難《かた》し」（『マタイ伝』第十九章二三）にはるかに近いであろう。(1) しかし、それならば、ソクラテスは逆に貧しさを説きすすめているのであろうか。けっしてそうではない。彼が主張しているのは、「金銭その他のものがすべて人間にとって善きものになるのは、公私いずれにおいても、徳による」ということ、このことだけである。これは金銭の所有を否定する発言ではない。金銭も徳によって何らかの仕方で「善きもの」になると考えられているからである。

ソクラテスの言葉に関するすぐれた註釈は、バーネットの註釈本（Burnet 1924）以前に、ウィリアムソンの学校版『弁明』に見出される。(2) 彼は次のように注意している。

このすばらしい発言は聖書のすすめ、すなわち、「まず神の国と神の義とを求めよ、さらばすべてこれらのものは汝らに加えらるべし」と混同されてはならないし、またストア派の「賢者」の自足性の教説とも混同されてはならない（「賢者はユピテルのみに劣る。賢者は富める者、自由であり、誉れ高く、美しい、そう、王のなかの王」（ホラティウス『書簡詩』第一巻第一歌一〇六行）参照）。ここで教えられている教訓とは、「アレテー（徳）なしには、この人生のいわゆる善きものはいかなる価値もないということ、つまり、それらにそれらの善さの性質を与えるのは、アレテーの所有にほかならない」ということである。

これがウィリアムソンの註釈であって、ソクラテスの言葉の正しい方向の解釈を示しているように思われる。(3)しかしながら、そもそも肝心の「徳」とは何であり、金銭その他のものが「善きものになる」とはどういう

↙ろ「～になる」を意味し、補語によって補われるべき言葉であるということが、バーニエットによって強力に論じらている（Burnyeat 2003, pp. 1-25）。ナトリは再び別訳を哲学的観点からも擁護しているが（Natoli, pp. 74-80）、ソクラテスのもろもろの発言と別訳との不整合は必ずしも解消されていない。

（1）Burnyeat 2003, p. 1.

（2）Harold Williamson, *Plato's Apology of Socrates*, edited with introduction and notes, London, Macmillan, 1908). ウィリアムソンのこの書、および以下で引用される註釈は、Burnyeat 2005, p. 139 に負っている。

（3）この解釈の起源は、バーニエットによれば、オックスフォードの古典学者であり、「文法の達人」と見られた J. A. Smith にあると推測されている（Burnyeat 2005, p. 142）。

ことであろうか。またソクラテスは裁判の最後で、「善き人には、生きているときも死んでからも、悪いことは一つもない」ということを「善い希望」として語っているが（四一D）、徳の意味が明らかでなければ、徳のある「善き人」の意味も、そして、この忘れがたい言明の意味も明らかでないであろう。こうしたことはわれわれにとってなおも問題であり、プラトンにとっても、またなによりもソクラテスにとって問題であっただろう（『エウテュデモス』二九二D—E参照）。ここからふたたび哲学が始まるのであり、ソクラテスの対話を再現するプラトンの作品群はその哲学の軌跡と、幾重もの紆余曲折を描くものにほかならない。『弁明』にはわれわれに哲学を促す尽きない源泉がある。

『クリトン』

朴　一功

一　『クリトン』という作品

判決が下され、ソクラテスは牢獄で三〇日ほど過ごすことになる。友人たちは何とかソクラテスを助け出したいと思う。祭使派遣の船がデロス島からいよいよ戻って来るとの知らせを受けて、親友クリトンは夜明け前に牢獄に向かう。船が到着すれば、その翌日に刑は執行されるからである。彼が駆けつける前に、ソクラテスは夢を見、白衣をまとった女性からこう告げられていた、「三日目にあなたは、実り豊かなプティエの地に着くでしょう」と。刑は一日ずれるかもしれないが、一刻の猶予もない中でクリトンはソクラテスに脱獄をすすめ、必死に説得しようとする。彼は考えうるかぎりのあらゆる理由を述べ立てるが、ソクラテスを説得するには至らない。人生最後の日を目前に控えたソクラテスは、自分の生き方をふり返り、クリトンと対話し、互いの考えを確かめ合いながら、脱獄が誤りであることを論じ、刑に服する道を選ぶ。

これが『クリトン』の内容である。古来、「なすべきことについて（περὶ πρακτέου）」という副題がつけられている。『弁明』に続く作品であるが、法廷から牢獄へと、場面は一変している。注意すべき点が二つある。

一つは、この作品はプラトンの前期作品群に属し、いわゆる「ソクラテス対話篇」の一つであるが、問題が未解決に終わらないことである。ソクラテスはみずからの哲学（探求活動）によって、脱獄の是非の問いに解答し、みずからの行動を決めているのである。『クリトン』は、プラトンの全作品中、ソクラテスの哲学の原理が、今、この状況で、行動がどうあるべきかという特定の個別的な問題に適用され、しかも明確な結論が導き出されている唯一の作品なのである。アポリアー（行きづまり）に至らないその議論を検討することによって、われわれはソクラテスの哲学の根本的な視点を見てとることができるだろう。もう一つは、ソクラテスが脱獄を拒否する理由が『弁明』での彼の発言と矛盾するように映ることである。『クリトン』では、法に服することが説かれるが、『弁明』ではソクラテスは、法の行使者である裁判員よりもむしろ神にしたがうことを公言している。判決を受け入れ、刑に服するソクラテスは、法廷で裁判員たちをいわば逆告発するソクラテスとは相容れないのではないか。これは単に、二つのソクラテス像の整合性の問題ではないであろう。

ところで今、おまえがこの世を去っていくとすれば、おまえはすっかり不正な目にあわされて去っていくことになるが、それは私たち国法によるものではなくて、人間たちによるものなのだ。（五四B—C）

「不正な目にあわされて去っていく」ことが紛れもない事実であるとすれば（ソクラテスはそう考えている）、彼は判決を不服とし、何らかの仕方で抵抗すべきではないか。『クリトン』のソクラテスは従順すぎるように見えるのである。法、あるいはそれに基づく国家と、その制度のなかで生きる個人との関係が、ソクラテスの言行を通じて、あらためて問われねばならない。

二　『クリトン』の構成

『クリトン』の全体は、次の三つの部分に分けられる。

(1) 序幕（四三A—四四B：第一—二章）
(2) クリトンによる脱獄のすすめ（四四B—四六A：第三—五章）
(3) ソクラテスによる脱獄拒否の議論（四六B—五四E：第六—一七章）

これを見てわかるように、(3)のソクラテスの議論が『クリトン』の大半を占めている。その議論はまた、大きく次の二つの部分に分けられる。

(a) ソクラテスの行動原則に基づく議論（四六B—四九E：第六—十章）
(b) 国法による議論（四九E—五四D：第十一—十六章）

(a)ではソクラテスとクリトンとのあいだで対話がなされるが、(b)ではソクラテスと国法とのあいだで対話がなされる。国法は擬人化されていて、ソクラテス自身の見解を表明するものと見られ、国法と対話するソクラテスはみずからの応答だけでなく、クリトンの反応をも示すものと考えられる。国法（＝ソクラテス）によってソクラテス（および、クリトン）は説得されるのである。

先に述べたように、『クリトン』は、今、この状況で、ソクラテスが脱獄すべきかどうかを問う作品である。つまり、一般的な状況ではない。ソクラテスの脱獄の是非も、一般的な観点からのみ考えてはならない。たとえば、「悪法もまた法なり」（この言い回しは、『広辞苑』では「ソクラテスの言葉とされる」となっているが、典拠は明らかでない）といった原則によって、ソクラテスは脱獄を拒否した、などと単純に解することはできない。そもそもソクラテスは国法を「悪法」と見なしていないばかりか（むしろ適切なものと見ている、五〇E一参照）、何よりソクラテスとクリトンをめぐる特定の事情を考慮しなければならないからである。クリトンはソクラテスと同じ区（アロペケ区）の出身であり、同い年（七〇歳）の親友である。二人の関係は単に見知らぬ人どうしの関係ではない。牢獄に駆けつけたクリトンの感情、クリトンがなすべきこと、クリトンにできること、クリトンが心配すること、そして親しい友を失うクリトンの人生、こうしたことをわれわれは考慮しなければならない。脱獄の是非を問う『クリトン』は、友人関係がどうあるべきかを問う作品でもあるだろう。

三　クリトンが脱獄をすすめる理由

夜明け前にやってきたクリトンは、その理由をソクラテスに次のように言う。

知らせをもってきたのさ、ソクラテス、つらい知らせをね。ぼくの見るところ、君にとってはそうではないかもしれないが、ぼくだけでなく、君の親しい友人たちにとっても、つらくて重苦しい知らせなのだ。思うにそれは、ぼくにとっては何よりも耐えがたい、重苦しいきわみの知らせなのだ。（四三C）

「ぼくにとっては何よりも耐えがたい、重苦しいきわみの知らせ」という表現に、クリトンの感情のすべてが示されている。ソクラテスはクリトンの気持ちをやわらげ、静めるような言葉を繰り出し、夜のうちに見た夢を語るが、悲運の状況は変わらない。クリトンは切々とソクラテスに懇願して次のように言う。

今からでもぼくにしたがって、生きのびてくれたまえ。というのも、君に死なれたら、それはぼくにとってはただ一つの災難にとどまらないからであって、ぼくが二度と見つけられないような、かけがえのない親しい友人が奪われてしまうばかりか、さらには、ぼくのことも君のこともはっきりとは知らない多くの人たちに、ぼくが金銭を費やそうとしたなら君を救うことができたのに、ぼくにはその関心がなかったのだと思われるだろうからだ。とはいえ、これ以上に恥ずかしい、つまり、友よりもお金の方を大事にしていると思われること以上に恥ずかしい評判が何かあるだろうか。（四四B—C）

まず二つの理由が述べられている。一つは、(1)ソクラテスが死刑になれば、「かけがえのない親しい友人が奪われてしまうこと」、もう一つは、(2)クリトンが金銭を費やしてソクラテスを助けようとしなければ、「恥ずかしい評判」をこうむること。第一の理由は切実なものであるが、第二の理由はクリトン自身の評判にかかわるものであり、さほど説得力があるようには見えない。が、彼が見ているのは「世間の多数者の思わく」が「最大とも言える害悪」をつくり出すことができるという点である（四四D）。「評判」は単に「評判」にとどまらないからである。

他方、クリトンはソクラテスが友人たちに累を及ぼす心配がないことを伝えたうえで、脱獄にかかわる実際的な援助を申し出ている。

君のためにはぼくのお金が準備されていて、ぼくの見るところ、十分な額だ。それからまた、もし君がぼくのことで何か気にかかって、ぼくのものは使ってはいけないと思うのなら、この地に来ているあの他国の客人たちがお金を用立てるつもりでいるのだ。……

そしてもし君がテッタリアに行く気があるなら、あそこにはぼくの客人筋の者たちがいるので、彼らが君を大事にして君の身の安全をはかってくれるだろうし、その結果、テッタリアの人たちはだれも君を苦しめることはないだろう。（四五B―C）

クリトンは脱獄の環境が整っており、脱獄が安全に実行できることをソクラテスに伝えているのである。これはしかし、脱獄を正当化する理由ではないであろう。脱獄が単に実現可能な選択肢であることを示しているにすぎないからである。クリトンはより積極的な理由を提示しなければならない。そこで彼は次の二点をつけ加える。

さらにまた、ソクラテス、ぼくには君のやろうとしていることは正しいとも思われないのだ。君は助かることができるのに、自分自身を見捨てようとしている。そればかりか、君の敵たちが君を破滅させようと望んでまさに懸命になりそうなことを、しかも彼らは実際に懸命になったのだが、そんなことを自分の身に実現しようと君が懸命になっているありさまなのだ。

またこうしたことに加えて、君は君自身の息子さんたちも見捨てようとしているようにぼくには思えるのであって、その子たちを君は育て上げ、教育してゆくことができるのに、置き去りにしたうえで立ち去ろうとしているのだ、そして君の言い分では、あの子たちが行き当たりばったりに何をしようとかまわないということになろう。（四五C―D）

すなわち、ソクラテスは助かることができるのに、⑶自分を見捨て、⑷子どもたちを見捨てようとしている、ということである。自分を見捨てることは敵たちの不当な目論見に加担することであり、子どもを見捨てることは教育の務めを放棄することであって、どちらも正しいとは思われない。

以上がクリトンの議論であるが、ソクラテスはこれらすべてに応答していくわけではない。彼が口をはさむのは⑵の「恥ずかしい評判」についてだけである。「世の多くの人たちの思わく」を気にかけるのではなく、気にかけるべきは「最も公正な、品位ある人たち」の考えだと言われる（四四C六―八）。他の点については、最終部（五三A―五四B）で答えられるのである。つまり、ソクラテスは⑵に含まれる「思わく」の問題が最も重要なものと考えており、他の事柄はその問題の解決によっておのずと解消されると見ていることになる。

四　ソクラテスの行動原則

ソクラテスは罪を問われ、有罪判決を下され、刑に服し、牢獄で死を待つ状況である。この場面で脱獄をすすめられるとき、どのような行動をとるべきか。クリトンや他の友人たちの悲しみ、残される子どもたちの行く末、「ほかにもいろいろと心配の種は多い」（四五Ａ四―五）。こういったことを何もかもソクラテスは十分承知しているであろう。脱獄は法を破ることである。クリトンはこれをすすめている。彼にとってはソクラテスの命が何より大切である。ソクラテスは敵の手にかかって抹殺されようとしているように見える。彼の命を救うことは、敵の不正に打ち勝つことであり、正当な行為ではないか。脱獄という法的な不正に対し、友人の命を救うという倫理的な正しさが上回っているのである。ソクラテスを救い出さないことは、ソクラテスにとっても自分にとっても「悪いことであると同時に、醜いことでもある」（四六Ａ三―四）と、当然のことのようにクリトンは主張する。救出しないことの悪と醜、この判断は法的次元を越えているであろう。

しかしこうしたクリトンの主張に対し、ソクラテスは次のようなことを述べる。

ぼくという人間は、今にはじまったことではなく、いつもそうなのだが、筋道を立てて考えていき、最善だと自分に明らかになるような原則でなければ、自分のなかの他のいかなるものにもしたがわないような、そうした人間なのだ。

だから、ぼくは自分が以前に語っていたもろもろの原則を、ぼくがこの運命になったからといって、今、投げ捨てるようなことはできないのだ、……もしこれら以上に善いものを、今この場においてぼくたちが言うことができなければ、いいかね、ぼくは君にけっして譲歩しないだろうし、たとえ多数者の力が、現に今やっている以上のやり方で、拘禁とか、死刑とか、財産の没収とかを突きつけて、まるで子どもたちをお化けでこわがらせるようにしてわれわれを脅すとしても、ぼくは譲歩しないだろう。（四六B―C）

ソクラテスの主張は明瞭である。問題は彼の言う、「最善だと自分に明らかになるような原則」とは何であるのか、ということである。この原則はソクラテスの行動の規範となるものであり、彼に固有のものである。ソクラテスはまずこの行動原則を確認し、確立したうえで、それをさらに脱獄の是非という個別の問題に適用していくのである。

それでは、ソクラテスの行動原則とは何か。次の二点である。

(P) 正しいことや不正なこと、醜いことや美しいこと、善いことや悪いことについては、多数者の思わくではなく、だれか精通しているただひとりの人の思わくにしたがうべきである（四七C九―D二）。

(Q) 最も大切にすべきは、ただ生きることではなくて、よく生きることである（四八B五）。

ここで重要なのは、(P)の根拠であり、(Q)の意味である。ソクラテスは(P)を四六D―四八Aの議論によって次のような仕方で確立している。すなわち、多数者は思慮のない人たちであって、彼らの思わくは劣悪であり、有害である。たとえば、体育の訓練をする人は多数者の思わくにしたがうのではなく、専門家である医者や体育教師の思わくに注意を払う。さもなければ、身体を滅ぼすからである。同様にして(P)が言える。

なぜなら、精通している人にしたがわなければ、われわれはかのものを破壊し、損なうことになるからである（四七Ｄ三―四）。「かのもの」とは、正しいことによってより善くなり、不正なことによって滅びるものである（四七Ｄ四―五）。しかるに、悪くて破壊された身体をもつなら、われわれに生きがいはない（四七Ｅ四―五）。同様に、不正なことが損ない、正しいことが益する「かのもの」が破壊されたなら、われわれに生きがいはない（四七Ｅ七―八）。正義と不正がかかわっているかのものは、身体よりも貴重なものである（四七Ｅ七―四八Ａ三）。

(P)については以上のようにソクラテスは論じるが、二つの疑問が浮かぶ。一つは、正しいことに精通している人とはだれなのか、ということである。身体の専門家は医者や体育教師であるが、正しいことの専門家とはだれであろうか。もう一つは、「かのもの」とは何であるのか、ということである。こういった疑問については何も語られていないが、クリトンは議論を理解しているように見える。「精通している人」がだれであろうと、少なくとも多数者の思わくにしたがうべきでないということは、体育訓練の事例から言えることである。むしろ問題の核心は、「多数者はわれわれを殺すことだってできるんだぜ」（四八Ａ一一）というソクラテスの発言にあるように思われる。多数者は人の命を奪うことさえできる。もしソクラテスの議論が成り立つのであれば、「かのもの」と言われているものが命（肉体的生命）よりも重要なものでなければならない。つまり、「かのもの」が破壊されるくらいなら、身体が破壊される方がましだということである。ここでクリトンは「かのもの」について、それが何であるかを理解しているように見える。なぜなら、ソクラテスにそれが身体より貴重かどうかを問われて、「はるかに貴重だ」（四八Ａ四）と即座に答えているからである。「かのもの」とは「魂」（こころ）のことであろう。

他方、(Q)については理由づけはなされないが、クリトンはこれにも直ちに同意している（四八B六）。(Q)は疑う余地のない自明な命題と彼が見なしているからなのか、それともそれは以前からソクラテスとの対話によって承認済みのことであったからなのかは、明らかでない。しかしここでも問題は、ソクラテスの、「『よく』というのは、『美しく』とか『正しく』と同じであるということも動かないだろうか」という問いかけにある（四八B七）。クリトンは「動かない」と同意しているが、その理由はおそらく、「正義と不正がかかわっているかのものは、身体よりも貴重なものである」という主張にあるだろう（四七E七—四八A三）。「正しく」生きるのでなければ、あるいは「美しく」生きるのでなければ、私の「かのもの」は破壊され、私が生きてゆくこと自体が成り立たない、と考えられるからである。

したがって、(Q)は次のように言い換えられる。

(R)最も大切にすべきは、正しく、あるいは美しく生きることである。

かくして、ソクラテスはこれを直面している現在の問題にあてはめるのである。

それなら、これらの同意された事柄に基づいて、次のことを考察すべきではないかね。それは、アテナイ人たちが許していないのに、ぼくがここから出て行こうとするのは正しいのか、それとも正しくないのか、という問題だ。そしてもしその行動が正しいということが明らかになれば、ぼくたちはそれをしてみようではない

か、だがそうでなければ、やめておこうではないか。（四八B一〇―C二）

五　脱獄の是非

問題は一点である。「ぼくたち自身が互いに連れ出したり、連れ出されたりするとき、そもそも正しいことをしているのだろうか、それとも真実には、すべてそういったことをする場合、ぼくたちは不正を犯しているのだろうか、この点をこそ考察すべきなのだ」（四八D）、とソクラテスは言う。脱獄は正しいか不正か（あるいは美しいか醜いか）、ということである。この問題を考えるにあたって、ソクラテスはまず、(A)不正な行動が許される場合や状況があるかどうかについて論じ、そのうえで、(B)脱獄が不正な行動かどうかを考察し、最終的に脱獄を拒否する。その論理は厳密であり、以下でわれわれはそれを丹念に辿っていくことにしよう。

(A)に関するソクラテスの議論は次のようなものである。

(1)不正を行なうことは、不正を行なう者にとって、あらゆる点で、まさに害悪であり、醜い（四九B四―五）。

それゆえ、

(2)いかなる場合も不正を行なってはならない（四九B七）。

それゆえ、

(3)仕返しに不正をすることもしてはならない（四九B九）。

また、

(4)人が害悪を身に受けた場合に、多くの人々が主張するように、仕返しに害悪を加えるというのは、正しくない（四九C四―五）。

なぜなら、

(5)人々に害悪をはたらくというのは、不正を行なうことと変わらないから（四九C七―八）。

それゆえ、

(S)世のだれに対してであろうと、仕返しに不正を加えたり、害悪をはたらいたりすることは、たとえ彼らからどんな目に遭わされようとも、けっしてしてはならない（四九C一〇―一一）。

以上の議論によって、ソクラテスはどのような場合も不正はしてはならないことを結論づけているのである。その根拠は、さかのぼって(1)の、「不正を行なうことは、不正を行なう者にとって、あらゆる点で、まさに害悪であり、醜い」という最初の命題にある。しかしなぜ不正は、それを行なう者にとって害悪であり、醜いのか。(1) その理由は、不正によって、「かのもの」が損なわれ、滅びると考えられているからであろう（四

(1)この問題については、『ゴルギアス』四七四C―四七五D参照。不正の醜さは害悪を含意しないとするポロスの主張を論駁して、ソクラテスは不正の醜さが行為者にとっての害悪を含意することを主張する。ソクラテスの議論が妥当かど↙

七D四―五)。ソクラテスとクリトンとの間で共有されたこの暗示的な理由が、いかなる場合にも不正は許されない、という主張の最終的な根拠であると見られる。そこでソクラテスは(S)を前提にして、クリトンに次のように問いかけるのである。

人がだれかに同意を与えた場合、その事柄が正しいものであるなら、それをなすべきだろうか、それとも背いてよいだろうか。(四九E六―七)

クリトンは即座に「なすべき」と応じている。「正しいものであるなら」という条件がついているからである。したがって、次の命題が確立されることになる。

(T) 人がだれかに同意を与えた場合、その事柄が正しいものであるなら、それをなすべきだ。(四九D六)

この命題から議論は(B)の段階、すなわち、脱獄は不正かどうかという問題に移ることになる。しかしここで、ソクラテスはクリトンにやや謎めいた問いかけをするのである。

では、以上のことからよく見てくれたまえ。われわれが国家を説得せずにここから出て行くとしたら、われわれはある者たちに害悪をはたらいているだろうか、しかも最もそうしてはならない者たちにね、それともそうではないのだろうか。またわれわれは、正しいと自分たちが同意を与えた事柄を守っているだろうか、それともそうではないのだろうか。(四九E九―五〇A三)

この問いかけに対し、クリトンは「ぼくには答えられないよ、……なぜって、思い浮かばないのだから」と言う。「思い浮かばない」というのは、ソクラテスの言っている「ある者たち」とか、「正しいと自分たちが同意を与えた事柄」が何を意味するのか、判然としないからである。そこで、ソクラテスは次のように言う。

それなら、こう考えてみてくれたまえ。もしぼくたちがここからまさに脱走、と言って悪ければ、どう呼んでもかまわないが、ともかくそうしようとしているところに、国法と国家共同体がやって来て立ちはだかり、こうたずねたとしたらどうだろう。「どうか言っておくれ、ソクラテス、おまえは何をするつもりなのかね？ほかでもない、おまえがやろうとしているその行動によって、おまえは私たち国法と国家の全体を、おまえにやれるかぎり滅ぼそうともくろんでいるのではないか。それとも、おまえは、国家においていったん成立した判決がまったく効力をもたずに、個人によって無効にされ、破壊されても、なおその国家は存立し、転覆を免れることができるとでも思っているのかね」。（五〇A六―B五）

これに対し、ソクラテスが、「いやそれは、国家が私たちに不正を行なっていたのであって、正当に判決を下さなかったからなのです」と言うべきかとたずねると、クリトンは直ちに同意している。ここに国家の不正が暗示されているが、しかしソクラテスはそれを一蹴する。

それでは、国法がこう言ったとしたらどうだろう。「ソクラテスよ、はたして、そういったことも私たちとおまえとの間で同意されていたのだろうか、それとも国家が下す判決はどのようなものであれ守るということが同意されていたのではなかったか」。（五〇C五―七）

↙うかについては大いに解釈の余地がある（Cf. Vlastos 1967）。

ここから国法とソクラテスとのやりとりが始まるが、先の「ある者たち」とはここでは国法と国家のことであり（後に自分自身や友人が加えられる、五四C参照）、「正しいと自分たちが同意を与えた事柄」とは、「われわれ」（あるいは、ソクラテス個人）が国法と国家に与えた同意事項であることが判明する。この同意事項が正しいものであるかぎり、ソクラテスは守らなければならず、それを破ることは不正であって（五一E参照）、けっしてしてはならない。この点を脱獄の問題にあてはめれば、以下のようになるだろう。

(1) 国家が下す判決はどのようなものであれ守るということが同意されていた。

しかるに、

(2) 脱獄とは判決を無効にし、国家を転覆することである（国法と国家を滅ぼすことである）。

それゆえ、

(3) 脱獄とは国家との同意に背くことである（＝不正である）。

ここから、脱獄すべきではない、という結論が導かれる。しかし、前提となっている(1)と(2)はいずれも疑問の余地のある主張である。ソクラテスはどのような仕方で、判決を守ることに同意していたのであろうか。しかもその同意事項は、判決自体の「不正」を考慮するなら、そもそも正しいものであろうか。またソクラテスという一個人が判決を無効にするなら、国法と国家は滅びるのであろうか。次々と疑問が生じる。以下で、国法の主張を見きわめることにしよう。

六　国法との対話

国法は次のように主張する。

おまえたちのなかに、私たちが裁判をするやり方や、他のことで国を治めるやり方を見て、ここに留まるような者がいるなら、その者は行動によって、私たちが命じていることは何でもするということにすでに同意している、と私たちは主張する。そしてしたがわない者は三重に不正を犯している、と私たちは主張する。生みの親である私たちにしたがわない点、また、育ての親である私たちにしたがわない点、さらに、私たちにしたがうことに同意しておきながらしたがいもせず、私たちが何かを適切でない仕方で行なっているなら、その場合に私たちを説得もしないという点である。（五一E二―八）

国家との同意は宣誓や書面によるものではない。国家のあり方を見たうえで国家に留まり続けるという行動によって、すでに同意はなされているものと、国法は主張しているのである。このことはとりわけソクラテスの場合にあてはまるであろう。国法は正当にもソクラテスに迫って言う、「おまえが私たちとこの国を気に入っていたということの大きな証拠を私たちはもっているのだ。すなわち、おまえが他のすべてのアテナイ人たちと比べものにならないほどこの国にへばりついて暮らしていたというのは、おまえがこの国を格別に気に入っていたのでなければけっしてありえなかったことであろう、……それほど熱烈におまえは私たちを選び、私たちに基づいて市民生活を送ることに同意していたのであり、とりわけこの国でおまえが子どもたちをもうけたということは、おまえがこの国を気に入っていたからこそなのだ」(五二B一―C三)。

ソクラテスがアテナイという国家とその国法に行動によって同意していることは明らかであろう。だがこれによって脱獄がその同意に背くことであり、不正であるとは必ずしも言えない。なぜなら、(1)の「国家が下す判決はどのようなものであれ守る」ということまでソクラテスが同意していたとは言えないからである。つまり、「その者は行動によって、私たちが命じていることは何でもするということにすでに同意している」という国法の主張は、「人がだれかに同意を与えた場合、その事柄が正しいものであるなら」という、ソクラテスの行動原則(T)の条件と一致するものではないからである。「どのようなものであれ守る」とか、「何でもする」ではなくて、(T)は「正しいものであるなら」という重要な保留条件をつけていたのである。しかるに、ソクラテス裁判の場合、「おまえがこの世を去っていくとすれば、おまえはすっかり不正な目にあわされて去っていくことになるが、それは私たち国法によるものではなくて、人間たちによるものなのだ」(五四B―C)と言われていたのであり、ソクラテス自身、判決の内容を不当なものと捉えているのである。クリトンも同じであろう。それゆえにこそ、彼は脱獄をすすめているのである。

したがって、(1)の「国家が下す判決はどのようなものであれ守るということが同意されていた」ということについては、なおも根拠が必要であろう。それは何か。これこそ国法が主張する「生みの親、育ての親」の優越的立場にほかならない。ソクラテスはアテナイに生まれ、アテナイで育った。そこで国法は次のように言う。

……こうしておまえが生まれ、育て上げられ、教育された以上、おまえが私たちの子であり、奴隷であったということを、しかもおまえ自身だけでなく、おまえの祖先たちもそうであったということを、まず第一に、おまえは否定することができるのだろうか。

そしてもしこれがこの通りだとすれば、はたしておまえは、おまえと私たちとの間で正しさが平等であるなどと思うのだろうか、また私たちがおまえにどんなことであれ何かをしようとした場合、おまえにとってもそれをやり返すことは正しいと思うのだろうか。（五〇E二―七）

要するに、国法とソクラテスとの間では、正しさが平等ではないのである。国法は権威的であり、その命令は無条件的であるように見える。たとえ不当と思われるような命令であっても服従しなければならない。父親に対して、あるいは主人に対して、身に受けることをそのままやり返してもよいといった、「正しさの平等」がなかったように、祖国や国法に対してもそんなふるまいは許されないのである（五〇E七―五一A三）。これは非常に厳しい要求に見えるが、ソクラテスのもう一つの行動原則(S)と一致するものである。(S)は「やり返す」こと、報復を禁じているからである。とはいえ、国法の命令はまったくの無条件というわけではない。

母よりも、父よりも、そして他のすべての祖先たちよりも、祖国は尊いもの、厳かなもの、聖なるものであり、……祖国が不機嫌にしているときには、父親に対してよりも譲歩して、機嫌を取らねばならない……そして、祖国を説得するか、さもなければ、祖国の命じることは何でもしなければならず、祖国がおまえに何かを身に受けることを命じるなら、おとなしくそれを身に受けなければならないのだ、打たれることであれ、縛られることであれ、あるいは戦争に連れて行かれて傷つけられたり、殺されたりすることがあろうと、命じられたことは実行しなければならず、まさに正しさというのは、このようなあり方をしているのだ。……戦争においても、法廷においても、どこにおいても、国家と祖国の命じることは何でもしなければならないのだ、さもなければ、正しさの本来のあり方にしたがって、祖国を説得しなければならないのだ。（五一A二―C一）

すなわち、国法は「祖国を説得する」という選択肢をソクラテスに与えているのである。したがって、ソクラテスは祖国の命じることに無条件に服従することを要求されているわけではない。説得の道を選ぶことができるのである。

だが、この場合の「説得」とは何を意味するのであろうか。アテナイの法制度の変更を求めることであろうか。そうではないように思われる。そのようなことをソクラテスは求めていなかった。なぜなら、彼はアテナイの国法について「適切でした」と述べていたからである（五〇E一）。彼が「祖国を説得する」唯一の機会はまさに裁判の場で、裁判員たちにみずからの無罪を説得するか、あるいは国外追放を認めるよう説得するかのどちらかであっただろう。しかるに、彼は無罪の説得には失敗したのであり、国外追放に関してはそれを望まなかったのである。国法もこの点を衝いてソクラテスに、「あの時、おまえは自分が死なねばならぬとしてもじたばた嘆きはしないかのように体裁を繕って、むしろ、おまえの主張したとおり、国外追放よりも死刑を選んだのだ」と指摘していたのである（五二C六―八）。ソクラテスは「祖国を説得する」ことになかば失敗し、なかばそれを放棄したのである。したがって、彼はたとえどんなに不当であろうと判決を受け入れざるをえないように見える。判決にしたがわないことは国法の主張するように、生みの親に反逆し、育ての親に反逆し、十分な説得もしないという点で、「三重に不正を犯している」ことになろう。

しかしながら、考慮すべき事柄がなお一つ残されているように思われる。それは、判決にしたがわないこと自体が、ソクラテスの場合、そもそも不正なのかどうかということである。したがわなければ、たしかにソクラテスは国家と国法に与えた同意（国法を守ること）に背くことになる。しかし、その同意事項が守られなければならないのは、その内容が正しい場合、そしてその場合のみである。ソクラテスの場合、法は適切であるが、判決は不当なのである。とすればここで、不当な判決なら拒否してもよいと考えられるかもしれない。だが、たとえ不当であっても、ソクラテスはその判決にしたがわなければならないであろう。なぜなら、いかなる場合であっても、たとえ不正を身に受けても、仕返しに不正をしてはならないからである。ところが、より根本的な問題は、この場合の仕返しが不正な行為なのかどうか、ということである。不正をはたらくことを、ソクラテスは先に、「害悪を加えること」と同じと見ていた（四九Ｃ七―八）。それゆえ、脱獄が不正かどうかは、その行為が害悪を与えるかどうかによって判断される余地が、なおも残されているのである。しかるに、国法は次のように言っていたのである。

おまえがやろうとしているその行動によって、おまえは私たち国法と国家の全体を、おまえにやれるかぎり滅ぼそうともくろんでいるのではないか。それとも、おまえは、国家においていったん成立した判決がまったく効力をもたずに、個人によって無効にされ、破壊されても、なおその国家は存立し、転覆を免れることができるとでも思っているのかね。（五〇Ａ九―Ｂ五）

つまり、問題はこうなるだろう。ソクラテスによる脱獄の行為が、まさに国家と国法を滅ぼすものであるかどうか、ということである。もし滅ぼすものであるなら、その行為は不正であって、ソクラテスは不正に対して不正をやり返していることになろう。とはいえここで、ソクラテスという一個人が国法を破壊し、国家を転覆できるなどとは考えられないかもしれない。ところが、国法は、ソクラテスが脱獄した場合を想定して次のように言うのである。

よく考えてみたまえ、こうした契約と同意を踏みにじって、それらの何らかの点で過ちをおかしているなら、おまえは自分自身に対しても、あるいはおまえの親しい友人たちに対しても何か善いことをなすことになるのだろうか。……また、おまえ自身もまず第一に、いちばん近くにあるどこかの国へ行くとするならば、……それらの国々の国制に対して敵として赴くことになろう、そして自分たちの国のことを気づかっているかぎりの人たちはおまえを国法の破壊者と考えて、おまえを疑いの目で見ることになろう。そしておまえは、あの裁判員たちの判断を裏づけることになって、あの判決を下したのは正当だったのだと彼らに思わせることになるだろう。なぜなら、だれであれ国法を破壊する者なら、若くて分別のない者たちを破滅させる者、堕落させる者にほかならないと、彼らには強く思われるはずであろうから。（五三A九―C三）

ソクラテスは明らかに国法の破壊者と見なされているが、その理由は述べられていない。というよりむしろ、述べるまでもなく当然と考えられているのであろう。なぜなら、判決を無効にすること自体が国法の破壊と見られるからである。法が法としての実効性をもつのは、刑罰の有効性による。刑罰が機能しなければ、法は法としての効力を失うのである。要するに、法の存立と刑罰とは不可分なのである。いかなる司法制度にとっても基礎となるこの原理を、ギャロップにしたがって法の「施行原理（Enforcement Principle）」と呼ぶことにしよう。[1] 国法がソクラテスに異を唱えているのは、判決の無効が「施行原理」を破壊する点にある。とはいえ、ソクラテス個人が判決にしたがわなかったとしても、この原理は容易には崩れず、依然存続するものと考えられるかもしれない。しかし、ソクラテスは「知者」という名前をつけられ、その評判は世に広まっているのである。ソクラテス裁判はいわゆる「有名事件（cause célèbre）」であり、彼が脱獄すればその影響はきわめて大きいであろう。一つの法を破ることによって、彼はあらゆる法に攻撃を加えていることになって、まさに「国法の破壊者」と言えるのである。[2]

さてそれならば、「国法の破壊」がソクラテスの脱獄拒否の真の理由であろうか。脱獄すれば、たしかにソクラテスは「施行原理」を否定し、あらゆる法に攻撃を加えていることになろう。しかしながら、ソクラテス裁判がたとえ「有名事件」であっても、単にソクラテス個人の脱獄によって、アテナイ社会が無法状態となり、アテナイという国家が実際に転覆するとは考えられないであろう。むしろ、問題は国法を何らかの仕方で破壊するという行為そのものの是非にあるように思われる。アテナイ社会が無法状態になろうとなるまいと、国家が転覆しようとしまいと、そういった影響の大小にかかわらず、国法を破壊する行為自体が重大な不正なのではないか。この不正のもたらす害悪は国家の転覆といった外的なものではなく、むしろソクラテス自身のあり方という内的なものとの関係にあるように思われる。国法が最後に語るのもこの点である。

（1）Gallop, p. xxx.

（2）Gallop, p. xxx.

それなら、おまえはよく治められている国々や、人々のなかでもいちばんまっとうな人たちを避けるのだろうか。そしてそんなことをしながら、はたしておまえにとって人生は生きるに値するのだろうか。それとも、そういった人たちに近づいて、おまえは恥ずかしいとも何とも思わずに、対話するのだろうか——どんな議論をするのかね、ソクラテス？　いや、それはまさにこの地で論じていたこと、つまり、徳や正義こそ人間にとって最も価値あるものであって、法にかなった事柄や国法もそうなのだ、といったことをかね。その場合おまえは、ソクラテスのふるまいがぶざまに見えてくると思わないのかね。当然、そう思うべきだ。（五三C三—D一）

きびしい指摘である。すなわち、国法を何らかの仕方で破壊する脱獄の不正というものは、徳を語り、正義を語るソクラテス自身の哲学、あるいは生き方と相容れないのであり、ソクラテス自身の人生を生きるに値しないものにすると見られるのである。もしそうだとすれば、ソクラテスによる脱獄拒否のより根源的な理由は、彼自身の「魂の破壊」、言い換えれば、人生の崩壊にあると言わなければならないであろう。

七　『クリトン』と『弁明』——遵法と不服従

最後に、残された問題について触れておきたい。それは第一節で言及しておいた問題である。すなわち、『クリトン』で法を守り、脱獄を拒否するソクラテスの考え方は、『弁明』でアテナイ人よりも神にしたがうと宣言していたソクラテスの主張と矛盾するのではないか、ということである。これについても基本的な点だけを、ここで確認しておきたい。まず、『クリトン』でソクラテスはこう述べていた。

母よりも、父よりも、そして他のすべての祖先たちよりも、祖国は尊いもの、厳かなもの、聖なるものであり、……祖国が不機嫌にしているときには、父親に対してよりも譲歩して、機嫌を取らねばならない……そして、祖国を説得するか、さもなければ、祖国の命じることは何でもしなければならず、祖国がおまえに何かを身に受けることを命じるなら、おとなしくそれを身に受けなければならないのだ、打たれることであれ、縛られることであれ、あるいは戦争に連れて行かれて傷つけられたり、殺されたりすることがあろうと、命じられたことは実行しなければならず、まさに正しさというのは、このようなあり方をしているのだ。つまり、引き下がっても、退いても、持ち場を離れてもいけないのであって、戦争においても、法廷においても、どこにおいても、国家と祖国の命じることは何でもしなければならないのだ、さもなければ、正しさの本来のあり方にしたがって、祖国を説得しなければならないのだ。(五一A二—C一)

「どこにおいても」という表現で、ソクラテスは国家への無条件的な服従を主張しているように見える。しかし、『弁明』ではソクラテスは次のように言っていた。

したがって、もし今あなたがたがアニュトスを信用しないで、私を放免するとすればどうでしょう。……「ソクラテスよ、われわれは今アニュトスの言葉にはしたがわずに君を放免することにするが、それにはしかし、次のような条件がある。ほかでもない、もはやそのような探求のうちに時を過ごすことも、知恵を求める哲学もしないということだ。そしてもし君が依然としてそれをしているところを捕らえられたなら、君は死ぬことになるだろう」と――

そこであなたがたが私を、まさに私が述べたように、こうした条件で放免してくれるとしても、私はあなた

がたに言うでしょう、

「アテナイ人諸君、私は君たちにこよなく愛着をおぼえ、愛情を抱いている。しかし私は君たちにしたがうよりもむしろ神にしたがうであろう、そして息の続くかぎり、また私にそれができるかぎり、私はけっして知恵を愛し求める哲学をやめず、君たちに勧告し、君たちのだれに、いつ出会っても指摘するのをやめないだろう、いつもと変わらない言葉を語りながら。……」。（二九C一―D六）

ここではソクラテスは逆に、法の執行者であるアテナイ人への無条件的な不服従を主張しているように見える。こうした『クリトン』と『弁明』との齟齬をどのように考えるべきであろうか。ソクラテスの両方の発言をあらためて確認することにしよう。まず、先に見たように、『クリトン』の「どこにおいても」という発言は、けっして無条件的ではないように思われる。なぜなら、ソクラテスは国家の命じることは「どこにおいても」遂行しなければならないと考えてはいるが、その命令が不当であると思われる場合には、「祖国を説得する」という別の選択肢が認められていたからである(1)。

これを踏まえたうえで、ソクラテスは脱獄拒否の理由を述べているのである。したがって、近代のヒューム（一七一一―七六年）が次のようにソクラテスの脱獄拒否を「受動的服従」と捉えるのは、正しくないであろう。

私が古代において出会う唯一の文章、そこでは政府への服従の義務が約束に帰せられているのだが、その文章というのは、プラトンの『クリトン』のなかにある。『クリトン』でソクラテスは脱獄を拒否しているが、その理由は、彼が国法にしたがうことを暗黙のうちに約束してしまっていたからである。かくして、彼は原初的

契約というホイッグ（自由派）の基盤の上に、受動的服従というトーリー（保守派）の帰結を打ち立てているのである。(2)

ソクラテスはしかし、やむをえず受動的に国法にしたがっているわけではない。彼はだれよりもアテナイに愛着をおぼえ、けっしてアテナイを離れず、みずからの行動によって、国法を支持していたのである。問題はむしろ『弁明』におけるソクラテスの発言にあるだろう。彼は、哲学の禁止に関しては、アテナイ人たちの判断にはけっしてしたがわないという、無条件的な不服従を宣言しているように見えるからである。ソクラテスは国法への服従に例外を設けているのであろうか。われわれは彼の発言に注意する必要がある。何より、彼の発言は裁判の場でなされており、裁判冒頭で彼は「法律にしたがい、弁明しなくてはなりません」

(1) ヴラストスは「どこにおいても」という表現は、国法による「誇張された修辞の一部」にすぎないと解して、この議論が、「どの国のどの市民も、いかなる状況であろうと国法にしたがうべきか」といった一般的な問いではなく、「この国のこの市民は、こうした状況では国法にしたがうべきか」という、はっきりと特定された問いに取り組むものであることは明白だとして、後者の具体的な問いに対して、「したがうべき」とするソクラテスの理由はそのまま、前者の抽象的な一般的問いに対して、「したがうべきでない」とする強い理由になるだろう、と主張している（Vlastos 1974, p. 534）。すなわち、『クリトン』における特定の状況下での服従の正しさは、無条件的な服従を正当化するものではなく、『弁明』における例外的な状況下での不服従の正しさにつながるものとヴラストスは見ているのである。しかし「どこにおいても」は必ずしも「誇張された修辞の一部」ではないように思われる。

(2) David Hume, "Of the Original Contract", 1748, para. 47. このヒュームの一文の引用は、ヴラストスに負っている（Vlastos 1974, p. 518）。

と言っていたからである（一九A）。「神にしたがう」という発言も、裁判の枠内のものであって、法を犯すものではない。法を犯す可能性は、ソクラテスの発言が現実化する場合である。それはどのような場合であろうか。考えられるのは、アテナイ人たちがソクラテスを「哲学の禁止」という条件つきで放免した場合であろう。哲学はソクラテスの人生そのものであり、これを禁じられてもソクラテスはその判決にはけっしてしたがわないであろう。かりにその判決が下されたなら、ソクラテスはそれを不当として最後まで抵抗するであろう。

しかし、そのような抵抗は、なされた不正に対して不正を仕返すことにならないであろうか。哲学がたとえソクラテスにとって善きものであり、彼の魂を益するものであったとしても、予想される判決に服さないことはやはり不正ではないか。このジレンマを前にして、ソクラテスが採りうる道は、おそらくどんな刑にでも服し、その状況下で「息の続くかぎり」哲学することであったと考えられる。なぜなら、ソクラテスの想定は、「もし君が依然としてそれ（哲学）をしているところを捕らえられたなら、君は死ぬことになるだろう」というものであったからである（二九C九―D一）。彼は哲学禁止の可能性を死の可能性によって、あらかじめ封じ込めていたと言わねばならない。不正に対して不正を、ではなく、むしろ死を選択するということである。『弁明』は告発と抵抗の書であるが、『クリトン』もまた、その見かけにもかかわらず、同様に告発と抵抗の書と言えるであろう。法にしたがうことによって、言い換えれば、死を選ぶことによって、ソクラテスはみずからの哲学を、そしてみずからの人生を生きているからである。

＊『エウテュプロン』、『ソクラテスの弁明』および『クリトン』の訳出にあたって、参照した主な文献は以下のものである（括弧内のカタカナ表記は、註で言及されたときの略称）。

Adam, A. M., *Plato's Apology of Socrates*（Cambridge, 1914）

Adam, J. ed., *Plato: Crito*（Cambridge, 1888）

——— ed., *Platonis Euthyphro, with Introduction and Notes*（Cambridge, 1890）（アダム）

Allen, R. E., *Plato's 'Euthyphro' and the Earlier Theory of Forms*（London, 1970）

Bailly, J. A., *Plato's Euthyphro and Clitophon: Commentary with Introduction, Glossary and Vocabulary*（Focus Classical Commentaries）（Newburyport, 2003）

Brickhouse, T. C. & Smith, N. D., *Socrates on Trial*（Oxford, 1989）（邦訳『裁かれたソクラテス』米澤茂・三嶋輝夫訳、東海大学出版会、一九九四年）（ブリックハウスとスミス）

Burnet, J. ed., *Plato's Euthyphro, Apology, and Crito*（Oxford, 1924）（バーネット）

Croiset, M. ed., *Platon: Apologie de Socrate, Euthyphron, Criton*（*Œuvres Complètes*, Tome I. Budé édition）（Paris, 1920）

de Strycker, E., Slings, S. R. eds., *Plato's Apology of Socrates: A Literary and Philosophical Study with a Running Commentary*（Leiden, 1994）

Emlyn-Jones, C. ed., *Plato: Euthyphro*（Bristol Classical Press, 1991）

——— ed., *Plato: Crito*（Bristol Classical Press, 1999）

Emlyn-Jones, C. & Preddy, W., *Plato: Euthyphro, Apology, Crito, etc.*（Loeb Classical Library）（London / Cambridge, Mass., 2017）

Fowler, H. N., *Plato: Euthyphro, Apology, Crito, etc.* (Loeb Classical Library) (London / Cambridge, Mass., 1914)

Gallop, D., *Plato: Defence of Socrates, Euthyphro, and Crito* (Oxford World Classics) (Oxford, 1997) (ギャロップ)

Greene, W. C. ed., *Scholia Platonica* (Haverford, 1938) (古註)

Grube, G. M. A., *Plato: Five Dialogues* (Indianapolis, 1981)

Macdowell, D. M., *Andokides: On the Mysteries* (Oxford, 1962) (マクダウェル)

Miller, P. A. & Platter, C., *Plato's Apology of Socrates: A Commentary* (Oklahoma Series in Classical Culture 36) (Norman, 2010)

Reeve, C. D. C., *Socrates in the Apology* (Indianapolis, 1989)

Riddell, J., *The Apology of Plato, with a Revised Text and English Notes, and a Digest of Platonic Idioms* (Oxford, 1867)

Rowe, C., *The Last Days of Socrates* (Penguin Classics) (London, 2011) (ロウ)

Schleiermacher, F., *Platon: Apologie, Kriton, Euthyphron* (Sämtliche Werke, Bd.1), ed. Otto, W. F. et al. (Hamburg, 1957, erste Auflage 1805)

Stallbaum, G., *Platonis Apologia Socratis et Crito* (Gotha, 1858)

―――――― *Platonis Meno et Euthyphro* (Gotha, 1836)

Stokes, M. C., *Plato: Apology of Socrates* (Warminster, 1997)

Stroud, R. S., "Greek Inscriptions: Theozotides and the Athenian Orphans" *Hesperia* 40, 1971, pp. 280-301

Tarrant, H., *Plato: The Last Days of Socrates* (Penguin Classics) (London, 1993)

Tredennick, H. trans., *Socrates' Defense, and Crito*, in *The Collected Dialogues of Plato*, ed. Hamilton, E. and Cairns, H.

(Princeton, 1961)
West, T., *Plato's Apology of Socrates: An Interpretation with a New Translation* (Ithaca, 1979)
West, T. G. & West, G. S., *Four Texts on Socrates: Plato and Aristophanes* (Ithaca / London, 1998)
今林万里子（訳）『エウテュプロン』（岩波版『プラトン全集』第一巻所収、一九七五年）
久保勉（訳）『ソクラテスの弁明・クリトン』（岩波文庫、一九二七年）
田中美知太郎（校注）『原典プラトン　ソクラテスの弁明』（岩波書店、一九七四年）（田中
――（訳）『ソクラテスの弁明・クリトン』（岩波版『プラトン全集』第一巻所収、一九七五年）

なお、田中美知太郎訳は、ほかに新潮文庫（一九六八年）や中公クラシックス（二〇〇一年）所収のものなどがある。

納富信留（訳）『ソクラテスの弁明』（光文社古典新訳文庫、二〇一二年）
藤田大雪（訳）『ソクラテスの弁明』『クリトン』（Kindle版）（叢書ムーセイオン、二〇一三年）
三嶋輝夫・田中享英（訳）『ソクラテスの弁明・クリトン』（講談社学術文庫、一九九八年）
山本光雄（訳）『ソクラテスの弁明・エウチュプロン・クリトン』（角川文庫、一九八九年）

また、訳註の作業においては、次のものをしばしば参照した。

橋場弦（訳）『アリストテレス「アテナイ人の国制」』（岩波新版『アリストテレス全集』一九所収、二〇一四年）

＊解説作業において参照した文献のうち、言及されたものは以下のものであるが、とりわけソクラテス裁判

に関しては多数の文献がある。煩雑を避けるため、ここでは割愛したが、近年の邦語文献を含む主要な文献は、加来彰俊『ソクラテスはなぜ死んだのか』（岩波書店、二〇〇四年）に挙げられているので参照されたい。

Burnyeat, M. F., “The Impiety of Socrates” *Ancient Philosophy* 17, 1977, pp. 1-12

——— “*Apology* 30B 2-4: Socrates, Money, and the Grammar of *ΓΙΓΝΕΣΘΑΙ*” *Journal of Hellenic Studies* 123, 2003, pp. 1-25

——— “On the Source of Burnet’s Construal of *Apology* 30B 2-4: A Correction” *Journal of Hellenic Studies* 125, 2005, pp. 139-142

Geach, P. T., “Plato’s *Euthyphro*: An Analysis and Commentary” *Monist* 50, 1966, pp. 369-382, reprinted in Kamtekar, R. ed. *Plato’s Euthyphro, Apology, and Crito: Critical Essays* (Maryland, 2005)

Guthrie, W. K. C., *A History of Greek Philosophy* IV, *Plato: the man and his dialogues: earlier period* (Cambridge, 1975)

Natoli, A. F., “Socrates and Money: The Translation of Plato, *Apology* 30b2-4” *Mnemosyne* 69, 2016, pp. 55-81

Vlastos, G., “Was Polus Refuted ?” *American Journal of Philology* 88, 1967, pp. 454-460

——— “Socrates on Political Obedience and Disobedience” *Yale Review* 42, 1974, pp. 517-534

＊付　記

本書に収められているプラトンの『エウテュプロン』の翻訳は西尾浩二が担当し、『ソクラテスの弁明』と『クリトン』は朴一功が担当したが、草稿段階において私たち二人は、一度ならず互いに原稿を交換し、チェックし合った。単純なミスや誤りがないことを私たちは願っている。『エウテュプロン』については、さらに同僚の大草輝政氏に訳文の検討をお願いし、数々の貴重なご意見を頂いた。『ソクラテスの弁明』と『クリトン』については、訳者の求めに応じて藤田大雪氏がこころよくご訳業（Kindle版）を提供くださり、参考にさせて頂いた。

他方、歴史学者の橋場弦氏はアテナイの民会の定足数に関する訳者の質問に対して、親切にご教示くださるとともに、ハンセンの論文（Hansen, M. H., "How Many Athenians Attended the *Ecclesia?*" [1976] in *The Athenian Ecclesia: A Collection of Articles 1976-1983*, Copenhagen, 1983）の複写を送ってくださった。『エウテュプロン』と『ソクラテスの弁明』の訳出にあたって背景となる歴史的事実の詳細に関し、私たち二人は橋場弦氏のお仕事、アリストテレス『アテナイ人の国制』（岩波新版『アリストテレス全集』一九所収、二〇一四年）に多くを負っていることをここに記しておきたい。

また、より広い読者が予想される『ソクラテスの弁明』と『クリトン』については、その訳文、訳註の全体にわたって一般読者として加藤知愛さんに検討をお願いし、多くの助言を頂いた。その助言がなければ、ソクラテスの弁明時間を計算することなどしなかったであろう。

最後に、いつもながら京都大学学術出版会の國方栄二氏と和田利博氏には本書の全般にわたって細部まで点検して頂き、ひとかたならぬお世話になった。
私たち二人を助けてくださったこれらの方々に、心よりお礼申し上げたい。

二〇一七年六月

朴一功
西尾浩二

1. アプロディテの祭壇
2. ストア・ポイキレー
3. バシレウスのストア
4. 交差路の奉献所
5. 救世主ゼウスのストア
6. 十二神の祭壇
7. ヘパイストス神殿
8. 石製ベンチ
9. プラトリア（氏族）の守護神ゼウスとアテナの神殿
10. 祖神アポロンの神殿
11. 記念物台座
12. メートローオン（「神々の母」の神殿）
（旧評議会議事堂・公文書館）
13. 新評議会議事堂（前5世紀末建造）
14. トロス（円形堂）
15. 行政施設
16. 靴屋シモン（ソクラテスと交流あり）の家
17. 牢獄（刑務所）
18. 水時計
19. 南西の泉水施設
20. ヘーリアイアー（大法廷）
21. アゴラの境界石
22. 名祖の英雄像
23. 犠牲獣供犠坑
24. ヘーリアイアー（大法廷）（新設）
（前2世紀のアッタロスのストア建造以前）
25. 南側ストア
26. 南東の泉水施設
27. 造幣所
28. エレウシニオン（デメテルとコレーの神殿）
29. 大排水溝（破線）
30. 踊り場（オルケーストラー）

（下線のあるものは本書の関連箇所）

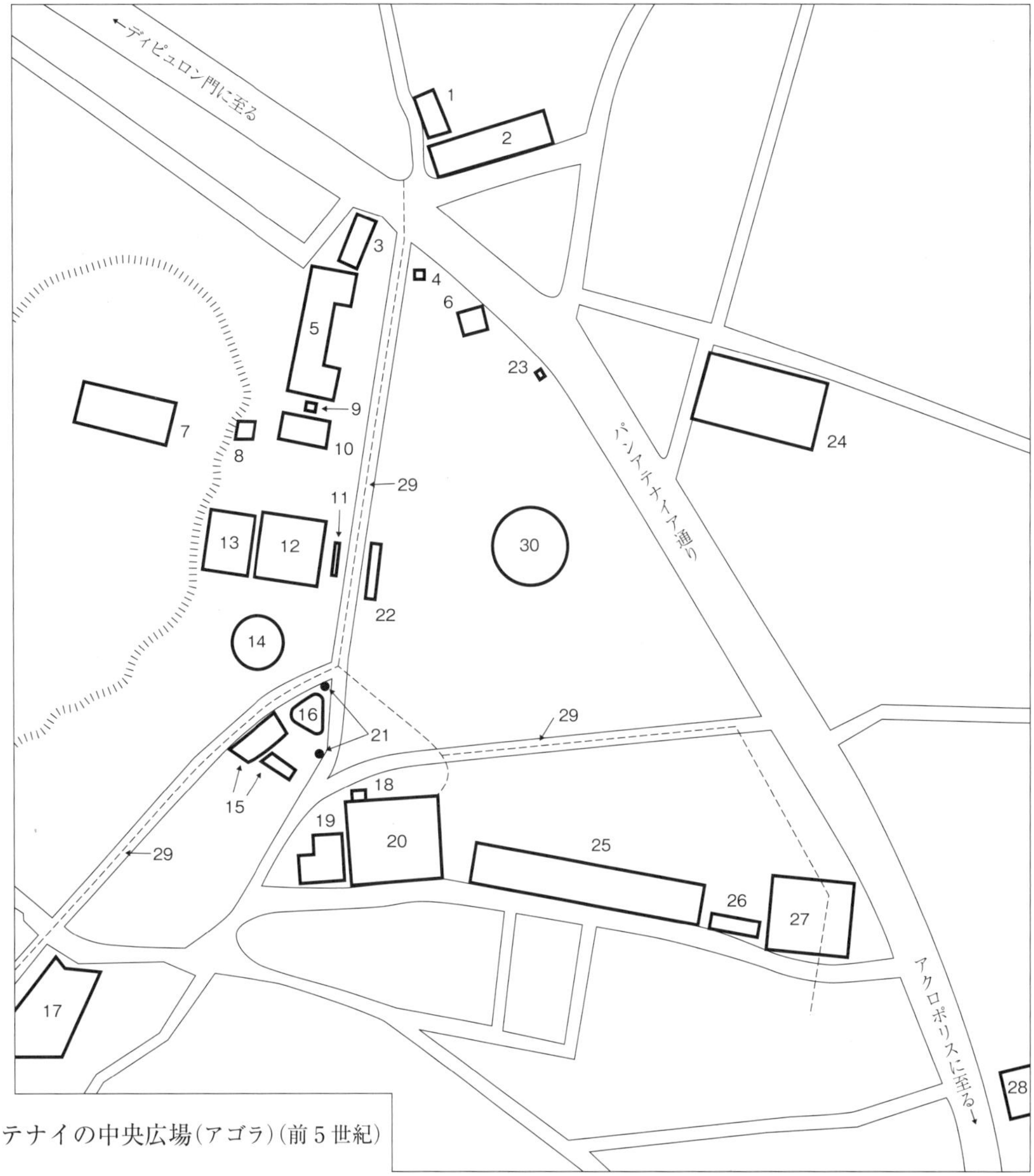

1図. アテナイの中央広場(アゴラ)(前5世紀)

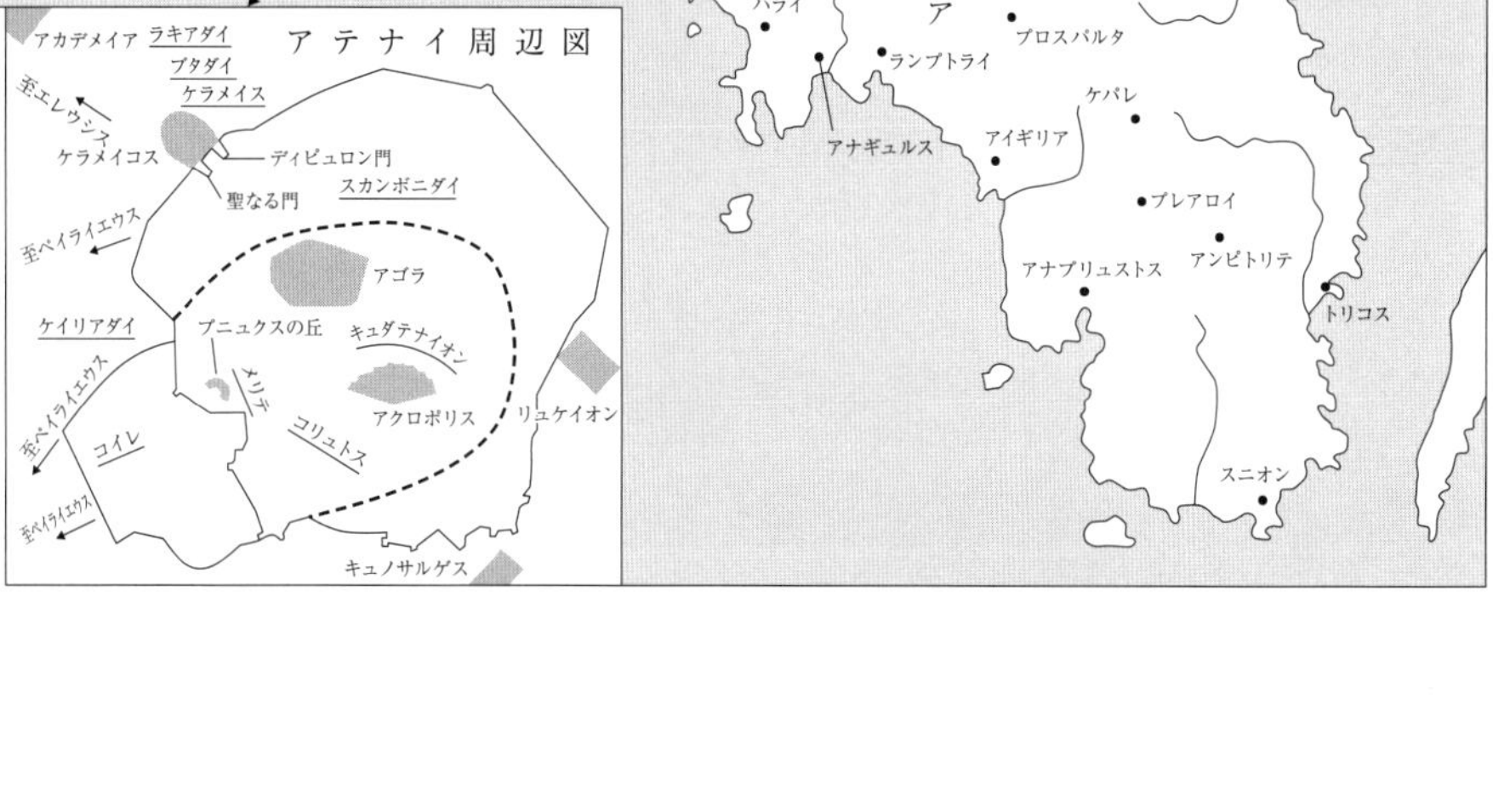

アッティカの区（デーモス）のうち、本書で言及される区、および名称と位置が確認ないし推測されている区を黒点●（「アテナイ周辺図」ではアンダーライン）で示した。「アテナイ周辺図」の実線は前5－4世紀当時の城壁、破線はそれ以前にあったと推定される城壁を示す。

2図．アッティカの区

3図．ギリシア世界（関連地図）（前5-4世紀）

索　引

数字と*ABCDE*は、ステファヌス版全集のページ数と段落を示す。本書では、本文の欄外上部に記された数字がそれにあたるが、日本語訳に際しては若干のずれが生じる場合があるので、**その前後（1～2行）も参照されたい**。この索引は網羅的なものではなく、読者の参考のための選択的なものであり、固有名詞と特徴的な事項が取り上げられている。なお、代名詞などを当の名詞で訳出したものは含まれていない。

『エウテュプロン』

ア　行

愛される（もの）　*10C*　→神々に愛される（もの）
アクロポリスの丘　*6C*
アテナイの人たち　*2A, 3C*
犬による狩猟術（κυνηγετική）　*13A-B*
祈る　*14B-C*
美しい（こと、仕事）　*7D-E, 13E-14A*
馬の技術（ἱππική）　*13A-B*
ウラノス　*8B*
栄冠　*15A*
贈り物（をする）　*14C, E, 15A*
恐れ（δέος）　*12B-C*

カ　行

解釈官（ἐξηγητής）　*4C, 9A*
画家　*6C*
革新を企てる　*3B, 16A*
神々　*3B, 5E-6B, E, 7B, D-E, 8A-B, D-10A, D-11B, 12E, 13B-E, 14D-15B, D*
　―に愛される（もの）　*6E-7A, E-8A, 9C-10A, D-11B, 15B-C*
　―に憎まれる（もの）　*7A, 8A, 9B-E*
　―の間の争い（戦争、敵意、内部抗争）　*6B, 7B, E, 8A-B, D-E*
　―の意見のくい違い　*7B, D-E, 8B*
　―の事柄　*3B-C, 5A, 6C, 13E, 16A*
　―の世話　*12E, 13B-D*
　―の創作者　*3B*
　―の法　*4E*
　―への贈り物　*15A*
　―への奉仕（術）　*13D-E, 14D*
　―への要求と贈与　*14D*
　古来の―　*3B*
　新奇な―　*3B*
技術（τέχνη）　*11D, 14E*
　取引きの―（神々と人間の間の）　*14E*
基準（παράδειγμα）　*6E*
国（国家）　*2C-3A, 14B*
クロノス　*8B*
敬虔（なもの、なこと）（ὅσιον, ὁσιότης）　*4E, 5D, 6D-7A, 8A, 9C-10A, D-11B, E-12A, D-E, 13B-D, 14B-E, 15B-E*
　―とは何であるか　*5D, 6D, 9C, 11A-B, 15C*
　―なものと神（々）に愛されるもの　*6E-7A, 9D-10A, D-11A, 15B-C*
　―なものと正しいもの　*11E-12A, D-E*
　―を知っている　*4E, 15D-E*
　不―（なもの、こと）　*4D-E, 5D-E, 6E-7A, 8A, 9C-E, 11B, 15D*
敬神（εὐσεβές, εὐσέβεια）　*5C, 12E, 13B*
　不―（なことをする）　*5C, E, 12E, 14B*
穢れ（μίασμα）　*4C*
公訴（γραφή）／公訴する　*2A-B, 3B, 5A-C, 6A, 12E, 15E*

サ　行

捧げる　*14B-C*
殺人／殺人罪（φόνος）　*4A-B, D-E, 5D, 6D, 9A, 15D*
作用を受ける／受けとる（πάσχειν）　*10C, 11A-B*
仕事（の達成）　*13D-14A*
詩人　*6B, 12A-B*
数　*7B, 12D*
　偶―　*12D*

奇一　*12C*
ゼウス　*5E, 8B, 12A*
世話（する、される）　*12E-13D*
善　→善い
相（ἰδέα, εἶδος）　*5D, 6D-E*
属性（πάθος）　*11A*
訴訟（δίκη）　*2A, 3E-4A, 5B*

タ　行

ダイダロス　*11C-E, 15B*
大パンアテナイア祭　*6C*
ダイモーン的なもの（τὸ δαιμόνιον）　*3B*
正しい／正しく（ὀρθῶς）　*2D, 4A-B, 5B, E, 9A-B, 12C, 14D-E, 15C-D*
正しい（こと、もの）（δίκαιον）　*6A, 7D-E, 8D, 11E-12A, D-E*
　一ものと敬虔なもの　*11E-12A, D-E*
正しく（δικαίως）　*8E*
タンタロス　*11E*
知恵（σοφία）　*3C-D, 4B, 9B, 11E, 12A, 14D*
　一のある（人、者）（σοφός）　*2C, 5B, 11D, 16A*
知識（ἐπιστήμη）　*14C-D*
中傷する　*3B*
つつしみ（αἰδώς）　*12B-C*

ナ　行

ナクソス　*4C*
憎む（憎まれる）　*7E-8A, 9B, D-E*
人間好き（φιλανθρωπία）　*3D*
ねたむ／ねたみ　*3C-D*

ハ　行

バシレウス　*2A*
ピットス区の人　*2B*
不敬虔（ἀνόσιον, ἀνοσιότης）　→敬虔
不敬神（ἀσέβεια）　→敬神
不正（なこと）　*7D, 8A, 9B-D*
　一をする　*3A, 5D, 6A, 8C-E, 12E*
　一をしても罰を受けなくてよい　*8B-E*
部分　*12C-E*
プロテウス　*15D*
ヘパイストス　*8B*
ヘラ　*8B*
法（νόμος）　*5E*
奉仕術（ὑπηρετική）　*13D-E*
法廷　*3B, E, 5B-C, 8C*
牧牛術（βοηλατική）　*13B-C*
本質（οὐσία）　*11A*

マ　行

醜い（こと）　*7D-E*
民会（ἐκκλησία）　*3C*
無知　*2C, 16A*
名誉（τιμή）　*15A*
メレトス　*2B, 5A-C, 15E*

ヤ　行

善い（こと、もの）／よい／善　*2D-3A, 7D-E, 13B, 15A*
（より）よ（善）く（なる、する、生きる）　*13B-C, 16A*
予言者　*3E*
喜ばれるもの（こと、言行）　*14B, 15A-B*

ラ　行

利益（になるもの）　*13B-C, 14E, 15B*
　一を得る　*13B, 15A*
リュケイオン　*2A*

ワ　行

若者を堕落させる　*2C-3A*
悪い（こと）　*7D-E*

『ソクラテスの弁明』

ア　行

アイアコス　*41A*
アイアス　*41B*
アイアントドロス　*34A*
愛国者（φιλόπολις）　*24B*
合図（σημεῖον）　*40B, C*
哀訴　*37A*
悪であり、醜である　*29B*
悪徳　*39B*
遊びふざけている　*27A*
アデイマントス　*34A*

アナクサゴラス　26D
アニュトス　28A, 29C, 30B, C, 34B, 36A
虻《あぶ》（μύωψ）　30E
アポロドロス　34A, 38B
アリストパネスの喜劇　19C
アリストン　34A
憐れみを誘う　34C
アンティオキス　32B
アンティポン　33E
アンピポリス　28E
違法　31E
岩　34D
馬　25B, 27B, E
　━の専門家　20B
　大きくて素性のいい━　30E
うわさ（φήμη）　18C, 20C
エウエノス　20B
エピゲネス　33E
円形堂（トロス、θόλος）　32C
演説する者　→弁論家
オデュッセウス　41C
踊り場（の出店）（ὀρχήστρα）　26E
汚名（ὄνομα）38C
オリュンピア　36D
オルペウス　41A

カ　行

害悪（κακά, κακόν）　30D, 34A, 38B
解放（される）　37D, 39C, D, 41D
カイレポン　20E, 21A
害を受ける（加える）（βλάπτεσθαι, βλάπτειν）　25D, 41E
影と戦う（σκιαμαχεῖν）　18D
樫の木（δρῦς）　34D
家族　33D, 34A, C, D, 37E
家政の仕事（οἰκονομία）36B
価値　37A
　━あるもの　30A
寡頭制　32C
金儲け　36B
神　19A, 21B, E, 23A, B, 29B, 31A, 42A
　━からの贈り物　30D
　━の合図　40B
　━への奉仕　23C
　━を敬う（εὐσεβεῖν）　35C
神々　26C, D, 27A, D, 28A, 29A, 35D, 41D
　ある種の（別の）━　26C
　━を認めない　18C, 23D
　国家の認める━　24B-C, 26B, C
カリアス　20A
感覚　40C
勧告する　29D
感謝の情　20A
官職　35B, 36B
関心（を寄せる、もつ、払う、もたない）　24C-D, 25C, 32D, 36B
監督者　20B
喜劇作家　18D
危険（を冒す）（死の、生きるか死ぬかの、このうえない）　28B-E, 34C
技術　20C, 22D
希望　40C
　善い━　41C
教育する（人間を）　19D-E
教師　33A
金銭　19E, 20A, 29D, 30B, 41E
吟味（する、される）（ἐξετάζειν, ἔλεγχος）　23C, 24C, 33C, 38A, 39C, 41B, C
　━のない人生（ἀνεξέταστος βίος）　38A
空中を歩く（ἀεροβατεῖν）　19C
クリトブロス　33E, 38B
クリトン　33D, 38B
刑（τίμημα）　39B
敬虔（なこと）（ὅσια）　35D
刑罰（δίκη）　39B
迎賓館（πρυτανεῖον）　36D, 37A
刑務官（十一人の）（οἱ ἕνδεκα）　37C
刑務所（δεσμωτήριον）　37C
欠席裁判　18C
厚顔（ἀναισχυντία）　38D
公職につく　32B
公訴（状）（γραφή）　19B, 26E, 27A, 31D
行動（言葉でなく）（ἔργον）　32A, D
幸福（である）　36D, 41C
傲慢さ（な者）　26E
声（ある種の）　31D
国家　31C, E
国外退去の生活　37E
国外追放　37C
告発（κατηγορία）　19A
告発者（告発した人）　17A, 18A-C, 19B
　近ごろ━　18D

古くからの― 18E
ゴルギアス 19E
困惑する（困ってしまう、窮している）（ἀπορεῖν） 21B, 23D, 27E, 38D

サ 行

裁判（する、にかける） 24C, 35A, 37A
裁判員（δικαστής） 24E, 26D, 34C, 35C
裁判官（δικαστής） 18A, 40A, E, 41A-C
作家 22A, B, 23E
ディテュランボスの、悲劇の― 22A-B
サラミス 32C, D
三十人政権 32C
死（死ぬ、死刑） 28B-29A, 30C, 32C, 34E, 36B, 37A, 38C, D, 39A-C, 40E, 41D, 42A
自覚する（私は）（σύνοιδα ἐμαυτῷ） 21B, 22D
指揮官 28D
死刑にする（になる） 29C, 35A
自己矛盾 27A
思索者（φροντιστής） 18B
シシュポス 41C
執行部の委員（πρύτανις） 32B
嫉妬 18D, 28A
市民権を奪う 30D
邪悪（な者） 25E, 39B
弱論 18C, 19C, 23D
醜 29B
将軍職 36B
証拠
十分な― 24D, 31C
大きな― 32A, 40C
職人 22D, 23E
思慮（がある） 22A, 29E, 36C
真実（を語る） 17A, B, 18A, 22B, 24A, 33C, 34B, 41C
神託（を受ける） 21A, 29A
―を告げる人 22C
神的な定め 33C
神的なもの 27E, 31C
過ごし方（διατριβή） 33E, 37C
政治家 21C, 22C, 23E
政治結社 36B
政治の事柄（τὰ πολιτικά） 31D
責任（αἰτία） 32C, 33B, 38C
説得する 20A, 30A, E, 35C, 36C, 37D, E, 38A, D
善（最大の） 38A
善行（εὐεργεσία） 36C
戦争 38E
戦闘 39A
善美の事柄（καλὸν κἀγαθόν） 21D
素質 22C

タ 行

大王（ペルシアの） 40D
大地の荷物 28D
ダイモーン（たち） 27C-D, 28A
―からのもの 31C
―的なもの（τὸ δαιμόνιον） 40A
―に関する事柄（δαιμόνια πράγματα） 27C
―のたぐい（δαιμόνια） 24C, 26B
太陽 26D
対話する 19D, 33B, 39E
託宣 21C
多数（者）（τὸ πλῆθος） 31C, E
正しいこと（δίκαιον） 32A, C, 33A, 42A
魂 29E, 30B
堕落させる（だめにする） 24B, D, 25B, D, 26A, 30B, 33D, 34A-B
嘆願 37A
探求（する）（ζήτησις） 21B, 29C
知恵（がある、知者である） 19C, 20E, 21D, 22B-E, 23B
人間（並み）の― 20D, 23A
人間並み以上の― 20E
―を愛し求める（哲学する） 23D, 28E, 29C, D
地下の事柄 18B, 19B, 23D
知識（自然学方面の） 19C
知者 20A, 23A, 38C
中央広場（アゴラ、ἀγορά） 17C
中傷（する） 18D, 19A-B, 20D-E, 21B, 23E, 24A, 33A
懲罰 39C
月 26D
罪で訴えられる 19C
テアゲス 34A
ディテュランボス →作家
テオゾティデス 33E
テオドトス 33E

哲学する　→知恵を愛し求める
テティス　*28C*
デモドコス　*33E*
テラモン　*41B*
デリオン　*28E*
デルポイ　*20E, 21A*
天上の事柄　*18B, 19B, 23D*
党派　*36B*
徳（ἀρετή）　*20B, 30A-B, 31B, 35A-B, 38A*
　人間としての、市民としての—　*20B*
とぼけている　*38A*
トリプトレモス　*41A*
トロイア　*41C*

ナ　行

泣きわめく　*38D*
謎（を仕組む）*27A*
　—をかける　*21B*
名前（この名前、知者という名前）　*20D, 23A, 34E*
涙（を流す）　*34C*
難行　*22A*
憎まれる　*21D-E, 24A*
ニコストラトス　*33E*
眠る（ぐっすりと）*40D*
眠り続ける　*31A*
農業の専門家　*20B*

ハ　行

ハデス　*29B, 41A*
パトロクロス　*28C*
パラメデス　*41B*
半神　*28A*
　—の英雄たち　*28C, 41A*
悲劇　→作家
美辞麗句で飾られた　*17C*
票（投票）　*36A, B*
評議員（βουλευτής）　*25A*
品位がある（ἐπιεικής）　*22A*
貧乏　*23C, 31C*
風説（λόγος）　*20C*
笛吹き　*27B*
不敬神（ἀσέβεια）　*35D*
不幸な運命（δυστυχία）　*25A*
不思議なこと　*40A*
不正（に、なこと、をはたらく）　*28D, 30D, 31E, 32D*
プラトン　*34A, 38B*
プロディコス　*19E*
ヘクトル　*28C*
ヘシオドス　*41A*
弁明（する）　*17C, 18A, E, 19A, 24B, 30D, 38E*
遍歴　*22A*
弁論家（演説する者）　*17B, 18A, 24A, 32B*
法（律）　*19A, 24D-E, 25D*
報酬　*31C*
傍聴人（ἀκροατής）　*24E*
法廷　*17D, 29A, 40B*
放埒（な者）　*26E*
ポテイダイア　*28E*
ホメロス　*34D, 41A*

マ　行

巫女（デルポイの）ピュティア　*21A*
ミノス　*41A*
民主制のもとにある　*32C*
無罪になる、無罪放免　*36A*
無罪の投票をする　*39E*
無神論者　*26C*
無のようなもの　*40C*
名誉心が強い　*23E*
女神　*28C*
目覚めさせる（させられる）　*30E, 31A*
面倒　*41D*
儲けもの　*40D, E*

ヤ　行

有罪にする　*28A-B*
有罪の投票をする　*39C, 41D*
裕福な階層　*23C*
善い希望　→希望
妖精（νύμφη）　*27D*
よけいなこと　*20C*
予言者　*22C*
予言する　*39C*
予言的な（声）*40A*

ラ　行

ラバ　*27E*
リュコン　*24A, 36A*
レオン　*32C*

ロバ　*27E*
論駁する　*21C, 23A*

ワ　行

わけのわからないこと（φλυαρία）　*19C*
悪いこと（は一つもない）　*41D*

『クリトン』

ア　行

足の不自由な人（χωλός）　*53A*
生きがいがある（βιωτόν）　*47E*
医者　*47B*
イストモス　*52B*
異邦人の（国）　*53A*
美しく、美しいこと　*48B, 49A*
生みの親　*51E*
運命（めぐりあわせ）（τύχη）　*43C, D, 46B*
お金　→金銭
思わく（δόξα）　*44C-D, 46D-47D*

カ　行

害悪（をはたらく、加える、身に受ける）　*47C, 49B-D*
価値あるもの　*53C*
神　*54E*
神々　*43D*
感謝　*48D*
看守　*43A*
監督者　*47B*
危険（を冒す）　*45A*
貴重なもの　*48A*
教育（する、される）　*50D-E, 51C*
強制による（ὑπὸ ἀνάγκης）　*52E*
共通の考え　*49D*
結婚　*50D*
金銭（お金）　*44C, E, 45B, 48C*
クレタ　*52E*
敬虔な　*51C, 54B*
契約　*52D, 54C*
ケベス　*45B*
健康的なもの　*47D*
原則（λόγος）　*46B-D, 48B*
見物（祭典の）（θεωρία）　*52B*
拘禁　*46C*
行動によって（ἔργῳ）　*52D*
国外追放　*52C*
国外旅行　*52B*
国法（法律）（οἱ νόμοι）　*50A-54C*
孤児　*45D*
国家（国家共同体）（πόλις, τὸ κοινὸν τῆς πόλεως）　*50A-C*
言葉遊び　*46D*
ご破算になってしまう　*49A*
コリュバンテスの祭りを祝う人たち　*54D*

サ　行

財産の没収　*46C*
祭典見物　→見物
裁判（ἀγών, δίκη）　*45E, 51E, 52C*
死刑（死、死ぬ）　*44A, 46C, 52C*
親しい友人（ἐπιτήδειος）　*43C, 44E, 53B, 54B*
シミアス　*45B*
市民生活をする　*52D*
自由
　できる―　*51D*
　選ぶ―　*52A*
出発点（ἀρχή）　*48E, 49E*
生涯（人生）　*43D, 53D*
障害をもつ人（ἀνάπηρος）　*53A*
証拠（大きな）　*52B*
賞讃　*47B-C*
植民地　*51D*
思慮ある者（人）　*44D, 47A*
思慮なき（のない）者（人）　*44D, 47A*
身体　*47C, E*
真理（真実）　*48A, 51C*
スニオン　*43D*
正義（δικαιοσύνη）　*48A, 53C, 54A*
精通している人（ὁ ἐπαΐων）　*47B-48A*
聖なるもの　*51B*
説得する　*50A, 51C, E, 52A, 54D*
戦争　*51B*
祖国（πατρίς）　*51A-C, 54C*

訴訟（δίκη） 45E
育ての親 51E, 54B

タ 行

体育教師 47B
対話する 49A, 53C
多数（者）（多くの人々）（οἱ πολλοί） 46C, 47B, D, 48A, C, 49B, C
正しさ（正しいこと、正しい、正しく） 48A-C, 50E, 54B
脱走（する） 50A
—者 53D
堕落させる者（破滅させる者）（διαφθορεύς） 53C
たわごと（φλυαρία） 46D
中傷を受ける 44D
罪（の程度）（αἰτία） 52A
提案する 52A
テッタリア 53D-54A
テーバイ（の人） 45B, 53B
デロス島 43C
同意（を与える） 49E, 50A, C, 52D, E
心にもない— 49D
道理（λόγος） 48C
徳（ἀρετή） 45D, 51A, 53C
奴隷 50E, 52D

ナ 行

悩みの種（δυσχερές） 45B
熱意（προθυμία） 46B

ハ 行

破壊する者（国法の破壊者）（διαφθορεύς） 53B, C
ハデス 54A, C
判決（δίκη） 50B-C
病的なもの 47D
非難 47B
平等（正しさの） 50E
評判（世間の） 48C
品位ある人（公正な人）（ἐπιεικής） 44C
不運（悲運）（συμφορά） 43B, 47A
不正（を犯す、行なう、なす、加える、こうむる、な目にあう） 48A, D, 49A-D, 51E, 54B
—なこと 47C-D, 48A
プティエ 44B
船 43C, 44A
弁明する 54B
弁論家 50B
法廷 45B, E, 51B
放埒 53D
暴力を加える（βιάζεσθαι） 51C

マ 行

密告屋 44E, 45A
醜い（醜いこと、醜い仕方） 46A, 49B, 54C
身の安全 45C
無秩序 53D
メガラ 53B
盲目の人（τυφλός） 53A
問答 50C

ヤ 行

勇気のなさ 45E
夢 44A-B
養育（する、される） 50D, 54A
よく生きる 48B

ラ 行

ラケダイモン 52E
牢獄（δεσμωτήριον） 43A, 53D
老人（の身） 53D
隷従する（卑屈に） 53E

ワ 行

悪いことであると同時に醜いこと 46A

訳者略歴

朴 一 功（ぱく いるごん）

大谷大学教授
一九五三年 京都府生まれ
一九八五年 京都大学大学院文学研究科博士課程学修退学
二〇〇〇年 京都大学博士（文学）
二〇〇五年 甲南女子大学教授を経て現職

主な著訳書
『実践哲学の現在』（共著、世界思想社）
『西洋哲学史（古代・中世編）』（共著、ミネルヴァ書房）
『イリソスのほとり――藤澤令夫先生献呈論文集』（共著、世界思想社）
『ソクラテス以前哲学者断片集』第V分冊（共訳、岩波書店）
『魂の正義――プラトン倫理学の視座』（京都大学学術出版会）
アリストテレス『ニコマコス倫理学』（京都大学学術出版会）
アリストテレス『詩学』（新版『アリストテレス全集』一八所収）（岩波書店）
プラトン『饗宴／パイドン』（京都大学学術出版会）
プラトン『エウテュデモス／クレイトポン』（京都大学学術出版会）

西尾浩二（にしお こうじ）

大谷大学非常勤講師
一九七一年 大阪府生まれ
二〇〇三年 京都大学大学院文学研究科博士課程研究指導認定退学
二〇〇七年 京都大学博士（文学）
二〇一〇年 大谷大学任期制助教を経て現職

主な訳書
『古代ギリシア・ローマの哲学』（共訳、京都大学学術出版会）

エウテュプロン／ソクラテスの弁明《べんめい》／クリトン
西洋古典叢書 2017 第3回配本

二〇一七年八月十五日 初版第一刷発行

訳者 朴《ぱく》 一《いる》 功《ごん》
西《にし》尾《お》浩《こう》二《じ》
発行者 末原達郎
発行所 京都大学学術出版会
606-8315 京都市左京区吉田近衛町六九 京都大学吉田南構内
電話 〇七五-七六一-六一八二
FAX 〇七五-七六一-六一九〇
http://www.kyoto-up.or.jp/
印刷／製本・亜細亜印刷株式会社

ISBN978-4-8140-0095-1

3　桑山由文・井上文則訳　3500円
4　井上文則訳　3700円
セネカ　悲劇集（全2冊・完結）
1　小川正廣・高橋宏幸・大西英文・小林　標訳　3800円
2　岩崎　務・大西英文・宮城徳也・竹中康雄・木村健治訳　4000円
トログス／ユスティヌス抄録　地中海世界史　合阪　學訳　4000円
プラウトゥス／テレンティウス　ローマ喜劇集（全5冊・完結）
1　木村健治・宮城徳也・五之治昌比呂・小川正廣・竹中康雄訳　4500円
2　山下太郎・岩谷　智・小川正廣・五之治昌比呂・岩崎　務訳　4200円
3　木村健治・岩谷　智・竹中康雄・山澤孝至訳　4700円
4　高橋宏幸・小林　標・上村健二・宮城徳也・藤谷道夫訳　4700円
5　木村健治・城江良和・谷栄一郎・高橋宏幸・上村健二・山下太郎訳　4900円
リウィウス　ローマ建国以来の歴史（全14冊）
1　岩谷　智訳　3100円
2　岩谷　智訳　4000円
3　毛利　晶訳　3100円
4　毛利　晶訳　3400円
5　安井　萠訳　2900円
9　吉村忠典・小池和子訳　3100円

5　丸橋　裕訳　3700円
6　戸塚七郎訳　3400円
7　田中龍山訳　3700円
8　松本仁助訳　4200円
9　伊藤照夫訳　3400円
10　伊藤照夫訳　2800円
11　三浦　要訳　2800円
13　戸塚七郎訳　3400円
14　戸塚七郎訳　3000円
プルタルコス／ヘラクレイトス　古代ホメロス論集　内田次信訳　3800円
プロコピオス　秘史　和田　廣訳　3400円
ヘシオドス　全作品　中務哲郎訳　4600円
ポリュビオス　歴史（全4冊・完結）
1　城江良和訳　3700円
2　城江良和訳　3900円
3　城江良和訳　4700円
4　城江良和訳　4300円
マルクス・アウレリウス　自省録　水地宗明訳　3200円
リバニオス　書簡集（全3冊）
1　田中　創訳　5000円
リュシアス　弁論集　細井敦子・桜井万里子・安部素子訳　4200円
ルキアノス　全集（全8冊）
3　食客　丹下和彦訳　3400円
4　偽預言者アレクサンドロス　内田次信・戸高和弘・渡辺浩司訳　3500円
ギリシア詞華集（全4冊・完結）
1　沓掛良彦訳　4700円
2　沓掛良彦訳　4700円
3　沓掛良彦訳　5500円
4　沓掛良彦訳　4900円

【ローマ古典篇】
アウルス・ゲッリウス　アッティカの夜（全2冊）
1　大西英文訳　4000円
ウェルギリウス　アエネーイス　岡　道男・高橋宏幸訳　4900円
ウェルギリウス　牧歌／農耕詩　小川正廣訳　2800円
ウェレイユス・パテルクルス　ローマ世界の歴史　西田卓生・高橋宏幸訳　2800円
オウィディウス　悲しみの歌／黒海からの手紙　木村健治訳　3800円
クインティリアヌス　弁論家の教育（全5冊）
1　森谷宇一・戸高和弘・渡辺浩司・伊達立晶訳　2800円
2　森谷宇一・戸高和弘・渡辺浩司・伊達立晶訳　3500円
3　森谷宇一・戸高和弘・吉田俊一郎訳　3500円
4　森谷宇一・戸高和弘・伊達立晶・吉田俊一郎訳　3400円
クルティウス・ルフス　アレクサンドロス大王伝　谷栄一郎・上村健二訳　4200円
スパルティアヌス他　ローマ皇帝群像（全4冊・完結）
1　南川高志訳　3000円
2　桑山由文・井上文則・南川高志訳　3400円

1　内山勝利訳　3200円
セクストス・エンペイリコス　学者たちへの論駁（全3冊・完結）
1　金山弥平・金山万里子訳　3600円
2　金山弥平・金山万里子訳　4400円
3　金山弥平・金山万里子訳　4600円
セクストス・エンペイリコス　ピュロン主義哲学の概要　金山弥平・金山万里子訳　3800円
ゼノン他／クリュシッポス　初期ストア派断片集（全5冊・完結）
1　中川純男訳　3600円
2　水落健治・山口義久訳　4800円
3　山口義久訳　4200円
4　中川純男・山口義久訳　3500円
5　中川純男・山口義久訳　3500円
ディオニュシオス／デメトリオス　修辞学論集　木曾明子・戸高和弘・渡辺浩司訳　4600円
ディオン・クリュソストモス　弁論集（全6冊）
1　王政論　内田次信訳　3200円
2　トロイア陥落せず　内田次信訳　3300円
テオグニス他　エレゲイア詩集　西村賀子訳　3800円
テオクリトス　牧歌　古澤ゆう子訳　3000円
テオプラストス　植物誌（全3冊）
1　小川洋子訳　4700円
2　小川洋子訳　5000円
デモステネス　弁論集（全7冊）
1　加来彰俊・北嶋美雪・杉山晃太郎・田中美知太郎・北野雅弘訳　5000円
2　木曾明子訳　4500円
3　北嶋美雪・木曾明子・杉山晃太郎訳　3600円
4　木曾明子・杉山晃太郎訳　3600円
トゥキュディデス　歴史（全2冊・完結）
1　藤縄謙三訳　4200円
2　城江良和訳　4400円
ピロストラトス　テュアナのアポロニオス伝（全2冊）
1　秦　剛平訳　3700円
ピロストラトス／エウナピオス　哲学者・ソフィスト列伝　戸塚七郎・金子佳司訳　3700円
ピンダロス　祝勝歌集／断片選　内田次信訳　4400円
フィロン　フラックスへの反論／ガイウスへの使節　秦　剛平訳　3200円
プラトン　エウテュデモス／クレイトポン　朴　一功訳　2800円
プラトン　饗宴／パイドン　朴　一功訳　4300円
プラトン　ピレボス　山田道夫訳　3200円
プルタルコス　英雄伝（全6冊）
1　柳沼重剛訳　3900円
2　柳沼重剛訳　3800円
3　柳沼重剛訳　3900円
4　城江良和訳　4600円
プルタルコス　モラリア（全14冊）
1　瀬口昌久訳　3400円
2　瀬口昌久訳　3300円
3　松本仁助訳　3700円

西洋古典叢書 既刊全 126 冊（税別）

【ギリシア古典篇】
アイスキネス　弁論集　木曽明子訳　　4200 円
アキレウス・タティオス　レウキッペとクレイトポン　中谷彩一郎訳　　3100 円
アテナイオス　食卓の賢人たち（全 5 冊・完結）
　1　柳沼重剛訳　　3800 円
　2　柳沼重剛訳　　3800 円
　3　柳沼重剛訳　　4000 円
　4　柳沼重剛訳　　3800 円
　5　柳沼重剛訳　　4000 円
アラトス／ニカンドロス／オッピアノス　ギリシア教訓叙事詩集　伊藤照夫訳　　4300 円
アリストクセノス／プトレマイオス　古代音楽論集　山本建郎訳　　3600 円
アリストテレス　政治学　牛田徳子訳　　4200 円
アリストテレス　生成と消滅について　池田康男訳　　3100 円
アリストテレス　魂について　中畑正志訳　　3200 円
アリストテレス　天について　池田康男訳　　3000 円
アリストテレス　動物部分論他　坂下浩司訳　　4500 円
アリストテレス　トピカ　池田康男訳　　3800 円
アリストテレス　ニコマコス倫理学　朴　一功訳　　4700 円
アルクマン他　ギリシア合唱抒情詩集　丹下和彦訳　　4500 円
アルビノス他　プラトン哲学入門　中畑正志編　　4100 円
アンティポン／アンドキデス　弁論集　高畠純夫訳　　3700 円
イアンブリコス　ピタゴラス的生き方　水地宗明訳　　3600 円
イソクラテス　弁論集（全 2 冊・完結）
　1　小池澄夫訳　　3200 円
　2　小池澄夫訳　　3600 円
エウセビオス　コンスタンティヌスの生涯　秦　剛平訳　　3700 円
エウリピデス　悲劇全集（全 5 冊・完結）
　1　丹下和彦訳　　4200 円
　2　丹下和彦訳　　4200 円
　3　丹下和彦訳　　4600 円
　4　丹下和彦訳　　4800 円
　5　丹下和彦訳　　4100 円
ガレノス　解剖学論集　坂井建雄・池田黎太郎・澤井　直訳　　3100 円
ガレノス　自然の機能について　種山恭子訳　　3000 円
ガレノス　身体諸部分の用途について（全 4 冊）
　1　坂井建雄・池田黎太郎・澤井　直訳　　2800 円
ガレノス　ヒッポクラテスとプラトンの学説（全 2 冊）
　1　内山勝利・木原志乃訳　　3200 円
クセノポン　キュロスの教育　松本仁助訳　　3600 円
クセノポン　ギリシア史（全 2 冊・完結）
　1　根本英世訳　　2800 円
　2　根本英世訳　　3000 円
クセノポン　小品集　松本仁助訳　　3200 円
クセノポン　ソクラテス言行録（全 2 冊）